中国分配制度变革的人民性研究

Research on the People-centered Nature of China's Distribution System Reform

何 况 著

中国社会科学出版社

图书在版编目（CIP）数据

中国分配制度变革的人民性研究／何况著. -- 北京：中国社会科学出版社，2025.5. -- ISBN 978-7-5227-4744-6

Ⅰ. F124.7

中国国家版本馆 CIP 数据核字第 2025VP9870 号

出 版 人	赵剑英	
责任编辑	杨晓芳	
责任校对	赵雪姣	
责任印制	张雪娇	

出　　版	中国社会科学出版社
社　　址	北京鼓楼西大街甲 158 号
邮　　编	100720
网　　址	http://www.csspw.cn
发 行 部	010-84083685
门 市 部	010-84029450
经　　销	新华书店及其他书店

印　　刷	北京君升印刷有限公司
装　　订	廊坊市广阳区广增装订厂
版　　次	2025 年 5 月第 1 版
印　　次	2025 年 5 月第 1 次印刷

开　　本	710×1000　1/16
印　　张	15
插　　页	2
字　　数	209 千字
定　　价	98.00 元

凡购买中国社会科学出版社图书，如有质量问题请与本社营销中心联系调换
电话：010-84083683
版权所有　侵权必究

出 版 说 明

　　为进一步加大对哲学社会科学领域青年人才扶持力度，促进优秀青年学者更快更好成长，国家社科基金2019年起设立博士论文出版项目，重点资助学术基础扎实、具有创新意识和发展潜力的青年学者。每年评选一次。2023年经组织申报、专家评审、社会公示，评选出第五批博士论文项目。按照"统一标识、统一封面、统一版式、统一标准"的总体要求，现予出版，以飨读者。

全国哲学社会科学工作办公室
2024年

前　言

作为生产关系中最直接反映人与人之间利益关系的分配制度，它所涉及的原则立场、运行机制等深刻反映了生产关系的性质和统治阶级的根本利益。中国共产党自成立之日起，就致力于建立维护和保障最广大人民群众根本利益的分配制度，这是由中国共产党的性质和阶级属性决定的。百年来，中国根据革命、建设和改革不同时期的历史任务，不断调整分配政策，完善分配制度，虽然在不同时期的具体举措上有所差别，但是始终遵循"人民至上"的价值逻辑，根本目的是实现全体人民共同富裕。梳理中国百年分配理论的历史演进与分配制度变革的实践轨迹，对于充分展现中国始终为人民谋幸福的初心使命，科学探索推动共同富裕实现的分配制度安排、体制架构、机制设计，书写和展现中国百年奋斗始终坚持践行"人民至上"价值理念这篇大文章具有重要的理论价值和现实意义。

中国百年分配制度变革，始终以马克思主义分配理论为指导，以消灭剥削为逻辑起点，遵循"生产力—生产关系（经济基础）—上层建筑"交互作用的理论逻辑，以"破坏—建构—完善"为实践进路，进行渐进式、探索式分配制度变革，体现合目的性与合规律性的统一。具体来看，在分配制度变革前，中国通过调查研究、理论探讨、思想争鸣，思考和探索如何消灭反映剥削和压迫关系的不平等分配制度，以及如何构建充分体现和保障广大人民群众根本利益的分配制度，进而从消灭剥削制度的强烈愿望，到建立按劳分配制度的理论探讨，到公平与效率的思想争鸣，再到"先富"带"后富"的统一认识，为领导分配制度变革提供理论支撑、方向指引和方法指导。总之，中国百年分配制度变革始终致力于实现经济发展与公平分配同频共振，保障人民共享改革与发展成果，其中蕴含着深刻的人民至上的价值逻辑。

本书坚持理论逻辑、历史逻辑、实践逻辑和价值逻辑相统一，以理论探讨、制定政策、制度探索与现实反思为脉络主线，全方位、全过程、多角度地梳理和展现中国百年分配制度变革的实践过程，诠释中国分配制度变革所彰显的人民至上的价值旨归。具体来说，主要表现在以下几个方面：

在分配变革的基本遵循上，中国坚持马克思主义分配理论与中国具体实际相结合，在理想与现实、理论与实践、批判与建构的合理张力中创新和发展马克思主义分配理论。从革命战争年代对马克思主义分配理论中国化的初步探索，到中华人民共和国成立后致力于实现社会主义公平分配的理论探讨，为中国分配制度变革提供了理论指导。改革开放以来，为解决计划经济时期长期存续的平均主义问题，理论界关于公平与效率、"先富"与"共富"的思想争鸣，推动了按劳分配与按要素分配相结合的理论突破，形成了中国特色社会主义收入分配理论框架。中国特色社会主义进入新时代，为满足人民日益增长的美好生活需要，中国提出共享发展理念，并以共同富裕为导向不断完善中国特色社会主义收入分配理论，从而为保障全体人民共享改革与发展成果提供理论支撑。中国基于分配理论探讨形成的基本原则、分析框架、逻辑体系，充分展现了鲜明的人民至上的价值定位。

在分配政策制定上，中国始终坚持马克思主义立场、观点、方法，根据不同时期的历史任务不断调整分配政策，致力于更好地满足人民利益要求。为消灭剥削，实现公平分配，中国根据革命斗争形势和现实需要，提出消灭私有制，"没收地主土地"，到"地主减租减息"，再到"按人口平均分配土地"的土地分配政策；为建立社会主义分配关系，提出"各尽所能，按劳取酬""按劳分配，承认差别"的分配政策；为完善社会主义市场经济体制，提出"贯彻按劳分配原则，纠正平均主义""按劳分配为主体，其他分配方式为补充""按劳分配为主体，多种分配方式并存"的分配制度；为满足人民日益增长的美好生活需要，提出"两个同步"和共享发展理念为引领的分配政策。实践证明，科学的分配政策为分配制度探索指明了前进方向。

在分配制度探索中，中国以问题为导向不断完善体现和保障最广大人民群众根本利益的分配制度。从通过领导工人运动和土地革命在破坏旧制度中变革分配关系，调动广大人民群众参与革命斗争与生产的热情；到通过社会主义改造建立生产资料公有制为基础的按劳分配制度，实行供给制和工资制，消灭了剥削压迫的分配关系，从根本上保障了广大人民群众在经济上翻身得解放；到在重新求解公平与效率矛盾冲突的实践中逐步建立按劳分配为主体、多种分配方式并存的分配制度，克服了绝对平均主义的消极影响，充分激发了广大人民群众辛勤劳动创造财富的首创精神和实践动力，推动了社会生产力发展和人民生活水平的提高；再到将分配制度上升为基本经济制度，并构建初次分配、再分配、三次分配协调配套的基础性制度安排，充分保障了人民共享改革发展成果。

在反思与完善上，勇于自我革命是中国共产党最鲜明的品格和最大优势，中国共产党善于将分配制度变革的经验教训转化为实事求是、与时俱进的改革动力和为人民谋利益的使命担当。中国百年分配制度探索的过程并非是一帆风顺的，由于当时主客观条件的局限，党内出现了对革命和建设中分配问题的错误认识，在目标设定和现实实践中出现了一些偏差，如"文化大革命"时期对按劳分配原则的背离，分配上的平均主义"大锅饭"严重制约了生产力发展和人民生活水平的提高。中国共产党及时总结经验，重新求解公平与效率矛盾冲突，推动中国特色社会主义分配制度体系在不断完善中更加成熟定型。针对收入差距扩大的现实问题，中国坚持以共享发展理念为引领，致力于构建推动实现全体人民共同富裕的分配制度体系,破解"先富"与"后富"的现实难题,充分彰显了人民至上的价值底色。

分配制度作为与人民利益息息相关的制度,直接关系着共同富裕目标的实现与否。中国分配制度变革的初心是实现全体人民共同富裕,百年来,中国始终坚持以马克思主义分配制理论为指导,带领中国人民以消灭剥削为逻辑起点,以满足人民利益要求、实现共同富裕为重要使命进行分配制度变革。无论从阶级立场、制度属性,还是从制度建设的原则、过程来看,中国始终致力于实现共同富裕的分配制度构建。从消灭剥削制度到建立按劳分配制度,从公平与效率的讨论到多种分配方式并存,再到分配制度上升为基本经济制度,都具有深刻的理论逻辑支撑,蕴含着深刻的人民性价值底色。

摘　　要

　　分配问题不只是重要的经济学问题，而且还是人类社会深刻的社会问题和政治问题。分配关系本质上是与生产关系相适应的人与人之间的利益关系，分配制度变革也表现为经济制度层面人与人利益关系的调整。中国百年分配制度变革的历史是一部以重建公平分配为主要任务，不断保障和满足人民利益，进而实现全体人民共同富裕的历史。中国百年分配制度变革的历史需要研究和总结，具体经验需要凝练和概括。深入研究中国分配制度变革的理论与实践，是梳理总结百年来中国经济建设经验的需要，也是积极回应新时代人民对深化收入分配改革新期待的需要。

　　在百年历史征程中，中国坚持马克思主义分配理论与中国具体实际相结合，在理想与现实，理论与实践，批判与建构的合理张力中创新和发展马克思主义分配理论，蕴含着鲜明的人民性特质。本书坚持理论逻辑、历史逻辑、实践逻辑和价值逻辑相统一，以理论探讨、制定政策、制度探索与现实反思为脉络主线，全方位、全过程、多角度地梳理和展现中国百年分配制度变革的实践过程，诠释中国百年分配制度变革所彰显的人民至上价值旨归。在分配制度变革前，中国通过调查研究充分考虑具体实际，通过理论探讨分析与思想争鸣分配政策的可行性，在充分保障和体现人民利益的基础上思考和探索如何消灭剥削分配制度以及构建更加公平的分配制度。分配制度变革的过程中，从建立按劳分配制度，到公平与效率的分配制度思想争鸣，再到分配制度改革背景下"先富"带"后富"的统一认识，为中国分配制度变革提供了方向指引和指导。

中国百年分配制度变革，不仅充分发挥了中国特色社会主义分配制度优势，保障和改善了最广大人民群众的根本利益，构建和完善了推动全体人民实现共同富裕的制度基础，也不断深化了中国共产党对社会主义建设和发展规律的认识，丰富和发展了中国特色社会主义政治经济学理论体系，开辟了马克思主义政治经济学新境界。我国以消灭剥削为逻辑起点，从新民主主义革命时期破坏旧分配制度，到社会主义革命和建设时期构建按劳分配制度，到改革开放新时期构建充满活力的中国特色社会主义分配制度，再到新时代构建推动共同富裕实现的分配制度体系，始终致力于实现经济发展与公平分配同频共振，保障人民共享社会发展成果，蕴含着深刻的人民至上价值逻辑。

关键词：分配制度；按劳分配；多种分配方式；共同富裕；人民性

Abstract

The issue of distribution is not only an important economic problem but also a profound social and political issue in human society. Distribution relations are essentially the interest relations among people that are compatible with the production relations. The reform of the distribution system also manifests as an adjustment of the interest relations among people at the economic system level. The history of China's century-long distribution system reform is a history of reconstructing fair distribution as the main task, continuously safeguarding and meeting the people's interests, and thus achieving common prosperity for all. The history of China's century-long distribution system reform needs to be studied and summarized, and the specific experiences need to be refined and generalized. Conducting in-depth research on the theory and practice of China's distribution system reform is necessary for sorting out and summarizing the experience of China's economic construction over the past century and actively responding to the new expectations of the people in the new era for deepening the reform of the income distribution system.

During the century-long historical journey, China has adhered to combining the Marxist distribution theory with its specific national conditions. It has innovated and developed the Marxist distribution theory in the rational tension between ideals and reality, theory and practice, and criticism and construction, which contains distinct people-centered characteristics. This paper adheres to the unity of theoretical, historical, practical, and value logics. Taking theoretical exploration, policy-making, institutional exploration, and practical reflection as the main threads, it comprehensively, systematically, and multi-dimensionally combs and presents the practical process of China's century-long distribution system reform, and interprets the people-centered value orientation demonstrated by this reform. Before the reform of the distribution system, China fully considered its specific national conditions through investigations and research, analyzed the feasibility of distribution policies through theoretical discussions and ideological debates, and based on safeguarding and embodying the people's interests, explored how to eliminate the exploitative distribution system and build a more equitable one. During the process of the distribution system reform, from the establishment of the distribution-according-to-work system, to the ideological debates on the distribution system regarding fairness and efficiency, and then to the unified understanding of "letting some people get rich first to drive others to get rich" in the context of the distribution system reform, these have provided direction and guidance for China's distribution system reform.

China's century-long distribution system reform has not only given full play to the advantages of the socialist distribution system with Chinese characteristics, safeguarded and improved the fundamental interests of the vast majority of the people, constructed and improved the institutional foundation for promoting the common prosperity of all people, but also deepened the Communist Party of China's understanding of the laws of socialist construction and development, enriched and developed the theoretical system of political economy of socialism with Chinese characteristics, and opened up a new realm of Marxist political economy. Taking the elimination of exploitation as the logical starting point, from destroying the old distribution system during the New Democratic Revolution period, to constructing the distribution-according-to-work system during the period of socialist revolution and construction, to building a dynamic socialist distribution system with Chinese characteristics during the new period of reform and opening-up, and then to building a distribution system in the new era to promote the realization of common prosperity, China has always been committed to achieving the synchronous resonance of economic development and fair distribution, ensuring that the people can share the fruits of social development, which contains a profound value logic of putting the people first.

Key Words: Distribution System; Distribution According to Work; Multiple Distribution Methods; Common Prosperity; People-Centered Nature

目　　录

第一章　绪论 …………………………………………………… (1)
　　第一节　研究目的与意义 ………………………………… (2)
　　第二节　相关概念界定 …………………………………… (7)
　　第三节　国内外研究现状 ………………………………… (15)
　　第四节　研究思路与方法 ………………………………… (41)
　　第五节　创新与不足之处 ………………………………… (44)

第二章　中国分配制度变革的人民性价值定位 ……………… (46)
　　第一节　分配制度具有鲜明的价值属性 ………………… (46)
　　第二节　中国分配制度变革的理论基础 ………………… (50)
　　第三节　中国分配制度变革的人民至上的价值旨归 …… (55)

第三章　中国分配制度变革的人民性初心展现 ……………… (64)
　　第一节　破坏旧分配制度的历史缘起 …………………… (64)
　　第二节　社会主义按劳分配原则的理论探讨 …………… (71)
　　第三节　社会主义市场经济条件下分配原则的理论
　　　　　　探讨 ……………………………………………… (77)
　　第四节　构建推动共同富裕实现的分配制度体系的
　　　　　　时代愿景 ………………………………………… (84)

第四章　中国分配制度变革的人民性政策理念……………（92）
第一节　通过多种方式变革旧社会劳资分配关系…………（92）
第二节　计划经济时期以生产资料公有制为基础的按劳分配相关政策………………………………（99）
第三节　社会主义市场经济条件下致力于充分激发社会活力的分配政策………………………（106）
第四节　构建推动共同富裕实现的分配制度体系的相关政策…………………………………（113）

第五章　中国分配制度变革的人民性制度探索……………（119）
第一节　变革旧社会土地分配关系的初步探索…………（119）
第二节　计划经济体制下的按劳分配制度探索…………（127）
第三节　社会主义市场经济条件下统筹效率与公平的分配制度实践…………………………（139）
第四节　新时代构建推动共同富裕实现的分配制度体系的实践………………………………（146）

第六章　中国分配制度变革的人民性优势与不断完善………（155）
第一节　破坏旧分配制度消灭剥削与现实反思…………（155）
第二节　计划经济体制下按劳分配制度实现平等分配与现实反思……………………………（161）
第三节　社会主义市场经济条件下分配制度的激发优势与不断完善…………………………（169）
第四节　新时代构建推动共同富裕实现的分配制度体系与未来展望…………………………（185）

第七章　中国分配制度变革的人民性价值底色……………（193）
第一节　中国分配制度变革体现合目的性与合规律性的统一……………………………………（194）

第二节　中国分配制度变革实现生产力与生产关系的
　　　　互动耦合 ………………………………………（199）
第三节　中国分配制度变革致力于构建人民至上价值
　　　　引领的分配制度 ………………………………（203）

参考文献 ……………………………………………………（207）

索　引 ………………………………………………………（213）

后　记 ………………………………………………………（218）

Contents

Chapter 1 Introduction ······················· (1)
    Section 1   Research Purpose and Significance ················ (2)
    Section 2   Definition of Relevant Concepts ···················· (7)
    Section 3   Research Status at Home and Abroad ············ (15)
    Section 4   Research Ideas and Methods ······················ (41)
    Section 5   Innovations and Shortcomings ···················· (44)

**Chapter 2 The People-centered Value Orientation of
China's Distribution System Reform** ············· (46)
    Section 1   The Distribution System Has Distinct Value
              Attributes ·· (46)
    Section 2   The Theoretical Basis of China's Distribution
              System Reform ···································· (50)
    Section 3   The People-centered Value Aim of China's
              Distribution System Reform ······················ (55)

**Chapter 3 The People-centered Original Aspirations of
China's Distribution System Reform** ············· (64)
    Section 1   The Historical Origin of Destroying the Old
              Distribution System ································ (64)

Section 2　Theoretical Discussions on the Socialist Principle of
　　　　　　　Distribution According to Work ………………(71)
　　Section 3　Theoretical Discussions on Distribution Principles
　　　　　　　under the Socialist Market Economy …………(77)
　　Section 4　The Vision of the Times for Building a Distribution
　　　　　　　System to Promote the Realization of Common
　　　　　　　Prosperity ……………………………………………(84)

**Chapter 4　The People-centered Policy Concepts of
　　　　　　China's Distribution System Reform** ……………(92)
　　Section 1　Transforming the Old-era Labor-Capital Distribution
　　　　　　　Relations through Multiple Means ………………(92)
　　Section 2　Policies Related to Distribution According to Work
　　　　　　　Based on the Public Ownership of the Means of
　　　　　　　Production during the Planned Economy
　　　　　　　Period ……………………………………………(99)
　　Section 3　Distribution Policies Aimed at Fully Stimulating
　　　　　　　Social Vitality under the Socialist Market
　　　　　　　Economy ………………………………………(106)
　　Section 4　Policies Related to Building a Distribution
　　　　　　　System to Promote the Realization of Common
　　　　　　　Prosperity ………………………………………(113)

**Chapter 5　The People-centered Institutional Exploration of
　　　　　　China's Distribution System Reform** ……………(119)
　　Section 1　Preliminary Exploration of Transforming the Old-era
　　　　　　　Land Distribution Relations ……………………(119)
　　Section 2　Exploration of the Distribution-according-to-Work
　　　　　　　System under the Planned Economy System ……(127)

  Section 3 The Practice of a Distribution System that Balances
      Efficiency and Fairness under the Socialist Market
      Economy ·· (139)
  Section 4 The Institutional Practice of Building a Distribution
      System to Promote the Realization of Common
      Prosperity in the New Era ································· (146)

**Chapter 6 The People-centered Advantages of China's
      Distribution System Reform and Its Continuous
      Improvement** ·· (155)
  Section 1 Destroying the Old Distribution System to Eliminate
      Exploitation and Real-world Reflections ·········· (155)
  Section 2 The Realization of Equal Distribution by the
      Distribution-according-to-Work System under the
      Planned Economy System and Real-world
      Reflections ·· (161)
  Section 3 The Stimulating Advantages of the Distribution System
      under the Socialist Market Economy and Its
      Continuous Improvement ································· (169)
  Section 4 Building a Distribution System to Promote the
      Realization of Common Prosperity in the New Era and
      Future Prospects ·· (185)

**Chapter 7 The People-centered Value Foundation of China's
      Distribution System Reform** ······················· (193)
  Section 1 China's Distribution System Reform Reflects the
      Unity of Purpose and Law ································· (194)
  Section 2 China's Distribution System Reform Achieves the
      Interactive Coupling of Productivity and Production
      Relations ·· (199)

Section 3　China's Distribution System Reform is Committed to Building a Distribution System Guided by the People-centered Value ……………………… (203)

References ………………………………………………… (207)

Index ……………………………………………………… (213)

Postscript ………………………………………………… (218)

第 一 章
绪　　论

　　分配关系本质上是与生产关系相适应的人与人之间的利益关系，分配制度变革也表现为经济制度层面人与人利益关系的调整。马克思指出，"一定的分配关系只是历史地规定的生产关系的表现"[①]，"分配并不仅仅是生产和交换的消极的产物；它反过来也影响生产和交换"[②]，"分配关系赋予生产条件本身及其代表以特殊的社会的质。它们决定着生产的全部性质和全部运动"[③]。这表明，分配问题不是一个纯粹的经济学问题，它不仅关系到分配对象的利益，还涉及分配原则、分配制度等深刻的具有价值导向的利益调整问题，因而分配问题也是一个深刻的社会问题和政治问题。百年来，中国分配制度变革始终坚持以人民为中心，以消灭剥削为逻辑起点，致力于构建以共同富裕为目标的分配制度，通过有效的分配体制和分配机制不断改善民生、增进人民福祉。

---

① 《马克思恩格斯文集》第7卷，人民出版社2009年版，第998页。
② 《马克思恩格斯文集》第9卷，人民出版社2009年版，第155页。
③ 《马克思恩格斯文集》第7卷，人民出版社2009年版，第995页。

第一节 研究目的与意义

一 研究目的

(一) 梳理总结百年来中国经济建设经验的需要

习近平总书记指出,"江山就是人民、人民就是江山,打江山、守江山,守的是人民的心。中国共产党根基在人民、血脉在人民、力量在人民。中国共产党始终代表最广大人民根本利益,与人民休戚与共、生死相依,没有任何自己特殊的利益,从来不代表任何利益集团、任何权势团体、任何特权阶层的利益"[①],中国始终坚持为了人民、依靠人民、改革成果为人民共享,这是中国经济建设取得举世瞩目成就的重要原因。

中国百年分配制度变革的历史需要研究和总结,具体经验需要凝练和概括。1921年,中国经历开天辟地的大事变,深刻地改变了中国人民和中华民族的前途命运,中国的面貌焕然一新。与1840年后无数仁人志士为救亡图存而进行的各种改良、变法和革命运动不同,中国共产党自成立之日起就把最广大人民群众的根本利益、中华民族伟大复兴的前途命运同自身的革命运动、建设、改革的具体实践结合起来。百年奋斗历程,中国人民迎来了从站起来、富起来到强起来的伟大飞跃。中国从一个被西方列强殖民压迫的国家逐步改变民族命运。中华人民共和国成立后,面对"一穷二白"的经济基础,中国采取多种措施全面恢复国民经济后,进行社会主义三大改造,建立社会主义制度;经历社会主义曲折探索后,实行改革开放的伟大创举,开创了中国特色社会主义道路;中国特色社会主义进入新时代,我国开启了全面建设社会主义现代化国家的新征程。

---

① 习近平:《在庆祝中国共产党成立100周年大会上的讲话》,人民出版社2021年版,第11—12页。

百年来，中国取得了举世瞩目的发展成就，从"一穷二白"到建立社会主义工业基础，再到跃升为世界第二大经济体，2020年我国的国内生产总值突破100万亿元大关，2021年达到114万亿元，经济发展连年增长，人民生活水平显著提高，人均GDP从1949年的几十美元逐步突破，到2020年已经增加到1万多美元，创造了极为罕见的经济快速发展奇迹和社会长期稳定奇迹。正如习近平总书记指出的那样："这一百年来开辟的伟大道路、创造的伟大事业、取得的伟大成就，必将载入中华民族发展史册、人类文明发展史册！"[①] 这需要我们深刻总结中国百年经济建设的具体经验，具体到分配领域就是要深入研究中国分配制度变革的实践，从而为新征程、为我国经济社会发展提供经验借鉴和方向指引。

(二) 科学认识中国百年分配制度变革理论与实践问题的需要

分配问题不只是重要的经济学问题，还是人类社会深刻的社会问题和政治问题。原始社会，由于生产力低下，个人必须以群体的方式共同劳动，在部落中，"每人都获得'相等的'一份。不存在畜牧业。总之，甚至食物最初也不是私有财产"[②]。封建社会和资本主义社会，私有制被视为理所当然，统治阶级占有和支配生产生活资料，无情剥削人民创造的财富。在生产资料私有制社会中，剥削与被剥削成为这种分配方式的重要特征。共产主义社会致力于通过共同占有的方式来消灭私有财产，因而实现了分配方式的彻底的革命性变革。另外，分配关系反映生产关系的性质和变化。分配过程中矛盾的激化，在此过程中进行的分配制度调整与变革成为推动人类社会发展进步的重要动力。近代以来，广大人民群众长期遭受帝国主义、封建主义和官僚资本主义的三重压迫，其经济上的剥削集中表现为对其生产生活资料的不公平分配。解决分配中的剥削和压

[①] 习近平：《在庆祝中国共产党成立100周年大会上的讲话》，人民出版社2021年版，第7—8页。

[②] 《马克思恩格斯全集》第45卷，人民出版社1985年版，第208页。

迫是近代中国人民革命的动力。百年来，中国人民推翻三座大山，建立新中国，完成社会主义三大改造，建立以生产资料公有制为基础的社会主义制度，从根本上解决了分配中的剥削问题。后来经历社会主义的曲折探索，人民公社时期实行绝对平均主义的分配方式，人民生产生活遭受到严重影响。党的十一届三中全会后，我国进入了改革开放和社会主义现代化建设的新时期，逐步建立社会主义市场经济体制，在分配中实行按劳分配为主体、多种分配方式并存的分配制度。分配制度改革不仅是经济体制改革的重要内容，也是广大人民群众始终关注的焦点问题。

回顾历史才能更好地立足现实，解决现实问题才能科学地展望未来，中国分配制度变革是重大的理论问题和实践问题，这要求理论界对中国分配制度变革的价值实践进行研究，从而科学认识百年来党领导分配制度变革的人民至上价值导向与对经济社会发展和人民生活水平提高的重要意义。

(三) 积极回应新时代人民对深化收入分配改革新期待的需要

党的十一届三中全会开启了改革开放的历史征程，分配制度改革是从人民群众看得见、摸得着的物质利益着手，在坚持社会主义基本原则的基础上，打破绝对平均主义分配下的低收入分配均衡状态，通过解放思想，充分发挥"先富"带"后富"的示范效应、辐射效应和联动效应，既兼顾经济效率，又注重社会公平，推动社会主义生产力发展和人民生活水平的提高。

党的十八大以来，中国特色社会主义进入新时代，人民日益增长的美好生活需要和不平衡不充分的发展之间的矛盾成为社会的主要矛盾。在新的历史时期，生产力迅速发展，人民群众对生活各方面的要求也逐步提高，更重要的是伴随人民收入普遍增加、生活不断改善而来的是对缩小地区之间、城乡之间的收入差距的迫切要求。因此，除了不断发展农村经济，实现乡村振兴，还需要从收入分配角度着手，完善初次分配、再分配和三次分配制度，逐步提高中低收入群体的收入水平，这些都成为新时代人民对深化收入分配改革的新期待。

二 研究意义

分配关系与生产关系紧密联系，反映生产关系的性质，分配制度变革则反映了生产关系的调整，最能反映人们经济利益的变化。研究分配制度变革不仅能深刻反映生产关系的性质和运动，而且能在优化分配制度的过程中推动经济社会的发展进步。中国尤其注重通过分配制度变革维护和保障最广大人民群众的根本利益，研究中国百年分配制度变革的历史，不仅有利于充分彰显中国共产党为人民谋幸福的初心使命，明确中国分配制度变革的演进逻辑，还有利于为完善人民利益导向的分配制度提供有益参考，深化马克思主义分配理论中国化的研究。

（一）有利于充分彰显中国分配制度变革的初心使命

分配制度作为人类经济社会中的一种重要制度，它所涉及的原则立场及结果导向反映了制度的本质和要求，体现了统治阶级的根本利益。无论从阶级立场，还是从制度属性及制度变革的原则、规律来看，中国分配制度变革的根本出发点始终是为了人民。任何一个政党都有其指导思想和行动纲领，任何一个具体行动都是指导思想和行动纲领的具体体现。梳理中国共产党分配制度变革的历史，能更好地理解中国共产党带领人民取得的历史性成就。新民主主义时期党领导人民通过多种方式变革劳资分配关系、从所有权与收益出发变革土地分配关系，社会主义革命和建设时期党领导人民建立以生产资料公有制为基础的按劳分配制度，改革开放新时期构建充满活力的中国特色社会主义分配制度，新时代党构建推动共同富裕实现的分配制度体系。无论从理论探索，还是具体实践来看，中国在革命、建设、改革各个历史时期领导的分配制度变革都充分彰显了人民至上的价值导向。可以说，中国百年分配制度变革的历史是维护和保障最广大人民群众根本利益的历史。研究中国百年分配制度变革的历史有利于充分彰显中国共产党为人民谋幸福的初心使命。

(二) 有利于明确中国分配制度变革的演进逻辑

回顾历史、总结经验,从中得出规律性认识,进而映照现实、指导实践,远观未来、把握大势,是我们党的优良传统。习近平总书记指出:"对历史进程的认识越全面,对历史规律的把握越深刻,党的历史智慧越丰富,对前途的掌握就越主动。"① 我们历来高度注重总结历史经验,善于用历史映照现实、远观未来。百年来,中国坚持马克思主义分配理论与中国具体实际相结合,不断调整分配政策,完善分配制度,保障人民群众的根本利益。从具体情况来看,虽然在不同时期,我国的分配政策、分配制度在具体举措上有所差别,但是始终遵循"人民至上"的价值逻辑,致力于实现全体人民共同富裕。全方位、全过程、多角度地梳理和展现中国分配制度变革的实践过程,才能科学认识中国分配理论的历史演进与分配制度变革的实践轨迹,从而,推动分配理论的创新和实践的发展。

(三) 有利于为完善人民利益导向的分配制度提供有益参考

研究历史,是为了更好地服务现实发展需要,总结分配制度变革的历史经验,才能科学地推动分配制度的完善。中国百年分配制度变革的历史是为人民消灭剥削、逐步实现共同富裕的历史,百年来,始终致力于实现经济发展与公平分配同频共振,保障人民共享改革与发展成果。然而,中国分配制度变革的实践历程并非一帆风顺,而是在不断总结经验的过程中逐步完善的,因此,梳理和总结中国分配制度变革的规律和经验对完善人民利益导向的分配制度具有重要价值和意义。具体来看,一是,系统总结中国百年分配理论的演进规律,有利于在批判与建构的合理张力中创新和发展马克思主义分配理论,为建立充分维护和保障人民利益的分配制度提供理论指导。二是,梳理中国百年分配制度变革的实践历程,有利于总结不同历史时期分配制度变革的基本规律,为完善共同富裕实现的

---

① 《弘扬伟大建党精神坚持党的百年奋斗历史经验 增加历史自信增进团结统一 增强斗争精神》,《人民日报》2021年12月29日第1版。

分配制度安排、体制架构、机制设计提供基本遵循。三是，总结和提炼中国分配制度变革的价值导向，有利于充分展现中国共产党始终为人民谋幸福的初心使命，为建立充分维护和保障人民利益的分配制度指明了前进方向。

（四）有利于深化马克思主义分配理论中国化的研究

中国坚持马克思主义分配理论与中国具体实际相结合，在理想与现实的对比中、理论与实践的结合中、批判与建构的合理张力中创新和发展马克思主义分配理论。从革命战争年代，中国对马克思主义分配理论中国化的初步探索，再到中华人民共和国成立后不断探索致力于实现社会主义公平分配的理论探讨，为中国分配制度变革提供了理论指导。改革开放以来，为解决计划经济时期长期存续的平均主义问题，理论界关于公平与效率、"先富"与"共富"的思想争鸣，推动了按劳分配与按要素分配相结合的理论突破，形成了中国特色社会主义收入分配理论框架。中国特色社会主义进入新时代，为满足人民日益增长的美好生活需要，中国提出共享发展理念，并以共同富裕为导向不断完善中国特色社会主义收入分配理论，从而为保障全体人民共享改革与发展成果提供理论支撑。系统梳理和总结中国分配制度变革的理论与实践创新，有利于不断深化我国对社会主义建设和发展规律的认识，丰富和发展中国特色社会主义政治经济学理论体系，推动马克思主义分配理论中国化的研究。

第二节　相关概念界定

恩格斯在《资本论》英文版序言中指出："一门科学提出的每一种新见解都包含这门科学的术语的革命"。[①] 可以说"术语的革命"是一门科学发展的重要标志和重要内容，同时科学地界定"术

---

① 《马克思恩格斯文集》第5卷，人民出版社2009年版，第32页。

语"也是研究一门学科的基本前提。因此，有必要对相关概念进行界定，以便为分析、研究圈化出一个明确的范围和方向。本书涉及的重要概念主要有：分配、分配制度、制度变革、人民、人民至上。

一 分配与分配制度

（一）分配

"分配"问题自从人类社会产生就开始出现，并作为一个无法回避且至关重要的经济问题、政治问题、社会问题成为人们始终密切关注的焦点。因为"分配"不仅意味着对生产生活资料的占有，关系每个人的经济利益，决定每个人的生活水平，同时也反映出特定的社会中不同社会成员的阶级地位，体现"现实的人"的政治关系和伦理关系。所以，合理的分配不仅关系着社会成员的经济利益诉求，也关系着整个社会的稳定团结与发展。

关于分配，马克思指出："分配，作为产品的分配，也是这样。而作为生产要素的分配，它本身就是生产的一个要素。"[1] "就整个社会来看，分配似乎还从一方面先于生产，并且决定生产；似乎是先于经济的事实。"[2]《辞海》（经济卷）对"分配"的定义为："社会在一定时期内新创造出来的价值即国民收入或体现这部分价值的产品在不同阶级、社会集团或社会成员之间的分配。是社会再生产过程中连接生产和消费的一个环节。"[3] 从上述定义来看，分配一般是指社会产品分到国家、社会集团以及社会成员的过程和形式。从广义上来讲，"分配包括社会总产品的分配、国民收入的分配、个人消费品的分配等"[4]。其中社会总产品主要包括生产资料和消费资料两部分，具体来说，广义的分配主要是指对生产资料和消费资料的

---

[1] 《马克思恩格斯文集》第8卷，人民出版社2009年版，第23页。
[2] 《马克思恩格斯文集》第8卷，人民出版社2009年版，第20页。
[3] 夏征农、陈至立主编：《大辞海》（经济卷），上海辞书出版社2015年版，第6页。
[4] 刘灿、李萍等：《中国收入分配体制改革》，经济科学出版社2019年版，第28页。

所有权归属、最终去向以及如何分割进行的具体安排。狭义上的分配主要指个人消费品的分配。从具体内容来看,分配主要包括功能性收入分配与规模性收入分配,从分配形式来看,分配主要分为初次分配、再分配和三次分配。由于本书的研究主题是中国共产党领导的分配制度变革的人民至上价值实践,研究对象、研究内容决定着本书中讨论和分析的"分配"概念主要指的是国民收入的分配,即国民收入分给国家、社会集体以及社会成员的过程和形式,其中包含了个人消费品的分配。

(二) 分配制度

"分配制度"由"分配"和"制度"二者构成,其中"分配"规定了这一名词的主题,"制度"则规定了这一名词的性质,具体来看,二者不仅都涉及人与人之间的关系,而且都是社会生产关系的反映。

首先,关于制度的概念。新制度经济学的代表人物道格拉斯·C.诺思在《经济史中的结构与变迁》一书中指出,制度与人的动机、行为有着内在联系,"制度是一系列被制定出来的规则、守法程序和行为的道德伦理规范,它旨在约束追求主体福利或效用最大化利益的个人行为"[1]。道格拉斯·C.诺思是从抽象的人性出发来考察制度的起源。作为理性的经济人总是以追求个人效用最大化为目标,制度作为一种激励机制,不仅"提供了人类相互影响的框架,它们建立了构成一个社会,或更确切地说一种经济秩序的合作与竞争关系"[2],而且构造了"人们在政治、社会或经济方面发生交换的激励结构"[3]。正如道格拉斯·C.诺思在《制度、制度变迁与经济绩效》

---

[1] [美]道格拉斯·C.诺思:《经济史中的结构与变迁》,陈郁、罗华平译,上海三联书店1994年版,第225—226页。

[2] [美]道格拉斯·C.诺思:《经济史中的结构与变迁》,陈郁、罗华平译,上海三联书店1994年版,第225页。

[3] [美]道格拉斯·C.诺思:《制度、制度变迁与经济绩效》,刘守英译,上海三联书店1994年版,第3页。

中所说的那样,"制度确定和限制了人们的选择集合"①。学者林毅夫将制度定义为"社会中个人所遵循的行为规则。制度可以被设计成人类对付不确定性和增加个人效用的手段"②。制度作为一种既定的力量,限制并规范着人的社会交往和社会活动,制度安排的确立也是社会发展程度的重要表现。

其次,关于分配制度。上文分别阐述了"分配"的概念和"制度"的概念,那么简单地说,从名词含义来看,分配制度则反映的是确定社会物质财富在不同阶级、社会集团或社会成员之间的具体规则和安排,体现了"分配"与"制度"的内在统一。因此,可以以上述为基础界定分配制度的基本概念,即分配制度是"关于国民收入分配的一系列制度安排,其核心是关于国民收入分配的规则、程序、机制和形式"③。从深层次方面来看,"分配制度"是对人与人利益关系的调整,其中涉及分配基础、分配原则、分配机制以及分配形式等维度,实质上是指一定社会特定的生产关系,是对一定社会生产关系的本质规定。马克思指出:"所谓的分配关系,是同生产过程的历史地规定的特殊社会形式,以及人们在他们的人类生活的再生产过程中相互所处的关系相适应的,并且是由这些形式和关系产生的。这些分配关系的历史性质就是生产关系的历史性质,分配关系不过表现生产关系的一个方面。"④我们研究分配制度本质上是研究分配关系的具体化表现,这就要求我们必须将研究的主题和范围放入生产关系的基本范畴之中把握,本书研究的分配制度是指关于国民收入分配的一系列制度安排,其核心是关于国民收入分配

---

① [美]道格拉斯·C. 诺思:《制度、制度变迁与经济绩效》,刘守英译,上海三联书店1994年版,第4—5页。
② [美]R. 科斯、A. 阿尔钦、D. 诺斯等:《财产权利与制度变迁》,上海三联书店、上海人民出版社1994年版,第373页。
③ 刘灿、李萍等:《中国收入分配体制改革》,经济科学出版社2019年版,第30页。
④ 《马克思恩格斯文集》第7卷,人民出版社2009年版,第999—1000页。

的规则、程序、机制和形式。

(三) 分配制度变革

首先，关于制度的变革。新制度经济学的代表人物道格拉斯·C.诺思在《经济史中的结构与变迁》一书中分析了通过制度创新或变迁亦能提高生产率和"实现经济增长"[①]的重要理论，表明了制度的重要性。马克思和恩格斯对制度的分析则是基于历史唯物主义原理，得出了生产力与生产关系、经济基础与上层建筑的矛盾运动是制度变迁的根本原因的结论。马克思和恩格斯虽然没有使用"制度变革"或者"制度变迁"等术语，但是他们用唯物史观建立的制度发展变迁的分析框架是对人类社会发展进步和制度演进动力、方向、历史进程等问题最有力、最科学的阐释和说明。道格拉斯·C.诺思认为："马克思的分析框架是最有说服力的，这恰恰是因为它包括了新古典分析框架所遗漏的所有因素：制度、产权、国家和意识形态。"[②] 马克思以"生产力—生产关系"的矛盾运动分析制度演变的理论逻辑。从制度发展的基本规律来看，制度变迁是社会发展的重要表现，制度经济学认为制度变迁分为"强制性制度变迁"和"诱致性制度变迁"。林毅夫提出，强制性制度变迁是"由政府命令和法律引入和实行"[③]，诱致性制度变迁是"现行制度安排的变更或替代，或者是制度安排的创造，它由个人或一群（个）人，在响应获利机会时自发倡导、组织和实行"[④]。马克思对生产力与生产关系之间矛盾运动规律的经典概括与正确揭示是判断制度变革变迁的重要理论根据。生产力与生产关系的矛盾运动推动了制度的变革与演进，生产力的发展成为触发和引导制度变革的根本力量，

---

① ［美］道格拉斯·C.诺思：《经济史中的结构与变迁》，陈郁、罗华平译，上海三联书店1994年版，第6页。
② ［美］道格拉斯·C.诺思：《经济史中的结构与变迁》，陈郁、罗华平译，上海三联书店1994年版，第68页。
③ 盛洪：《现代制度经济学》（下卷），北京大学出版社2003年版，第260页。
④ 盛洪：《现代制度经济学》（下卷），北京大学出版社2003年版，第260页。

当旧的生产关系成为生产力发展桎梏的时候,"社会革命的时代就到来了"①。

其次,关于分配制度的变革。虽然马克思和恩格斯在关于分配理论的相关阐述中没有直接使用"分配制度"与"分配制度变革"等术语,但是,马克思和恩格斯基于历史唯物主义和辩证唯物主义建立的关于分配制度的理论框架和分析框架科学地阐释了人类社会利益分配关系的本质和规律。马克思从生产力发展的角度分析了分配关系变革的原因和历史必然性,指出一定的分配关系必须与一定的生产力发展水平相适应,如果发生矛盾和对立,则表明变革时刻的到来,同时,作为人与人之间利益关系的直接体现,分配关系还反映了分配制度所具有的阶级属性。马克思主义认为:"每一种分配形式,都会随着它由以产生并且与之相适应的一定的生产形式的消失而消失。"② 基于马克思关于社会发展的理论,阶级斗争是生产关系变革的实现形式。以生产资料私有制为基础的资本主义分配制度是导致无产阶级遭受残酷压迫的重要原因,因此,变革资本主义剥削性的分配制度是实现无产阶级自由解放的必然要求,也是无产阶级政党的革命任务和历史使命。人民性是中国共产党作为马克思主义政党最鲜明的底色,必然以消灭剥削的分配制度,变革生产关系为其主要任务。纵观建党百年的历史实践,中国共产党领导的分配制度变革始终秉持人民至上的价值指向,以实现共同富裕为目标。

二 人民与人民至上

(一) 人民

"人民"是一个社会历史的范畴,是一个内涵丰富的概念,在不同的历史时期和不同的制度下有着不同的内涵。在我国古代,没有"人民"这个概念,因为"人"和"民"是分开的。《说文解字》

---

① 《马克思恩格斯文集》第 1 卷,人民出版社 2009 年版,第 602 页。
② 《马克思恩格斯文集》第 7 卷,人民出版社 2009 年版,第 1000 页。

指出,"人,天地之性最贵者也"。即"人"是地位高、最尊贵的统治者,而"民,众萌(氓)也",即萌化未开的人,指奴隶、群氓等底层的被统治者。西方社会的政治话语中,在不同的时期,"人民"的概念也有不同所指,在古希腊,"人民"的内涵也仅指在城邦被法律认可,具有公民权的公民,随着资本主义的发展,资产阶级逐步兴起,资产阶级思想家将所谓的"平等"赋予"人民"的概念内涵之中,但实际上,其真实目的也只是用资产阶级的阶级利益覆盖或者代表真实"人民"的整体利益,所以,"人民"具有社会属性和政治属性。

马克思主义认为,一切对社会历史发展起推动作用的阶级和群体都属于人民的范畴,马克思所指的"人民"概念和范畴具有广泛性,人民群众是推动社会历史发展的决定力量,恩格斯指出的"力的平行四边形"即人民对历史发展的力量。"人民"的概念可以从两个方面分析,一是从量的规定性来看,即人民是不同时代中占大多数的群体,是社会的主体力量,二是从质的规定性来看,人民是能推动社会发展进步的社会力量,是进步的力量。列宁认为马克思所指的"人民"是针对推动革命的作用的成分,而没有用来抹杀各个阶级的差别。

中国共产党对"人民"内涵的科学认识是在实践的过程中总结的,总体来说,指的是包括所有能推动社会进步的群体和社会力量。在抗日战争时期,中国共产党认为凡是支持和参与抗日战争的阶级和社会集团都属于"人民"的范畴。中华人民共和国成立后,"人民"的范畴则指的是一切拥护新中国政权的进步阶级。社会主义建设时期,"人民"指的是一切赞成、拥护和参加社会主义革命,并积极投身社会主义建设和改革事业的人,总体来看,人民的主体主要是从事物质资料生产的劳动群众和知识分子。人民群众是物质财富和精神财富的创造者,是推动社会发展进步的决定力量。习近平总书记指出,"人民是历史的创造者,群众是真正的英雄"①，坚持以人民为中心，使社会发展成果惠及全体人民是我们党的奋斗目标。

（二）人民至上

人民至上作为一种价值理念，强调人民在国家中的至高无上的地位。具体来说，人民至上包含两个方面，一是"人民"的主体，二是"至上"的理念和基本遵循。人民至上与我国古代的"民为邦本"和西方社会的"主权在民"有着本质的区别，我国古代提出的"民为邦本，本固邦宁"（《尚书·五子之歌》），主要强调的是民本思想，而"主权在民"强调的是人民的权力地位，虽然，从字面意思来看，三者具有某种概念上的同一性，但是，"民为邦本""主权在民"维护和代表的根本利益则从本质上决定了其阶级局限性。"民为邦本"中的"民"是服务于统治阶级和国家的，即所谓"率土之滨，莫非王臣"，所以"民为邦本"不是重视"民"的地位，而是视"民"为手段。"主权在民"中的"民"不是整体的、大多数社会成员，而是指具体的个人，这里的"个人"是按私有财产来划分的，他否定的是人民主体，即社会成员的整体利益，强调的是个人的私利，将个人的权利和自由置于至高无上的地位。

"人民至上"是中国共产党治国理政的价值理念，这是由中国共产党的性质和宗旨决定的。党的十九届六中全会通过的《中共中央关于党的百年奋斗重大成就和历史经验的决议》（以下简称《决议》）中明确指出，"坚持人民至上，是中国共产党百年奋斗的历史经验之一"②。"人民至上"作为中国共产党百年奋斗的历史经验，不仅是我们党的先进性所在，也是在百年奋斗中深得人民拥护，不断从胜利走向胜利，取得举世瞩目成就的原因。"人民至上"包含着坚持"人民主体地位"和"人民当家作主"的根本立

---

① 《习近平谈治国理政》，外文出版社2014年版，第5页。
② 《中共中央关于党的百年奋斗重大成就和历史经验的决议》，《人民日报》2021年11月17日第1版。

场，也包含着在政治建设和经济发展等各个领域始终坚持以人民为中心的发展思想，始终致力于"人民幸福"，满足人民对美好生活的期待。《决议》指出，"党的根基在人民、血脉在人民、力量在人民，人民是党执政兴国的最大底气"①，中国共产党代表最广大人民群众的根本利益，"人民至上"是"坚持全心全意为人民服务的根本宗旨，坚持党的群众路线，始终牢记江山就是人民、人民就是江山，坚持一切为了人民、一切依靠人民，坚持为人民执政、靠人民执政，坚持发展为了人民、发展依靠人民、发展成果由人民共享，坚定不移走全体人民共同富裕道路"②，为"人民至上"赋予了科学内涵。

第三节　国内外研究现状

恩格斯指出："同任何新的学说一样，它必须首先从已有的思想材料出发，虽然它的根子深深扎在物质的经济的事实中。"③ 本书的主题是中国共产党分配制度变革的人民至上价值实践，国内外学者对这一主题进行了广泛的研究。在所依托的文献资料中，马克思主义经典著作以及中国共产党关于分配的相关文献选编是本书写作的主要文献依据，起着根本性的支撑作用。同时，搜集、整理、分析国内外学者关于中国百年分配制度变革的人民至上价值实践研究的相关成果，也是必不可少的工作，其所研究的视角、运用的方法、得出的结论都为本书的研究提供重要参考。

---

①　《中共中央关于党的百年奋斗重大成就和历史经验的决议》，《人民日报》2021年11月17日第1版。

②　《中共中央关于党的百年奋斗重大成就和历史经验的决议》，《人民日报》2021年11月17日第1版。

③　《马克思恩格斯文集》第3卷，人民出版社2009年版，第523页。

一 国内研究现状

分配制度变革历来是我国经济工作中的一个重点内容，也是学术界多年来反复探讨并持续关注的重点研究对象。尤其是随着中国特色社会主义进入新时代，伴随我国社会主要矛盾的变化，学术界对中国分配制度的解读及其研究热度不减反增，并逐步深化，形成了丰富的成果。总体来看，目前国内学者的研究主要体现在中国百年分配思想的梳理、分配制度变革的价值取向以及中国特色社会主义分配制度的完善等方面。

（一）关于中国百年分配思想创立、发展历程的研究

第一，关于中国百年分配思想演进的研究。百年来，中国坚持马克思主义分配理论，在领导分配的实践中不断推进马克思主义分配理论中国化。通过与中国具体实际相结合进行理论创新，逐步形成了一套具有中国特色的分配思想体系。不同学者都从宏观上对中国百年来的分配思想和分配制度演进进行了总体性研究，具体涉及各个历史阶段分配思想的具体内容和分配制度的具体表现，中国分配制度变革的历史性成就和基本经验等内容。这些研究阐述都贯穿着历史与逻辑的张力，中国分配制度变革不断推进体现在分配思想和分配制度的完善过程中，这一过程又是与党的历史、中国特色社会主义发展史在本质上统一的过程。坚持历史与逻辑相统一为本书提供了方法论启示。同时，将以人民为中心，坚持人民至上作为中国分配制度变革的价值理念成为学界共识，其中许多相关阐述也为本书的写作带来了重要启发。

白永秀、周博杨、王泽润分阶段梳理了百年来中国分配思想演进的历程，并从理论逻辑、历史逻辑和实践逻辑三个方面提炼并阐述了其演进过程。具体表现为：所有制结构和经济体制变革双向互动关系以及对生产力与生产关系之间矛盾运动的认识是中国百年分配思想演进的科学的理论逻辑，带领人民实现共同富裕的阶段性与特殊性是中国百年分配思想演进的深厚的历史逻辑，服务于生产激励以及致力于优化收入分配格局是中国百年分配思想演进的鲜明的实践逻辑。这种将演进历程与理论逻辑、历史逻辑和实践逻辑三重维度统一起来的研究,观照了中国百年分配思想发展在不同阶段的内在连续性以及三重逻辑之间的内在统一性,为梳理和评价中国百年分配思想提供了一种客观的研究视角,具有重要的方法论意义。[①] 朱方明、贾卓强探讨了百年来中国在不同历史阶段下的分配思想演进与分配制度变迁。百年征程中国的分配思想经历了新民主主义革命时期的平均分配到社会主义革命和建设时期的按劳分配,从改革开放后的效率优先、兼顾公平到中国特色社会主义新时代的共享发展、公平正义。百年征程中我国的分配制度经历了由配给制到单一按劳分配制,再到以按劳分配为主体、多种分配制度并存的制度。通过总结党探索分配问题的百年征程,凝练出共担使命、共建经济和共享成果的实践旨趣,明确了党分配思想演进的人民立场。[②] 孟桢认为马克思、恩格斯和列宁的分配理论是中国分配制度改革的理论基础。他基于历史时序的角度考察了中国百年分配制度改革的历程,并从加强领导作用、人民利益为中心的导向、马克思主义分配理论中国化以及坚持我国实践与借鉴国外经验结合的角度总结提炼了百年来中国分配制度变革的一系列经验。[③] 杨德才、潘熙庆从理论和实践两个层面,对中华人民共和国成立以来我国关于收入分配问题的不断探索进行了回顾,分析了在新民主主义经济制度、计划经济体制和社会主义市场经济体制下的不同分配制度,从居民收入水平、收入分配格局、居民收入来源和全面建成小康社会等方面总结了中国分配制度改革取得的历史性成

---

① 白永秀、周博杨、王泽润:《中国共产党百年分配思想演进的历史逻辑、理论逻辑与实践逻辑》,《中国经济问题》2021年第3期。

② 朱方明、贾卓强:《共担、共建、共享:中国共产党百年分配思想演进与制度变迁》,《经济体制改革》2021年第5期。

③ 孟桢:《百年来中国共产党领导分配制度改革的理论基础、历程全景及其基本经验》,《湖南社会科学》2022年第1期。

就。同时，他们将始终坚持人民至上作为领导收入分配制度改革的核心理念。①

第二，关于中国百年来各个历史时期的分配思想研究。

在对中国百年的分配思想和分配制度变革进行整体性研究的同时，也有一些学者立足于马克思主义分配理论中国化的具体实践，对其在不同历史时期的理论创新成果进行研究，这些研究具体体现为围绕改革开放前后时期我国分配思想进行探讨等。也有少数学者涉及领导人关于分配思想的研究，但这都蕴含在社会主义建设思想或经济思想的相关文献研究中，如詹真荣、刘阳、梁福、李大勇等对我国社会建设、经济建设的具体内容中体现的分配思想的研究等，数量较少且缺乏系统完整的讨论。此处着重整理在革命建设改革各个历史时期分配制度和分配思想变化的相关研究。通过阅读分析这些研究成果，进一步加深了本书关于对马克思主义分配理论理解演变的实践逻辑以及规律的认识，更加明确了中国特色社会主义分配制度实践体现出的人民至上的价值理念。

首先，关于改革开放前我国分配思想的研究。周新城、张雷声、王明生、尤国珍、李小芳等从主要内容、方法论原则、现实反思等角度进行研究。周新城认为，社会主义建设时期对于分析批判两极分化问题，科学阐述共同富裕的内涵及其实现路径具有重要的现实意义，表现为：分配领域中坚持按劳分配原则，确认分配的社会主义性质；强调按劳分配与树立社会主义利益观相结合，避免走向个人主义；科学贯彻和阐释按劳分配原则，澄清错误认识。② 张雷声认为，针对中华人民共和国成立初期的社会现实，我们国家提出以工农联盟的方式以解决土地改革后农村中开始出现的两极分化问题，

---

① 杨德才、潘熙庆：《从"不患寡而患不均"到"既患寡又患不均"——中国共产党收入分配制度改革的历史演进及其经验总结》，《江苏行政学院学报》2021年第6期。

② 周新城：《论毛泽东分配思想的现实意义——学习〈毛泽东读社会主义政治经济学批注和谈话〉》，《马克思主义研究》2013年第11期。

为确立社会主义分配制度奠定了基础。从兼顾国家、集体和个人利益、注重公平分配以及注重思想教育作用三方面阐述了这一时期我国分配思想的主要内容和重要意义。① 王明生认为，在社会探索时期，我们国家在坚持社会主义分配原则与现实分配实践过程中出现了一些问题，他通过考察该时期对分配体制和方法的认识，指出了其中要求坚持按劳分配与追求分配中的平均主义之间的矛盾，而这种矛盾又在实践中挫伤了劳动者的劳动积极性。尤国珍认为，我国传统平均主义思想和苏联分配政策以及党在民主革命时期的分配实践是毛泽东按劳分配思想变动的重要影响因素，其公平分配思想对于促进当时我国生产力发展，巩固社会主义基本制度具有重要作用，但也对群众生产积极性的发挥产生了一些不良影响。② 李小芳认为，在社会探索时期，我国在分配问题上的认识存在现实与理想的张力，一方面基于现实，强调按劳分配以坚持社会主义原则，另一方面，基于理想，又视按需分配为高于按劳分配的理想的分配模式，追求平均主义。③

其次，关于社会主义现代化建设新时期我国分配思想的研究，诸多学者主要从形成历程、基本内容、主要特征、理论地位等几个方面进行探讨。梁柱认为，我们国家非常重视分配问题，其基于贫富分化的社会现实富有预见性地指明处理好分配问题，实现共同致富对于稳定现代化建设和改革开放的局面具有重要意义。④ 饶志华认为，在改革开放初期，针对我国分配制度存在的问题，"分配的问题大得很"论断不仅具有丰富的经济内涵、社会内涵和政治内涵，而

---

① 张雷声：《马克思分配理论及其中国化的创新成果》，《政治经济学评论》2022年第1期。

② 尤国珍：《现代化视阈下毛泽东按劳分配思想变动的再思考》，《毛泽东思想研究》2019年第5期。

③ 李小芳：《现实与理想之间的徘徊》，《四川师范大学学报》（社会科学版）2005年第1期。

④ 梁柱：《邓小平晚年心系分配问题》，《毛泽东邓小平理论研究》2010年第3期。

且其提出的包括需要有利的时机，配套的改革措施以及年富力强，"不走死路的人"在内的关于解决分配问题的措施，具有重要的启示意义。① 刘嗣明认为，改革开放后，我国收入分配理论的创立过程与我国改革发展的历程密切相关，它经由反对平均主义，先富带后富的初步形成，到限制两极分化的逐步完善再到系统论述共同富裕从而走向成熟。该理论的科学性在于它坚持了科学的唯物论与辩证法。② 陈映从先富、后富、共富的角度理解改革开放后我国的分配思想，并就其形成过程和丰富内涵进行了概括。③ 吴长开认为，结合性、发展性、时代性、竞争性、公平性和辩证性是中国特色社会主义理论体系中关于分配思想的主要特征。④ 罗雪中、彭升认为坚持生产力标准、体现民本民富思想、反对平均主义是改革开放后我国分配思想的共同点。⑤ 龚立新把改革开放前我国的分配思想概括为"均中求富"，把改革开放后我国分配思想概括为收入差距论和共同富裕论，并对从前者到后者的演进过程进行阐释，分析了二者的不同。⑥

最后，关于新时代以来我国分配制度改革的研究，诸多学者围绕新时代以来我国分配制度改革的时代意蕴、价值遵循、目标指向、实践路径和辩证思维进行研究。姬旭辉认为，新时代以来关于分配制度改革的相关理论是中国特色社会主义收入分配理论的重要组成部分，其对社会主义分配理论的丰富和发展主要体现在：正确认识

---

① 饶志华：《"分配的问题大得很"——邓小平关于分配问题的论断与启示》，《学习与实践》2010年第3期。

② 刘嗣明：《邓小平收入分配理论的主要创立历程及其科学性》，《武汉大学学报》（人文社会科学版）2000年第5期。

③ 陈映：《邓小平先富、后富、共同富的分配理论》，《毛泽东思想研究》2004年第6期。

④ 吴长开：《论邓小平的分配思想》，《青海社会科学》1995年第3期。

⑤ 罗雪中、彭升：《略论党的三代领导人的收入分配理论》，《毛泽东思想研究》2005年第6期。

⑥ 龚立新：《从"均中求富"到"双论"思想——毛泽东、邓小平收入分配思想的演进与比较》，《江西社会科学》2002年第5期。

发展与分配的关系，提出共享发展理念，把消除贫困，实现脱贫攻坚纳入中国特色社会主义的本质要求。① 董宇坤、白暴力认为，新时代以来关于分配制度改革的相关理论以人民共享为核心，在初次分配中强调坚持按劳分配原则，完善按要素分配，在再分配中强调缩小收入差距，加强公共服务。② 韩喜平等分析论证了我国分配制度上升为基本经济制度的理论逻辑和实践探索，他认为这是人民至上价值理念的具体落实，集中体现了我国社会主义制度的性质，因而是重要的思想创新与发展。③ 刘宏伟等认为，以人民为中心是习近平总书记关于分配正义重要论述的价值旨归，他从价值旨归、基本原则与远景目标设定三个方面认识新时代以来我国关于分配正义思想的丰富内涵，从物质基础、制度建构、民生福祉、社会共识、运行逻辑五个方面理解分配正义思想的实践逻辑。④ 潘文轩认为，新时代我国分配制度改革的相关理论是对我国收入分配重大现实问题的积极回应，它坚持以人民为中心的价值遵循，致力于通过有效的制度安排以抑制和缩小收入差距，实现共享发展和共同富裕。他还指出抓住主要矛盾、注重全面性、洞察关联性、强调渐进性是新时代以来我国收入分配理论体现出的辩证思维。⑤

(二) 关于分配制度变革的相关研究

分配制度变革是一个复杂的系统工程，涉及经济社会发展的方方面面，国内学者多围绕分配制度变革的主要特点和价值取向对照

---

① 姬旭辉：《从"共同富裕"到"全面小康"——中国共产党关于收入分配的理论演进与实践历程》，《当代经济研究》2020年第9期。

② 董宇坤、白暴力：《习近平新时代中国特色社会主义收入分配理论探讨——马克思主义政治经济学的丰富与发展》，《西安财经学院学报》2018年第4期。

③ 韩喜平、朱翠明：《分配制度上升为基本经济制度的理论逻辑》，《社会科学辑刊》2020年第4期。

④ 刘宏伟、石权：《深入把握习近平分配正义重要论述》，《理论探索》2021年第1期。

⑤ 潘文轩：《在新时代下实现更加公平合理的收入分配——习近平收入分配思想探析》，《经济学家》2018年第10期。

各个历史时期的时代特征、历史任务以及采取的具体措施进行相关研究。

第一，关于分配制度变革价值取向的相关研究。分配关系本质上体现的是与生产关系相适应的社会基本利益关系以及社会成员之间的利益关系，作为利益关系的调整，分配制度变革必然带有鲜明的价值取向。刘灿认为，在社会主义初级阶段，以公平正义为核心，实现公平与效率相统一是我国收入分配制度和分配结构的价值取向，体现了社会主义初级阶段生产关系的特征和要求，是与社会主义市场经济相适应的；中国特色社会主义收入分配制度坚持经济增长与共享发展相统一以实现公平正义，充分彰显了以人民为中心的发展思想。① 李宏宇等认为，任何制度的建构都应遵循三种价值观念，即具有人类性的终极形态的价值观念、同一生产方式所共有的社会形态的价值观念和与特定国家文化相适应的传统形态的价值观念。据此，他指出我国收入分配制度的建构和改革，应遵循效率与公平、共同富裕与"和合"精神三种价值观念。② 杜奋根认为，作为科学社会主义一贯坚持的价值目标，消灭剥削也是马克思主义分配理论的重要内容，所以，其理应成为我国社会主义初级阶段分配制度设计的价值目标。尤其是在初级阶段基本国情下，剥削现象作为事实存在是我国收入分配制度建构与改革必须解决的一个重要问题。③ 韩喜平等认为，人民至上是百年来中国共产党领导分配制度变革实践的价值导向，"生产力—生产关系—上层建筑"互相推动是中国分配制度变革百年实践的演变逻辑，中国在各个历史时期不断深化对马克思主义分配理论的认识，进行渐进式、探索式的分配制度改革，

---

① 刘灿:《马克思关于收入分配的公平正义思想与中国特色社会主义实践探索》，《当代经济研究》2018 年第 2 期。

② 李宏宇、李元书:《收入分配制度的改革：价值目标分配原则和机制》，《理论探讨》2012 年第 6 期。

③ 杜奋根:《收入分配制度改革与消灭剥削的价值目标》，《山东社会科学》2009 年第 6 期。

保障了人民利益,推动着共同富裕目标的实现。① 王琳等认为,在经济发展新常态下,改革我国收入分配制度只有坚持正确的价值取向,以共同富裕为出发点和落脚点,才能有效应对和解决包括贫富差距扩大、收入分配不公等在内的现阶段我国面临的收入分配问题。② 朱成全等认为,分配正义要回答社会公共资源和经济社会发展成果在社会成员之间进行分配的合理性与正当性问题,与以人民为中心的分配制度密切相关。通过推进分配正义综合施策使全体社会成员有更多获得感,同时,坚持以人民为中心的发展通过在各个环节实施保障人民根本利益的分配政策以保证社会公平正义的实现,也体现了分配正义的内在要求。③ 宋杨认为,以人民为中心是马克思和恩格斯分配伦理思想的价值立场,应通过不断参与和反思分配实践,着力解决好收入和权利分配的公平公正问题,增进人民福祉以实现人民美好生活的价值目标。④

第二,分配制度变革对促进经济增长和社会公平的贡献研究。比较有代表性的研究成果主要包括李实等著的《中国收入分配演变40年》、陈宗胜的《经济发展中的收入分配》、于国安编著的《我国现阶段收入分配问题研究》、李萍等著的《转型期分配制度的变迁:基于中国经验的理论阐释》、赵人伟等主编的《中国居民收入分配研究》《中国居民收入分配再研究》、于祖尧主编的《中国经济转型时期个人收入分配研究》、高志仁的《新中国个人收入分配制度变迁研究》、张珺的《分配制度改革理论探析》、石广良的《中国国民收入分配制度变迁》、刘灿等著的《中国特色社会主义收入分配制度研

---

① 韩喜平、何况:《中国共产党百年分配制度变革及其人民立场》,《经济纵横》2021年第5期。
② 王琳、宋守信:《新常态下收入分配制度改革的价值取向与对策》,《山东社会科学》2016年第2期。
③ 朱成全、李东杨:《习近平分配正义思想研究——以人民为中心的发展之考察》,《商业研究》2018年第7期。
④ 宋杨:《论马克思恩格斯分配伦理思想的人民价值取向》,《学校党建与思想教育》2018年第2期。

究》以及贾康等著的《深化收入分配制度改革研究》，等等。

李实在《中国收入分配演变 40 年》中指出，作为经济改革一个重要方面，我国收入分配制度改革与经济转型密切相关。因此，从中国经济转型和经济发展角度理解我国收入分配制度和格局的变迁过程是科学的分析框架。他通过对我国经济转型 40 年历程的梳理着重阐释了我国收入分配制度的演变过程，尤其是重点分析了历次变革引发的收入分配效果，如收入差距的变化和收入分配公平程度的变化。据此，他认为中国收入分配制度改革具有深刻的复杂性，就其效果来说，得失并存，因此仍然在走向预期目标的路上。[1] 陈宗胜在《经济发展中的收入分配》中，提出公有制经济条件下，收入差别"倒 U"理论。按照这一理论，在社会主义公有制主导经济条件下，居民收入差距变动呈现"倒 U"形轨迹，即在经济发展初级阶段先上升，在经济发展的中、高级阶段转而逐步下降。该理论认为，影响收入分配的因素中，从长远来看经济发展是首要因素，社会经济体制和政策变动必然要受经济发展规律的制约，其只是对前者的一种反映，因此是次要因素。[2] 随着研究的深入，在"倒 U"理论的基础上，他进一步提出这种曲线存在"阶梯形"变异的理论假说。[3] 陈宗胜的理论模型和假说引起了学术界的讨论，许多学者对其理论假设进行了计量检验，由此得出不同结论，支持者认为，我国收入差距随着经济发展基本上呈现"倒 U"形变化趋势。否定者，如李实等认为，在改革开放之前，由于制度、政策以及传统文化方面的因素影响，我国在收入分配领域均等化程度比较高。20 世纪 90 年代中期，我国居民收入差距呈明显扩大趋势，而这不只是由于经济发展的原因，更多的是与我国社会政治稳定相关。因此，在进行

---

[1] 李实、万海远：《中国收入分配演变 40 年》，格致出版社、上海人民出版社 2018 年版，第 36 页。

[2] 陈宗胜：《经济发展中的收入分配（修订版）》，格致出版社、上海三联书店、上海人民出版社 1991 年版，第 20 页。

[3] 陈宗胜：《倒 U 曲线的"阶梯形"变异》，《经济研究》1994 年第 5 期。

经济改革的同时，有必要借助政治体制改革来缩小收入差距。也有一些学者没有得出确定性的结论。于国安在《我国现阶段收入分配问题研究》中，一方面从经济效率角度评判我国收入分配制度变革，认为收入分配制度变革有助于实现资源优化配置，有助于提高社会生产率，实现经济增长；另一方面从社会公平角度评判我国收入分配制度变革，认为不合理不完善的分配制度会导致收入差距过分拉大，而收入分配制度变革有助于实现社会公平公正。[①] 李萍等在《转型期分配制度的变迁：基于中国经验的理论阐释》中从效率、公平和经济增长贡献三个角度对我国转型期收入分配制度的优劣进行评价，具体探讨了分配制度与社会生产率、社会资源优化配置程度、制度运行效率的关系。他们认为，我国转型期的收入分配制度有助于提高经济效率，提高程序公平性和原则公平性。[②]

第三，关于分配制度变革中出现的公平与效率问题研究。公平与效率的关系问题历来是一个备受学者们关注的热点问题，被形象地称为经济思想史上的"哥德巴赫猜想"。我国发展社会主义市场经济经历了从"效率优先、兼顾公平"，到效率与公平并重的阶段。如何科学认识和处理好二者的关系，目前国内学术界主要分为两种观点。

一种观点基于公平与效率矛盾的一面，认为二者不可兼得，始终保持一种永恒的矛盾对立关系。由此，在"何者优先"问题上，也呈现出"效率优先""公平优先"以及"阶段论"几种有区别的观点。持"效率优先"的学者认为当代中国经济发展的主要矛盾是效率低下，因此必须优先保证效率才能促进社会经济发展，也只有先做大蛋糕才能分好蛋糕。

萧灼基认为，市场经济条件下出现了收入差距扩大的问题，但

[①] 于国安：《我国现阶段收入分配问题研究》，中国财政经济出版社2010年版，第50—60页。

[②] 李萍等：《转型期分配制度的变迁：基于中国经验的理论阐释》，经济科学出版社2006年版，第29—37页。

是在关注公平原则的同时，不能改变效率优先的原则。效率优先是符合我国国情的原则，必须坚持而不能改变。① 王珏认为，"效率优先"是市场经济条件下推动人类社会发展必须遵循的重要原则，在社会主义初级阶段，由于生产力水平较低，强调"效率优先"这是不能有任何怀疑的。只有在"效率优先"基础上推动社会生产力的提高，社会才会走向进步。他认为没有效率的经济条件下，不可能也不能维持社会公平，在这种意义上，强调市场经济的效率优先是不容置疑的。陈章亮认为，社会不公平问题的出现是不坚持"效率优先"造成的，必须始终坚持效率优先的原则不动摇，在生产力低下、效率不高的情况下谈公平是没有意义的，公平不是从理性中提出来的，而是通过效率提高推动的，在社会主义初级阶段，要大力发展生产力需要解决提高效率的问题，具体来说我国发展市场经济的目标模式和相应采取的发展战略要求要坚持"效率优先"的原则。② 坚持上述观点的学者们认为经济效益是第一位的，要通过注重效率的提高实现经济发展的目的。

另一种观点基于公平与效率统一的一面，认为二者具有内在一致性，是相互促进、互为条件的辩证统一关系。这种正相关的关系具体体现在，效率越高越公平，越公平越能促进效率。因此，在处理公平与效率的关系上，就以"并重论"或"统一论"代替了"优先论"。

支持这种观点的主要包括以下学者。程恩富认为，公平和效率不是此消彼长的关系，而是一种交互同向的辩证关系，效率在某种程度上就意味着公平，而追求公平其实本身也体现着效率。从宏观意义上来看，公平与效率不存在谁先谁后，而是统一的，在社会主义初级阶段，坚持走社会主义道路，发挥社会主义制度的优越性就要提高效率发展生产力，注重效率就是发展生产力，其目的就是为

---

① 许冬梅：《对当前收入分配若干问题的看法——访全国政协常委、北京大学教授萧灼基》，《理论前沿》2005 年第 17 期。
② 陈章亮：《效率优先地位不能改变——对"公平优先，兼顾效率"的追问》，《探索与争鸣》2006 年第 1 期。

了提高人民的生活水平，当前的主要任务是要制定规则，在此基础上既体现公平，又能提高经济效率。从微观意义上来看，公平与效率主要是针对市场主体，一方面，实现经济公平"有赖于企业效率的提高"，另一方面，要实现企业效率的持续提高要以在"分配中公平和经济平等地实现为条件"。就个体而言，要实现既保证效率，又体现公平，"最优结合的载体是市场型按劳分配"[①]。吴忠民认为，"效率优先，兼顾公平"有力地冲击了改革开放前的计划经济体制的束缚，极大地调动了广大人民生产的积极性，增强了社会的活力，具有积极的历史意义，推动了社会主义市场经济的发展和完善。[②]郭威等认为，效率与公平作为两大价值目标，实现二者统一是我国社会主义市场经济条件下收入分配制度变革的内在要求。新时代面临如何破解中等收入陷阱、实现高质量发展的挑战，经济发展既要通过变革发展动力、完善产业体系和经济体制提高效率，又要通过调节收入差距，特别是加大对再分配的调节力度保证公平。

（三）关于中国特色社会主义分配制度的相关研究

国内学者主要围绕制度构成、制度特点、制度优势以及完善路径等方面对中国特色社会主义分配制度展开研究。

第一，关于中国特色社会主义分配制度优势及特点的研究。

刘伟、权衡、侯为民等围绕中国特色社会主义分配制度及其变革的特点进行研究。刘伟认为，中国特色社会主义分配制度坚持了马克思主义关于分配决定于生产、分配方式决定于生产方式的立场和方法，是对马克思主义分配理论的传承、创新与发展。因此，他提出中国特色社会主义收入分配制度的首要特点就是强调收入分配制度与社会主义基本经济制度的统一。其次，以人民为中心逐步实

[①] 程恩富：《公平与效率交互同向论》，《经济纵横》2005年第12期。
[②] 吴忠民：《"效率优先，兼顾公平"提法再认识》，《天津社会科学》2002年第1期。

现共建共享共富是新时代我国收入分配制度的鲜明价值取向。再次，强调发展与分配的历史统一也体现了我国收入分配制度具有的深刻的辩证性。① 权衡认为，改革开放以来我国收入分配改革的特点主要体现在：坚持分配理论创新与分配制度实践发展相结合；处理好分配与发展的关系，推动渐进式改革与社会经济发展互动互促；分配制度改革运用唯物史观的基本方法。② 侯为民认为，我国收入分配制度作为一项基本经济制度，归根到底是由我国社会主义发展历程和中国特色社会主义实践特点所决定的，因此，其内涵并非一成不变，总是伴随中国特色社会主义实践的探索历程而不断变化。③ 此外，李实、张平的《中国居民收入分配实证分析》，陈宗胜的《经济发展中的收入分配》，裴长洪的《中国基本分配制度》，刘灿等的《中国特色社会主义收入分配制度研究》，张占斌等的《完善我国分配制度研究》，游宏炳的《中国收入分配差距研究》，等等，都对此问题进行了相关阐述。

第二，深化收入分配制度体系改革的相关研究。

收入分配制度体系必将随着我国社会主义市场经济的不断发展而不断完善。如何优化收入分配，如何构建具有中国特色、符合时代特点的收入分配制度体系一直是国内学者关注的热点话题。有的学者强调以改革初次分配制度为侧重点，有的学者建议充分发挥政府对收入分配的宏观调控作用，还有的学者探讨了包括完善市场机制、改革税收机制等在内的优化我国收入分配制度体系的具体措施。这些研究成果归纳起来主要涉及以下几个方面：

一是，收入分配制度改革既要体现效率又要促进公平。李清彬

---

① 刘伟：《中国特色社会主义收入分配问题的政治经济学探索——改革开放以来的收入分配理论与实践进展》，《北京大学学报》（哲学社会科学版）2018年第2期。

② 权衡：《中国收入分配改革40年：实践创新、发展经验与理论贡献》，《中共中央党校学报》2018年第5期。

③ 侯为民：《论社会主义基本经济制度范畴中的分配因素》，《经济纵横》2020年第9期。

认为，我国收入分配制度体系主要围绕实现效率与公平两个价值目标展开。初次分配以最优效率为目标，其重点要解决的问题是如何通过合理的制度设计激活各类生产要素投入生产做大社会经济成果。再分配基于公平公正的前提，其重点要解决的问题是如何通过合理的制度设计得到更公平更合理的分配结果。① 洪银兴区分了富起来时代和强起来时代，体现我国收入分配制度改革对处理效率与公平关系的不同侧重。他认为，因长期受制于平均主义导致压抑生产积极性，因此在富起来时代我国收入分配制度改革主要侧重提高效率，具体措施集中在激活各类生产要素参与分配以及发挥先富对后富的激励带动作用。强起来时代的收入分配制度改革侧重公平正义，具体工作集中在坚持按劳分配原则不动摇，完善按生产要素分配，以及坚持共享发展理念，缩小收入差距。② 胡莹等从确立共享发展理念、"实现居民收入增长和经济发展同步、劳动报酬增长和劳动生产率提高同步"和橄榄型分配格局以及正确处理劳资关系、城乡关系、政府与市场关系三方面总结了党的十八大以来，我国在收入分配领域处理效率与公平关系的新经验。③

二是，切实加强初次分配和再分配领域的改革。厉以宁认为，收入分配具有层次性，其中初次分配是基础，二次分配是对初次分配的补充，是在初次分配的基础上进行的，因此，在现阶段的中国，初次分配是改革的重点。具体对策包括健全完善市场、营造公平竞争环境、让农民成为市场主体与产权主体、改变劳动力市场上不对称现状以及鼓励创业等。④ 陈新等认为，解决初次分配中出现的劳动

---

① 李清彬：《建设体现效率、促进公平的收入分配体系》，《宏观经济管理》2019年第5期。

② 洪银兴：《兼顾公平与效率的收入分配制度改革40年》，《经济学动态》2018年第4期。

③ 胡莹、郑礼肖：《十八大以来我国收入分配制度改革的新经验与新成就》，《马克思主义研究》2018年第2期。

④ 厉以宁：《收入分配制度改革应以初次分配改革为重点》，《经济研究》2013年第3期。

报酬占比下降、行业间收入不合理不公平现象、收入分配关系有待理顺、收入渠道狭窄以及寻租性收入在很多领域大量存在等问题，需要着力提升劳动报酬比重、进一步完善生产要素按贡献参与分配、增加居民财产性收入、打破行业垄断、完善市场经济体制。解决再分配中出现的居民收入占国民收入比重低、收入差距拉大、分配结构不合理等问题，需要进一步发挥税收机制对收入分配的调节作用以完善社会保障体制机制。① 赵华荃认为，深化我国收入分配制度改革应遵循客观规律以及与之相关的各种机制。在初次分配环节中，改革的重点在于调节国家、集体、企业以及劳动者所得的比例关系。在再分配环节中，改革的关键在于强化政府对收入分配的调节职能。②

三是，规范收入分配秩序，形成合理的收入分配格局。李实认为，收入再分配政策体系调节作用有限导致近期我国收入差距稳居较高水平，为此必须通过政治改革、经济改革、社会改革以及思想改革等促进有助于缩小收入差距的因素更好地发挥积极作用，比如，实现乡村振兴、加快推进城镇化建设、提高农村教育质量等。③ 罗娟等从实现共同富裕目标的角度探讨了我国收入分配结构的优化路径，即重点推动生产要素市场化改革以弥补初次分配环节可能存在的不公问题、积极改革财政税收体制机制解决再分配环节不优问题、发挥社会公益事业的积极作用解决三次分配环节的不足问题、建立健全并规范实施相关法律法规解决分配秩序不法问题。④

四是，加快完善收入分配体系制度改革的相关配套体制机制。

---

① 陈新、周云波、陈岑：《中国收入分配中的主要问题及收入分配制度改革》，《学习与探索》2014年第3期。

② 赵华荃：《尊重客观规律，深化收入分配制度改革》，《政治经济学评论》2013年第4期。

③ 李实：《中国特色社会主义收入分配问题》，《政治经济学评论》2020年第1期。

④ 罗娟、彭伟辉：《共同富裕目标下我国收入分配结构优化路径》，《经济体制改革》2022年第1期。

沈卫平认为，只有和相关体制的改革互相配合，协同进行才能真正触及并解决我国收入分配领域的主要症结。比如，通过在基本制度层面保障人民拥有的各项基本权利以及推进各项体制机制的市场化改革解决机会不平等的问题；通过建立健全公共财政制度充分发挥再分配的调节作用；通过改革行政管理体制，更好地发挥政府职能等。[①] 邱海平认为，在我国改革开放 40 多年的发展过程中，中国特色社会主义分配制度的改革和完善总是呈现为与社会主义所有制改革、社会主义市场经济体制改革协同推进，相辅相成。所有制改革主要表现为改革公有制经济和改革所有制结构。[②]

（四）研究存在的主要问题

既有研究成果为把握当下我国的分配制度和理解我国分配制度的变革实践奠定了理论基础。同时国内学界的已有研究还存在以下问题：一是研究范式上，对分配问题的探讨更多的是停留在纵向的历史过程梳理和具体经验的总结阐释层面，尤其是多体现为对某一社会发展阶段中分配问题的探讨，而缺乏规律视野，相对较少地从整体性角度来呈现我国分配制度变革的历史全景、揭示分配制度变革的历史规律。二是研究内容上，基本都是从客观的现实问题出发，从经济学角度出发对分配问题进行研究，较少明确地强调分配问题背后的伦理价值，中国分配理论的人民性、分配制度变革的人民至上价值没有得到应有的重视。因此，从中国百年实践这一历史进程出发，来研究中国分配制度变革的人民至上价值实践势在必行。

二 国外研究现状

国外学者对于中国百年分配制度变革及其人民至上价值实践的思考，主要是在对中国经济体制改革相关问题的争论中展开的。国

[①] 沈卫平：《加快改革收入分配制度及其着力点》，《山东社会科学》2010 年第 11 期。

[②] 邱海平：《社会主义基本经济制度中的所有制问题研究》，《马克思主义理论学科研究》2022 年第 2 期。

外学者对于我国分配制度、分配制度变革及其人民至上的价值实践的理解，内在关联着对我国经济体制改革性质、目标等问题的理解。更具体地说，国外学者主要是在我国建立社会主义市场经济体制的背景下，关注和把握我国分配领域的相关问题。

(一) 关于中国经济体制改革的相关研究

我国经济体制改革的目标是建立社会主义市场经济体制。因此，国外学者对我国经济体制改革的探讨大都是围绕社会主义市场经济体制的相关问题进行的，他们重点关注并讨论了我国经济体制改革的性质、成就及经验，中国在经济体制改革中的重要作用、市场的效率与社会的平等的关系、市场经济体制下政府与市场的关系等问题。对这些研究成果的把握有力地拓宽了本书的思考视角。

与国内学者倾向于将我国经济发展道路和经济体制改革的社会主义性质当作一个不证自明、无须论证的前提不同，国外学者则对此展开了激烈讨论，并将争论上升到社会性质的高度，其焦点集中在市场经济与社会主义的兼容性、社会主义的评判标准（其本质特征是公有制还是平等）等方面。归纳起来主要有三种差异性观点。一是肯定我国经济体制改革的社会主义性质，肯定了我国传统公有制经济的历史合理性，并认为社会主义市场经济是前者发展的合理产物。持这种观点的主要是西方市场社会主义，他们指出市场经济是所有国家都可以加以运用的发展社会生产力的有效手段。比如，约翰·罗默认为，社会主义也可以使用市场，中国完全可以在使用市场的条件下发展生产力，建成社会主义社会。[1] 裴宜理认为，今天市场经济可以和社会主义政治体制在中国特色社会主义市场经济下相得益彰。[2] 二是认为中国经济体制改革具有资本主义性质。也就是否认市场经济与社会主义具有兼容性，认为市场经济与社会主义公

---

[1] ［美］约翰·罗默、梁爽、黄斐、刘军:《社会主义、马克思主义和平等——耶鲁大学教授约翰·罗默访谈》，《社会科学辑刊》2016年第6期。

[2] Elizabeth J. Perry, "Studying Chinese Politics: Farewell to Revolution?" *The China Journal*, No. 57, 2007, pp. 1–22.

有制原则是相冲突的。这是西方主流经济学对社会主义市场经济的定性，也是多数资产阶级经济学家达成的少有共识。在他们看来，我国社会主义市场经济改革不仅不利于发展社会主义，反而受制于资本主义经济发展方式，走上了资本主义道路。[1] 有的学者还把我国的经济发展理解为一种将国家引导经济发展与私人资本积累结合起来的独特道路，称为中国式资本主义。[2] 西方学者也往往将政府干预资源配置、政治上的专制主义、激励机制缺乏等视为社会主义经济模式失败的原因。因此当中国进行市场经济改革时，往往被误读为是对社会主义公有制原则的背离，是向资本主义发展。事实上，社会主义市场经济不是资本主义市场经济，中国特色社会主义经济体制改革的社会主义性质不容置疑。三是认为中国经济体制改革既保留了传统社会主义公有制的某些因素，也包括一些自由资本主义的成分。查加洛夫等认为，社会主义市场经济是非完全的计划和非完全的市场的混合体，社会主义市场经济制度实质上是资本主义和社会主义的共生物。[3] 阿佩尔指出中国正在走向但是仍未完全走向资本主义，中国市场经济存在变成一个资本主义经济体的可能。[4]

随着社会主义经济体制改革的不断完善，我国在发展中创造了持续高速增长的经济奇迹。国外学者不仅积极肯定我国改革开放40多年来的经济发展成就，而且注重从经济运行机制、经济转型、价值导向等方面分析中国经济快速发展的原因，总结中国经济改革成功的经验。托马斯·罗斯基曾对中国经济改革表示质疑，但看到中

---

[1] Hart-Landsberg Martin, Burkett Paul, Magdoff Harry, Bellamy Foster John, Monthly Review: An Independent Socialist Magazine, Vol. 56, No. 2, 2004, pp. 1–12.

[2] Christopher A. McNally, "Sino-Capitalism: China's Reemergence and the International Political Economy", World Politics, Vol. 64, No. 4, 2012, pp. 741–776.

[3] ［俄］查加洛夫、彭晓宇：《中国的大趋势——评皮沃瓦洛娃的新书〈中国特色社会主义〉》，《国外理论动态》2012年第7期。

[4] Tiago Nasser Appel, "Just how capitalist is China?", Brazilian Journal of Political Economy, Vol. 34, No. 4, 2012, pp. 656–669.

国经济取得如此巨大的增长以及中国改革取得的伟大成就时,直接坦言:这是完全没有想象到的。[1] 劳伦·勃兰特等认为,"中国最近的经济进步,归功于成功的改革,改革调动了经济中这些关键因素"[2]。国外学者还特别关注了我国经济发展的成功经验,纷纷热议"中国模式"。巴里·诺顿认为,"中国的特点是政府与企业(尤其是国有企业)的紧密合作,以及与大多数中等收入国家相比,政府对经济无所不在的干预"[3]。美国学者邹至庄认为,中国经济发展迅速得益于三方面的因素:"高质量的人力资源,运行有效的市场机制,处在经济发展的早期。"[4] 其中有的学者还研究了中国经验的普遍意义,他们认为中国经济改革经验应为所有追求经济增长的发展中国家和地区参考效仿。在这些研究中,尤其值得注意的是在偏重个人利益的西方经济学中,部分学者已经开始关注到我国经济发展的人民性和我国经济体制改革的人民立场,但其对我国在分配领域中如何坚持以人民为中心,践行人民至上还缺乏全景式的深入分析,还有许多具体的重要问题没有涉及,这也是本书要做的一项重要工作。

国外大部分学者在分析中国经济体制改革的成功经验时,都肯定了中国共产党对经济改革的领导核心作用,比如中国共产党坚持以经济建设为中心、坚持人民至上的价值理念、制定并采取务实主义的经济改革策略、领导建立了中国特色社会主义市场经济体制,等等。维克托·科特认为,"改革开放的提出及其产生的效益即是一个明证,彰显了中国共产党在建设社会主

---

[1] Thomas G. Rawski, "Reforming China's Economy: What Have We Learned", *The China Journal*, Vol. 42, No. 41, 2009, pp. 139–156.

[2] [美]劳伦·勃兰特、托马斯·罗斯基:《伟大的中国经济转型》,方颖、赵扬等译,格致出版社、上海人民出版社2009年版,第16页。

[3] [美]巴里·诺顿:《中国经济:转型与增长》,安佳译,上海人民出版社2016年版,第XI页。

[4] [美]邹至庄:《邹至庄论中国经济》,格致出版社、上海人民出版社2012年版,第3页。

义过程中应对挑战的胆识与睿智"①。马苏德·哈立德认为,"中国社会经济过去几十年的发展历程,表明了中国共产党为人民谋福利的决心"②。彼得·弗兰森认为,"'中国奇迹'出现的唯一原因就是坚持和发展中国特色社会主义,坚持中国共产党的领导。没有共产党的领导,没有党的实践和理论工作,就没有社会主义市场经济的发展,就没有今天的中国"③。康拉德·赛茨在谈到邓小平改革思想时,指出"务实主义是邓改革方针的第一条原理,分阶段发展是他的第二条原理"④。值得注意的是,部分国外学者针对中国共产党的领导作用存在一些错误理解,如对我国经济改革政策、对党的历代领导集体的经济建设思想所作的实用主义错误解读。习近平总书记明确批驳和反对实用主义,他指出"对待马克思主义,不能采取教条主义的态度,也不能采取实用主义的态度"⑤。因此,实用主义绝对不是我们党领导经济体制变革的指导思想原则,对此,我们必须积极澄清和批判部分国外学者对我们党及其领导的中国特色社会主义的各种误读。

公平与效率是社会经济发展追求的两大基本价值。不同的历史背景、不同的制度安排会形成对公平与效率及其关系的不同理解。国外学者对该问题的研究大致分为对资本主义经济制度下平等与效率问题的理解,以及对社会主义市场经济制度下公平与效率问题的理解两大部分。我们重点关注的是他们在分配领域中对公平与效率

---

① [阿根廷] 维克托·科特:《中国取得的成就具有超越时代的意义——写在中国共产党建党百年之际》,《光明日报》2021年7月8日第12版。

② [巴基斯坦] 马苏德·哈立德:《两会是观察中国发展的窗口》,《人民日报》2016年3月8日第3版。

③ [比利时] 彼得·弗兰森:《没有共产党就没有"中国奇迹"》,《求是》2013年第14期。

④ [德] 康拉德·赛茨:《中国——一个世界强国的复兴》,许文敏、李卡宁译,国际文化出版公司2007年版,第155页。

⑤ 习近平:《在哲学社会科学工作座谈会上的讲话》,人民出版社2016年版,第13页。

关系的研究。从观点上大致可以分为以平等为首要价值的公平与效率观和以正义为首要价值的公平与效率观。亚当·斯密、弗里德里希·奥古斯特·冯·哈耶克、萨缪尔森等都认为政府对分配情况的矫正会损害市场效率，而市场经济可以自行实现资源优化配置，因此，都强调市场效率优先。相反，凯尔斯则坚持均等化的收入分配政策主张，主张结果平等，罗尔斯也坚持平等主义的分配正义观。通过研究可以看出，资本主义难以更好地平衡公平与效率的统一关系，难以有效地实现资源优化配置。在这一点上，中国特色社会主义市场经济制度遵循社会主义经济发展规律，符合我国国情，可以实现更好公平和更高效率。

实现社会公平与市场效率相统一，需要明确市场和政府在效率与公平关系中的功能定位。西方经济学对政府与市场关系的讨论由来已久，尤其是在西方市场经济成长中，不同学者围绕政府在市场经济中的作用及其边界问题展开了广泛的理论探讨，存在不同的观点争论，或者主张市场自发调节，或者主张政府干预，又或者主张政府与市场应该相互配合，等等。随着中国从计划经济体制转向市场经济体制，并且成功实现社会主义市场经济繁荣发展，西方学者不断关注我国在解决政府与市场相融这一难题的回答。正如查尔斯·沃尔夫所说，"市场与政府之间的选择是复杂的，而且这种选择通常不是两个方面（二择其一），这不是单纯地选择市场或政府，而往往是两者的不同组合之间的选择，以及某种配置资源模式的不同程度之间的选择"[①]。国外学者深入研究了社会主义市场经济中计划与市场、政府与市场的关系问题，尤其是侧重从我国国有企业改革以及公有制与市场经济是否相融合的视角进行研究，始终存在两种对立的立场。这种认识差异，体现了公有制的社会主义原则与市场经济体制之间的冲突。从支持者的角度来看，中国发展

---

① ［美］查尔斯·沃尔夫：《市场，还是政府：市场、政府失灵真相》，陆俊、谢旭译，重庆出版社2007年版，第114页。

非公有制经济并非不合法,建立社会主义市场经济也不意味着改变中国的社会制度;从反对者的角度来看,市场经济与社会主义缺乏统一的依据,中国走社会主义市场经济道路,就意味着违背了社会主义公有制原则和社会性质。这样,对我国市场经济中政府与市场关系的争论就上升到社会制度和社会发展方向的高度。这里既有历史因素的影响,也有价值观方面的影响。比如,传统的社会主义公有制曾被看作社会主义的唯一模式。实践证明,我国社会主义市场经济是有效市场与有为政府的统一,因此,在社会主义初级阶段,需要处理好政府与市场之间的关系。我们必须在马克思主义理论的指导下,澄清政府与市场关系的争论,科学论证二者之间的联系,为进一步考察研究分配领域中的相关问题奠定根本性的理论前提。

(二) 关于分配理论和分配问题的研究

国外学者基于不同视域、不同流派形成了观点各异的分配理论,且研究的历史悠久。这部分主要是从马克思主义分配理论、西方分配正义理论以及分配领域中的收入差距问题三个方面对已有研究的主要议题与核心观点进行综述。

首先,对马克思主义分配理论的研究。分析马克思主义学派立足文本,采取分析方法阐述对马克思主义分配正义理论的理解。主要观点归纳起来主要包括:其一是马克思批判分配正义。以罗伯特·塔克和艾伦·伍德为代表,他们认为马克思反对普遍意义上对正义、分配正义的抽象理解。其二是马克思主义主张分配正义。主要代表有胡萨米、杰拉斯等。他们认为按劳分配是马克思分配正义的基本原则,而资本主义生产方式使工人和劳动者处于非人状态,背离了按劳分配原则,因此,对于资本主义社会及其生产方式的非正义性,马克思是持批判态度的。其三是重构马克思主义分配正义理论。

其次,对西方分配正义理论的研究。与资本主义市场经济成长过程相适应,西方学者始终关注并探讨分配问题,且每个发展时期呈现出不同的理论内容和特点。从时间上来看，西方分配正义理论基本上包括以下几个流派：其一是与资本主义早期相适应的古典经济学的分配正义思想，以亚当·斯密和大卫·李嘉图为代表。亚当·斯密在《国富论》中从劳动本身出发，系统阐述了劳动价值论，探讨了劳动工资、地租以及社会各阶层的收入来源。大卫·李嘉图在《政治经济学及赋税原理》中也肯定了劳动是价值的来源和评价标准，沿袭了劳动价值论的观点，同时，他还从社会各阶层所得财富的比例关系角度研究分配关系，揭露了分配中的矛盾问题。总体来看，古典经济学家反对政府干预分配，强调市场经济自动调节自然形成分配法则。其二是新古典经济学的分配理论，以萨伊、马歇尔为代表。萨伊在《政治经济学概论》中，提出了效用价值论，并在此基础上构建其收入分配理论体系，即工人、资本家、土地所有者分别获得工资、利息、地租的三位一体的分配公式。马歇尔在《经济学原理》中提出了均衡价格理论以及与之相适应的收入分配理论。他在萨伊劳动、资本、土地三要素的基础上加上了组织，提出了四要素说。其三是当代西方资本主义的分配正义理论，根据派别不同，归纳起来大致包括功利主义分配正义理论、自由主义分配正义理论、社群主义分配正义理论等。"最大多数人的最大幸福""社会效用最大化"是功利主义的基本观点，也构成了其收入分配理论的根本原则。自由主义立足自然法和契约论，将人的自由视为最高价值。比如，提出坚持以自由为基础，反对收入分配中的任何人为因素，强调市场竞争对收入分配的自动调节。罗尔斯坚持平等的分配正义观，认为公平分配必须照顾到最少受惠者。诺齐克聚焦程序正义，不强调结果正义。与自由主义思想流派相反，社群主义更加强调共同体的价值，强调共同善的价值，更加关注的是基于公共善的分配，提出了多元分配正义观。

最后，分配领域中的收入差距问题。国外学者主要围绕收入分配不平等的问题与原因、分配与经济增长的关系以及调整和完善分配制度等相关问题进行了广泛的研究。

关于收入差距扩大的制度原因分析。收入差距扩大是许多国家面临的重要社会问题，对此国外学者通过通货膨胀和货币政策、福利国家政策、经济危机的发生、专利保护政策等原因进行分析和研究。一是关于通货膨胀和货币政策的原因，Maria Rueda Maurer 认为收入差距扩大与通货膨胀有着密切联系，高通货膨胀会拉大收入分配差距，这也为政府制定决策提供了重要参考；二是关于福利国家政策的原因分析，Caminada 等通过分析 1981—1997 年这段时间内，荷兰的收入差距问题，指出市场收入的不平等分配和社会转移支出的变化[1]，这是导致荷兰家庭收入差距扩大的重要因素；三是，关于经济危机发生的原因，通过对比分析经济危机发生前后的收入问题，可以反映出二者存在着某些联系。Barry Eichengreen 和 Michael D Bordo 通过分析美国、拉丁美洲等经常爆发经济危机的国家指出，1973—1997 年二十多年间发达国家和新兴经济体分别爆发 44 次和 95 次经济危机，这也使这些国家的经济损失达到 GDP 总量的 6.25% 和 9.21%；四是关于专利保护政策的原因，Angus C. Chu 通过研究（R&D）增长模型得出加强专利保护会促进经济增长，但是伴随经济增长也导致了国民收入差距扩大的问题。

关于缩小收入差距的对策研究。国外学者认为主要通过完善税收、货币政策，加大政府支出和建立社会保障制度体系有利于缩小收入分配差距。完善税收、货币政策缩小收入差距，Gary Burtless 认为美国制定实施的分（等）级税率的所得税抵免（EITC, Earned Income Tax Credit）制度可以大幅减少居民所得税，间接地提高中低收入者的收入水平，他认为分（等）级税率的所得税抵免制度，即 EITC 制度是美国针对拥有工作的贫困者的一个独特的政策创新[2]。Edgar A. Ghossoub 等通过研究货币政策变动对收入分配的影响，基

---

[1] Koen Caminada and Kees Goudswaard, "International Trends in Income Inequality and Social Policy", *International Tax and Public Finance*, Vol. 8, No. 4, 2001, pp. 395-415.

[2] Gary Burtless, "What have We Learned about Poverty and Inequality? Evidence from Cross-national Analysis", *Focus*, Vol. 25, No. 1, 2007, pp. 12-17.

于此提出要制定不同的货币政策用来调节收入分配[①]。加大政府支出缩小收入分配差距，Ashok Mishra 等通过对比美国 9 个农业地区农户收入差距显示，加大政府支出有助于缩小农户间的收入差距，但是，加大政府支出对富裕地区整体收入差距不明显，却有助于缩小富裕地区农户间的收入差距。[②] 完善保障制度体系缩小收入分配差距，美国实施补充保障收入（SSI, Supple-mental Security Income）福利计划，为低收入群体和残疾人提供资金支持，这保障了低收入群体的基本生活需要，对缩小收入差距具有积极作用，新加坡政府也积极健全和完善社会救助和保障体系，通过就业入息补助计划提高低收入者的收入水平，有助于缩小收入差距。

（三）研究存在的主要问题

不可否认，国外对收入分配制度以及经济体制改革等相关问题的研究成果十分丰富，涉及内容相对具体、全面，但已有研究还存在以下不足：一是从研究的价值立场上，国外学者对收入分配问题的相关研究在根本上仍然是坚持西方至上的观点，从资本逻辑原则出发，坚持资产阶级中心论成为其研究的基本理论特征。尤其是对什么是理想的分配政策和分配制度的理解上，他们往往是从资产阶级价值立场出发来进行分析的，因此，存在比较明显的资产阶级至上、资本至上的逻辑。二是从研究涉及的内容上，西方学者除了从经济学角度出发理解分配问题外，更是从伦理学和政治哲学角度出发得出分配问题的一些观点和结论，尤其是挖掘了分配问题具有的伦理属性，将分配正义作为衡量社会发展的重要指标。同时，还注重从分配模式和政策制度选择方面探讨分配问题。但由于对分配政

---

① Edgar A, "Ghossoub and Robert R. Reed. Financial Development, Income Inequality, and the Redistributive Effects of Monetary Policy", *Journal of Development Economics*, Vol. 126, 2017, pp. 167-189.

② Ashok Mishra and Hisham El-Osta and Jeffrey M. Gillespie, "Effect of Agricultural Policy on Regional Income Inequality among Farm Households", *Journal of Policy Modeling*, Vol. 31, No. 3, 2008, pp. 325-340.

策与制度的反思还基本停留在理论层面，将理论置于静态且抽象的价值争辩中，从而相对忽视了与动态的历史实践相结合。而只有返回到分配问题产生演变的历史进程中，将其与具体实践联系在一起，才能使之得到真正理解和有效解决。

第四节　研究思路与方法

一　研究思路

本书基于马克思主义立场、观点、方法，以马克思主义分配理论为指导，坚持理论逻辑、历史逻辑和实践逻辑相统一，从分配制度变革的理论探讨、制定政策、制度探索与现实反思等角度对中国百年分配制度变革的人民至上价值实践进行系统研究。在研究中主要梳理和阐释了中国百年分配制度变革的四个历史时期，以及贯穿四个历史时期的"生产力—生产关系（经济基础）—上层建筑"交互作用的内在逻辑，以"破坏—建构—完善"为实践进路，进行渐进式、探索式分配制度变革，充分彰显中国百年分配制度变革的人民至上的价值旨归。

首先，本书阐述中国百年分配制度变革的人民至上价值定位。在百年历史征程中，中国坚持马克思主义分配理论与中国具体实际相结合，在理想与现实、理论与实践、批判与建构的合理张力中创新和发展马克思主义分配理论，蕴含着鲜明的人民性特质。百年来，中国深刻洞察人民的现实需求，根据革命、建设和改革不同时期的历史任务，不断调整分配政策，完善分配制度，虽然在不同时期的具体举措上有所差别，但是始终遵循"人民至上"的价值逻辑，最终目的是建立真正维护和保障最广大人民群众根本利益的分配制度，推动实现全体人民共同富裕。

其次，本书坚持理论逻辑、历史逻辑、实践逻辑和价值逻辑相统一，以理论探讨、制定政策、制度探索与现实反思为脉络主线，全方位、全过程、多角度地梳理和展现中国百年分配制度变革的实践过程，诠释中国百年分配制度变革所彰显的人民至上价值旨归。在分配制度变革前，我国通过调查研究充分考虑中国的具体实际，通过理论探讨分析与思想争鸣研究分配政策的可行性，在充分保障和体现人民利益的基础上思考和探索如何消灭剥削分配制度以及构建更加公平的分配制度。分配制度变革的过程中，从建立按劳分配制度，到公平与效率的分配制度思想争鸣，再到分配制度改革背景下"先富"带"后富"的统一认识，为我国分配制度变革提供了方向指引。具体来看，我国以消灭剥削为逻辑起点，从新民主主义革命时期破坏旧分配制度，到社会主义革命和建设时期构建按劳分配制度，到改革开放时期构建充满活力的中国特色社会主义分配制度，再到新时代构建推动共同富裕实现的分配制度体系，始终致力于实现经济发展与公平分配同频共振，保障人民共享社会发展成果，蕴含着深刻的人民至上价值逻辑。

最后，本书从分配制度构建到落实效果等角度分析中国百年始终致力于在不断总结经验中完善分配制度，充分保障和满足广大人民群众的利益要求。中国百年分配制度变革的根本出发点是为了人民，但是，分配制度的探索过程并非一帆风顺，由于当时主客观条件的局限，中国在革命和建设时期出现了一些分配问题的错误认识，在目标设定和现实实践中出现了一些偏差。勇于自我革命是中国共产党最鲜明的品格，也是中国共产党最大的优势。历经百年历史征程，中国将分配制度变革的经验教训转化为实事求是、与时俱进的改革动力和为人民谋利益的使命担当，推动中国特色社会主义分配制度体系在不断完善中更加成熟定型，维护和保障广大人民群众的根本利益，充分彰显分配制度变革的人民至上价值取向。

二 研究方法

(一) 历史分析方法

中国分配制度变革体现为一个历史的过程，在这个过程中要把握其蕴含的人民至上价值取向，不仅需要将分配制度变革的理论创新与实践探索还原到其产生的历史语境中，还要立足整体，从全局出发对分配制度变革的历程进行分析。运用历史分析方法，以历史为纵轴，从新民主主义革命时期破坏旧分配制度的实践历史，到社会主义革命和建设时期建立按劳分配制度的实践历史，到改革开放时期完善社会主义市场经济条件下分配制度的实践历史，再到新时代构建共同富裕现代化分配制度体系，本书试图呈现每个历史时期分配制度变革的具体任务和特点，从分配制度变革的历史轨迹中确证内涵于其中并充分彰显的人民至上价值取向，达到论从史出、史论结合的目的，以增强研究的科学性。

(二) 系统分析方法

分配制度变革内容丰富，涉及诸多领域，是一个复杂的系统工程，研究中国百年分配制度变革的具体特点和价值取向需要对照各个时期的时代特征、历史任务以及采取的具体措施进行系统全面地分析。本书采取系统分析方法，从理论研究、制定政策、实践过程、现实反思、未来展望等角度全面展示了中国百年坚持以人民为中心进行革命、建设、改革的全过程。依托马克思主义分配理论深刻阐释中国共产党领导分配制度变革的理论基础，把握中国不同历史时期制定和实施的分配政策，分析中国不同历史时期进行的分配制度变革的具体实践，充分展现为人民谋幸福的实践过程、经验总结和现实反思。只有从整体性和系统性的高度来研究我国百年分配制度变革的具体实践，才能深刻把握其体现的人民至上的价值追求。

(三) 跨学科研究方法

跨学科研究方法是指运用多学科的理论、方法和成果从整体上对某一选题进行综合研究的方法，也称"交叉研究法"。分配理论与分配制度变革涵盖的内容繁杂且涉及领域众多，包括政治经济学、发展经济学、政治学、历史学、哲学、社会学等多学科理论内容。本书采取跨学科研究方法，对研究对象展开深入分析，尝试更好地研究和阐释中国分配制度变革的人民至上价值。

第五节　创新与不足之处

一　创新之处

第一，研究视角的创新。中国百年历史是一部为中国人民谋幸福、为中华民族谋复兴的奋斗史，从理论探索维度和具体实践维度系统全面地总结中国百年奋斗过程中的人民至上价值是理论工作者的重要任务。中国分配制度变革需要研究和总结，具体经验需要凝练和概括。本书以中国百年分配制度变革为主题，以百年历史为轴，在制度变革中展现中国始终坚持践行人民至上价值理念，构建与完善充分体现和保障广大人民群众根本利益的分配制度，生动诠释了为人民谋幸福是中国共产党矢志不渝的初心和使命，在研究视角上具有一定的创新性。虽然关于分配制度和分配理论的主题是学术界研究的热点，但是从党的百年历史维度系统、全面地梳理中国百年分配制度变革的理论基础、具体政策和制度探索的研究并不多见，尤其是暂未有从分配制度变革角度研究和阐释在革命、建设、改革过程中展现出的人民至上的价值实践，因此，从上述角度进行研究具有一定的创新性。

第二，学术观点的创新。本书通过梳理和分析中国百年分配制度变革的历史，认为中国坚持马克思主义分配理论与中国具体实际相结合，在理想与现实、理论与实践、批判与建构的合理张力中创新和发展马克思主义分配理论，从消灭剥削制度的强烈愿望，到建立按劳分配制度的理论探讨，到公平与效率的思想争鸣，再到"先富"带"后富"的统一认识，为中国分配制度变革提供理论支撑、方向指引和方法指导。本书通过总结中国分配制度变革的百年历史经验，认为中国从新民主主义革命时期破坏旧分配制度，到社会主义革命和建设时期构建按劳分配制度，到改革开放时期构建充满活力的中国特色社会主义分配制度，再到新时代构建推动共同富裕实现的分配制度体系，在充分发挥分配制度激励效应的过程中推动社会生产力发展和公平分配，充分彰显了人民至上的价值取向。

二 不足之处

中国百年分配制度变革的人民至上价值实践是重要的理论与实践问题，要求研究者具备较强的理论功底和写作能力，笔者竭尽全力，仍有以下待完善之处：

一是，关于中国百年分配制度变革的价值定位，既需要从理论层面深刻阐释其内在根据，又要从实践层面分析其现实缘由，这也是本书需要进一步完善的地方。二是，在分配制度变革实践中，我们可以看到分配政策的制定与分配制度的确立交织联系。虽然，笔者在写作中尽可能地区分分配政策和分配制度，但是，在认识和写作中仍然存在不到位之处，这也是笔者接下来需要完善和深入研究的地方。三是，本书主题涉及诸多领域，需要运用到经济学、政治学、哲学、社会学、历史学等多学科的知识进行综合研究。由于笔者知识背景的局限性，只能从某一或某几方面进行阐述，但是对于如何从理论和实践的层面把握经济发展和收入分配的关系、如何通过优化分配制度变革更好地维护和保障最广大人民群众的根本利益等问题，还需要进行更深入地研究。

第 二 章

中国分配制度变革的人民性价值定位

无论从阶级立场、制度属性,还是从分配制度的变革原则以及分配政策和制度制定的具体过程来看,中国百年分配制度变革都始终坚持人民至上,致力于构建实现全体人民共同富裕的分配制度。从消灭剥削制度到建立按劳分配制度,从公平与效率的讨论到多种分配方式并存,再到健全"先富"带"后富",构建实现共同富裕的体制机制。中国百年分配制度变革具有鲜明的价值导向,分析中国百年分配制度变革的理论基础、基本原则、最终目标可以追溯出内蕴于其间的内在统一性,即人民至上作为价值统摄引领中国百年分配制度变革的全过程。

第一节 分配制度具有鲜明的价值属性

分配关系的核心是财产的所有权问题,从根本上反映的是与生产关系相适应的人与人之间的利益关系。分配制度作为制度化的经济关系毫无疑问地代表和维护着某一团体或者某一阶级的根本利益。分配关系与生产关系紧密联系,分配制度的变革反映了生产关系的调整。在构成经济运行的生产、分配、交换、消费四个环节中,分配是与利益联系最为紧密、最为直接的环节。马克思指出,"一定的分配关系只是历史地规定的生产关系的表现"①，分配问题不是一个纯粹的经济学问题，它不仅关系到分配对象的利益，还涉及分配原则、分配制度等深刻的具有价值导向的问题，尤其是在"政治经济学批判"视野下，分配问题还具有实现人的解放的社会学和政治学意蕴，具有鲜明的价值属性。

一 分配关系赋予生产条件本身及其代表以特殊的社会的质

马克思在《资本论》中深刻指出："分配关系赋予生产条件本身及其代表以特殊的社会的质。它们决定着生产的全部性质和全部运动。"② 马克思深刻地洞察到分配问题背后更加根本的经济根源。

分配关系伴随人类社会的出现而产生，不过在奴隶社会，奴隶都属于奴隶主，无权获得财产，只存在部落和奴隶主之间的分配。封建社会地主凭借土地所有权出租收取地租，没有土地的农民租种地主的土地缴纳地租。可见，人类社会的收入分配方式都是生产方式决定的，"消费资料的任何一种分配，都不过是生产条件本身分配的结果；而生产条件的分配，则表现生产方式本身的性质"③。在资本主义生产方式下，萨伊提出的"三位一体"的公式，即资本创造利润、土地产生地租、劳动取得工资，试图将资本主义分配方式包装成为天经地义、合理合法的经济行为。虽然，资产阶级经济学家将分配作为政治经济学的主要研究对象，但是由于将其当作一个独立的经济领域，以致最终割裂了生产、分配、交换、消费之间的内在联系，忽视了作为生产关系其中一个方面的分配关系能深刻反映生产关系的性质以及人与人之间的地位和利益关系。首先，从最基本的问题考察，马克思认为，每个人在分配中获取的比例是人与人之间利益关系的直接表现，也体现了分配的性质。其次，无论是

---

① 《马克思恩格斯文集》第7卷，人民出版社2009年版，第998页。
② 《马克思恩格斯文集》第7卷，人民出版社2009年版，第995页。
③ 《马克思恩格斯文集》第3卷，人民出版社2009年版，第436页。

"生产工具的分配""各类生产之间的分配",还是"产品的分配"都包含在"生产过程本身中",在这一过程中,最终都集中表现为社会成员之间的利益关系分配和调整,反映了生产关系的性质。

二 分配制度反映与生产关系相适应的人与人之间的利益关系

在构成经济运行的生产、分配、交换、消费四个环节中,分配是与人的利益联系最直接、最密切的环节,而分配制度根本上是为了解决人与人之间如何分配物质财富的问题。分配制度与每个人的利益密切相关,分配制度涉及的原则、立场以及方法关系着"为谁分配""谁优先分配""怎么分配"这一系列重要问题,直接决定着社会成员在生产生活中的经济利益和在分配中所占的最终比例和公平享有物质财富的水平。美国经济学家克拉克认为,"在各个要求获得应得权利的人中间分配财富的问题,是一个极其重要的经济问题"[1]。关于分配问题,资产阶级经济学家看到的只是肤浅、表面的经济现象,而忽略了最本质的东西,分配问题不是一个纯粹的经济学问题,作为一个复杂的系统工程,它不仅关系到分配对象的利益,还涉及分配原则、分配制度等深刻的具有价值导向的利益调整问题,马克思指出,"一定的分配形式是以生产条件的一定的社会性质和生产当事人之间的一定的社会关系为前提的"[2]。从人类历史演进来看,原始社会,由于生产力低下,人们集体劳作,平均分配劳动果实。随着生产力发展,人类从原始社会进入奴隶社会再到封建社会、资本主义社会,相应的分配制度也在不断地发生变革,从奴隶社会奴隶主占有奴隶生产的全部产品,到封建社会,地主以地租的形式无偿占有农民或者农奴生产的大部分产品,而农民和农奴只能获得少量维持基本生存的部分产品,再到资本主义社会,资本家以"利

---

[1] [美]约翰·贝茨·克拉克:《财富的分配》,陈福生等译,商务印书馆1983年版,第9页。

[2] 《马克思恩格斯文集》第7卷,人民出版社2009年版,第998页。

润"的形式占有工人生产的绝大部分剩余价值,而工人则只能得到少量的所谓"工资",综上可以看出,奴隶社会、封建社会以及资本主义社会的分配制度本质上是以维护统治阶级的根本利益为价值导向的,体现的是生产资料私有制下剥削与被剥削的关系。分配制度决定了社会各阶级对资源的占有方式和使用权利,反映了新价值在阶级之间的分配过程和各阶级之间的经济状态。正如列宁曾经说的:"凡是资产阶级经济学家看到物与物之间的关系(商品交换商品)的地方,马克思都揭示了人与人之间的关系。"[1] 马克思对资本主义分配关系的分析,显示了分配制度鲜明的价值属性,廓清了政治经济学研究的迷雾,解决了资产阶级政治经济学无法解决的问题。

三 分配制度的本质是维护统治阶级的根本利益

不同经济制度下分配制度也各不相同,从体制机制来看,有进步和落后之分,但是,从本质上看,都是为了维护统治阶级的根本利益。马克思在《资本论》中指出:"资本主义的私有制,是对个人的、以自己劳动为基础的私有制的第一个否定。"[2] 从这个意义上来看,资本主义私有制下的占有方式和分配方式相对于封建社会的生产方式是一种进步,但是,在资本主义生产关系下的分配关系体现的是资产阶级与无产阶级剥削与被剥削的关系,马克思在对资本主义分配关系批判的基础上提出了社会主义以公有制为基础的按劳分配和共产主义社会的按需分配。这种"生产资料共同占有"基础上的所有制决定每个劳动者都可以"按等量劳动取得等量产品",从而享有公平分配的权利,列宁曾深刻指出,"人类从资本主义只能直接过渡到社会主义,即过渡到生产资料公有和按每个人的劳动量分配产品"[3],这不仅是人类社会发展的必然趋势,也是实现人类解放

---

[1] 《列宁专题文集:论马克思主义》,人民出版社2009年版,第69页。
[2] 《马克思恩格斯文集》第5卷,人民出版社2009年版,第874页。
[3] 《列宁选集》第3卷,人民出版社2012年版,第64页。

的必由之路。按劳分配的所有制基础是生产资料公有制，在这种分配制度中，把劳动作为衡量人获得消费资料的依据和标准，从而消除了通过掌握生产资料所有权而对除了出卖劳动力、一无所有的无产阶级剥削的可能性，是对资本主义生产方式下的不合理分配制度的根本否定，体现了实现人人平等的按劳分配制度的进步意义。社会主义社会和共产主义社会的最终目标是让全体人民真正享受社会发展所带来的物质财富，这些都需要靠分配制度最终落实。随着生产力的发展，进入共产主义社会，脑力劳动和体力劳动的对立消失，劳动不仅仅是人谋生的手段，更成为人生活的需要，这个时候人类社会从"按劳分配"转变到"各尽所能，按需分配"，从而实现对社会资源真正公平公正的分配，最终实现全体人民共同富裕。

第二节 中国分配制度变革的理论基础

科学的理论是行动的指南，指引着前进的方向。正如马克思指出的，"理论在一个国家实现的程度，总是取决于理论满足这个国家的需要的程度"[①]。科学的理论一方面要致力于满足国家长期发展的需要，另一方面要结合中国实际，为人民群众所掌握。马克思、恩格斯在深刻剖析资本主义生产关系和分配关系的基础上，揭示了生产资料私有制下不合理的分配制度是人民遭受剥削、压迫的直接原因和重要表现，提出消灭生产资料私有制下的分配制度，建立生产资料公有制为基础的按劳分配制度和按需分配制度。中国百年分配制度变革的过程中始终坚持以马克思主义分配理论为根本指导，并在实践中不断发展马克思主义分配理论。马克思主义分配理论是中国共产党领导分配制度变革的理论基础，决定了分配制度变革的人民至上价值定位，蕴含着鲜明的人民性特质。

---

① 《马克思恩格斯文集》第1卷，人民出版社2009年版，第12页。

一 马克思、恩格斯的分配理论

马克思、恩格斯关于分配问题的论述主要集中在《〈政治经济学批判〉导言》《1857—1858 年经济学手稿》《哥达纲领批判》以及《反杜林论》等著作中，这些著作形成于不同的历史时期，可见，马克思主义分配理论的形成不是一蹴而就的，是随着研究的深入而不断发展完善的。

分配问题自从人类产生就开始出现，直接影响着人们之间的利益。资产阶级经济学家很早就开始关注和研究分配问题，但是由于阶级立场和利益关系决定了他们看到的是肤浅、表面的经济现象，马克思深刻批判了配第"利润还模糊地和工资混在一起"[1] 的分配思想，"斯密教条"和萨伊的"三位一体"公式，认为其宣称各要素都能创造价值，理所应当获得相应报酬的理论是错误的，其掩盖了劳动创造价值的事实，他指出，像萨伊那样认为"商品价值最终全部分解为收入即工资、利润和地租"，"这种幻想不过是亚当·斯密以来贯穿整个政治经济学的荒谬教条的必然的和最后的表现"[2]，最终目的是企图合理化资本主义分配方式，来掩盖资本家的剩余价值，是把局限在资本主义生产方式下生产当事人的观念，"当作教义来加以解释、系统化和辩护"[3]。马克思透过现象看本质，深入生产关系中分析分配关系，深刻指出：在分配的过程中，"消费资料的任何一种分配，都不过是生产条件本身分配的结果；而生产条件的分配，则表现生产方式本身的性质"[4]。"分配关系赋予生产条件本身及其代表以特殊的社会的质。它们决定着生产的全部性质和全部运动"[5]，分配关系与生产关系紧密联系，分配制度的变革反映了生产

---

[1]《马克思恩格斯文集》第 7 卷，人民出版社 2009 年版，第 886 页。
[2]《马克思恩格斯文集》第 7 卷，人民出版社 2009 年版，第 952—953 页。
[3]《马克思恩格斯文集》第 7 卷，人民出版社 2009 年版，第 925 页。
[4]《马克思恩格斯文集》第 3 卷，人民出版社 2009 年版，第 436 页。
[5]《马克思恩格斯文集》第 7 卷，人民出版社 2009 年版，第 995 页。

关系的调整。

根据对生产资料私有制为基础的分配制度的批判以及对分配关系的科学分析，马克思、恩格斯对未来社会的分配原则进行了科学的论述和阐释，创立了科学的分配理论。根据未来社会发展的水平，马克思在《哥达纲领批判》中提出了共产主义社会第一阶段（即社会主义社会阶段），由于生产力发展还处于较低水平，在经济、道德、精神方面不可避免地还带有"它脱胎出来的那个旧社会的痕迹"[1]，所以，在个人消费品的分配中，采取的分配方式是按劳分配，即在生产资料公有制的基础上，以"一种形式的一定量劳动同另一种形式的同量劳动相交换"[2]。而随着生产力水平的发展，进入了共产主义社会的高级阶段，社会物质财富得到极大丰富，人们的精神境界得到极大提升，这个时候，已经完全超越了旧社会遗留的问题和狭隘眼界，"社会才能在自己的旗帜上写上：各尽所能，按需分配！"[3]

在共产主义社会第一阶段（即社会主义社会阶段）实现按劳分配，马克思、恩格斯对按劳分配的条件、按劳分配的对象和内容、按劳分配的计量尺度等问题进行了详细的论述。

第一，关于实行按劳分配的条件，必须在生产资料公有制的条件下才能实现。生产资料公有制从根源上消除了剥削的基础，即一切生产资料都是公共的，在这种条件下，劳动者"除了自己的劳动，谁都不能提供其他任何东西"，"除了个人的消费资料，没有任何东西可以转为个人的财产"[4]。生产资料公有制是实行按劳分配的前提，如果没有这个前提，按劳分配无法实现。生产资料公有制下的按劳分配意味着劳动成为人们谋生的唯一手段，这也就消除了剥削的基础。

---

[1] 《马克思恩格斯文集》第 3 卷，人民出版社 2009 年版，第 434 页。
[2] 《马克思恩格斯文集》第 3 卷，人民出版社 2009 年版，第 434 页。
[3] 《马克思恩格斯文集》第 3 卷，人民出版社 2009 年版，第 436 页。
[4] 《马克思恩格斯文集》第 3 卷，人民出版社 2009 年版，第 434 页。

第二，关于按劳分配的对象和内容。马克思首先批判了拉萨尔的"不折不扣的劳动所得"的错误观点，在共产主义社会的第一阶段，要在劳动总产品分配之前进行必要的扣除（积累基金和社会消费基金），其中积累基金包括："用来补偿消耗掉的生产资料的部分""用来扩大生产的追加部分""用来应付不幸事故、自然灾害等的后备基金或保险基金"①，设立这三部分积累基金的根本目的是通过保证社会生产的可持续性，持续增加社会财富，为后续的分配提供基础，所以，这三项必须扣除。社会消费基金包括："一般管理费用""用来满足共同需要的部分""为丧失劳动能力的人等等设立的基金"②，这里的管理费用不是生产中的管理，而是社会运行的管理；满足公共需要的部分是包括学校、保健等与人们生活息息相关的社会基础设施；丧失劳动能力的人设立的基金是保障社会所有成员都能幸福生活。可见，上述六项基金是维持社会生产可持续发展和人们以及社会成员幸福生活的必要基金准备。

第三，关于按劳分配的计量尺度。马克思指出劳动是按劳分配的尺度，实行按劳计酬。马克思指出："平等就在于以同一尺度——劳动——来计量。"③ 按劳分配是人类社会迄今为止最公平的分配方式，因为分配主体地位平等，实行等量劳动领取等量报酬，消除了剥削的经济基础。按劳分配中"劳"的计量尺度和衡量标准是"劳动时间"，这里的"劳动时间"不是具体的"劳动者的直接的个人劳动时间"，而是抽象的社会必要劳动时间，即是综合不同劳动者熟练程度和个体差异形成的具有普遍意义的社会平均劳动时间。实行的是"一种形式的一定量劳动同另一种形式的同量劳动相交换"④。

第四，以发展变化的观点研究分配问题。社会是不断发展进步的，这也决定了分配方式要随着社会的发展而变化。恩格斯在

---

① 《马克思恩格斯文集》第 3 卷，人民出版社 2009 年版，第 432 页。
② 《马克思恩格斯文集》第 3 卷，人民出版社 2009 年版，第 433 页。
③ 《马克思恩格斯文集》第 3 卷，人民出版社 2009 年版，第 435 页。
④ 《马克思恩格斯文集》第 3 卷，人民出版社 2009 年版，第 434 页。

《致康·施米特》一文中指出:"分配方式本质上毕竟要取决于有多少产品可供分配,而这当然随着生产和社会组织的进步而改变,从而分配方式也应当改变。"① 在共产主义社会第一阶段(即社会主义社会阶段)实现按劳分配,这是由社会主义的生产力发展水平决定的,在共产主义社会的高级阶段,实行"按需分配",可见按劳分配不是人类社会的最终分配方式,这也体现了按劳分配的历史过渡性。

二 列宁的分配理论

马克思、恩格斯对未来社会分配制度进行了系统的勾画和论证,在此基础上,列宁继承马克思、恩格斯的分配思想,将按劳分配制度从理想变为现实,并结合具体国情,进一步发展了按劳分配理论。

列宁在《无产阶级在我国革命中的任务》《国家与革命》等著作之中对按劳分配进行了系统的阐述,进一步发展了按劳分配思想。

第一,列宁提出按劳分配的一个重要分配原则,即"不劳动者不得食"。马克思、恩格斯在论述按劳分配的基本特征时,主要阐述的是"等量劳动领取等量报酬",列宁在此基础上又提出"不劳动者不得食"。在还不发达的社会主义社会,经济发展仍然较为落后,为了鼓励劳动者参与社会主义生产劳动的积极性,列宁提出,"'不劳动者不得食'——这就是社会主义实践的训条。"② "不劳动者不得食"不仅消除了寄希望于不劳而获的消极思想,迫使其参与劳动生产,而且消除了剥削存在的基础(不劳而获从某种程度上讲也是一种剥削),巩固了社会主义政权的物质基础。

第二,社会主义分配不能取消商品和货币。马克思、恩格斯在阐述未来社会按劳分配的问题时一个重要前提是消灭了商品货币关系。列宁提出,在社会主义时期由于生产力发展的原因,货币关系依然存在,他结合国家的发展需要、商品和货币的具体实际,提出

---

① 《马克思恩格斯文集》第 10 卷,人民出版社 2009 年版,第 586 页。
② 《列宁选集》第 3 卷,人民出版社 2012 年版,第 382 页。

按劳报酬可以通过工资结算的形式转换，社会主义社会的分配方式要反映社会主义经济建设的普遍规律。

第三，在分配中发挥奖励的作用。列宁指出："必须系统地研究并拟定措施，把奖励制度推广到全体苏维埃职员的全部报酬中去。"① 其中奖励的形式，可以是"实物奖励"②，也可以是精神奖励，即颁发"劳动勋章"③。

第三节 中国分配制度变革的人民至上的价值旨归

中国分配制度变革始终致力于建立维护和保障最广大人民群众的根本利益，这是由我们国家和执政党的性质与阶级属性决定的。中国百年来根据实际国情，不断调整分配政策，完善分配制度。具体来看，虽然我国分配政策和分配制度的具体举措，在不同时期有所差别，但是从根本上分析，我国分配制度变革始终坚持人民至上的价值旨归，推动生产力发展与公平分配，根本目的是实现全体人民共同富裕。

一 分配制度变革的基本原则是切实保障人民根本利益要求

分配制度变革是适应社会生产力发展水平的必然要求，中国分配制度变革是在适应生产力发展的基础上维护和保障人民的根本利益。恩格斯认为随着社会生产方式和交换方式的产生和改变，"同时也产生了产品分配的方式方法"④。也就是说，每一个社会都会有与其相适应的分配方式，在土地公有的"氏族公社或者农村公社"中

---

① 《列宁全集》第43卷，人民出版社2017年版，第153页。
② 《列宁全集》第43卷，人民出版社2017年版，第570页。
③ 《列宁全集》第43卷，人民出版社2017年版，第372页。
④ 《马克思恩格斯文集》第9卷，人民出版社2009年版，第154页。

平均分配是约定俗成、不言而喻的事情，平均分配是其社会的显著标志，如果在分配中出现了较大的不平等，这就标志着公社的瓦解。"一个社会的分配总是同这个社会的物质生产条件相联系"①，在封建社会，封建地主拥有土地等生产资料，而缺乏土地等生产资料的农民则通过租用地主的土地而支付地租，这种分配方式同资本主义社会的资本家支付工人工资一样都是以生产资料私有制为前提的，这决定着地主阶级与农民阶级、资产阶级与无产阶级无论在政治地位上还是经济地位上都是不平等的剥削与被剥削的关系。消灭剥削的分配制度是社会发展进步的重要标志，也是分配制度变革的必然要求。

按劳分配是共产主义社会第一阶段即社会主义阶段的分配方式，也是中国在分配制度变革实践中探索以满足人民利益要求的分配方式。以公有制为基础的按劳分配消灭了分配中剥削的基础和形式，是公平的分配，体现了分配主体的地位平等。首先，在生产资料的占有方面，按劳分配以生产资料公有制为前提条件，这就排除了任何人通过占有生产资料的优势剥削他人劳动成果的可能性，在这种生产条件下，消除了剥削的任何可能性。其次，关于消费资料的分配情况，按劳分配以劳动量的大小来计量，实现等量劳动领取等量报酬，这种分配方式无论在计量上，还是在落实上都以消灭剥削为基本要求，体现分配公平。

分配制度变革充分体现的人民根本利益要求就是要消灭剥削的分配关系。马克思、恩格斯在《哥达纲领批判》中阐述了关于未来社会分配制度的构想，也就是在共产主义社会的第一阶段要实行按劳分配，这是消灭剥削、实现公平分配的基本原则。在《哥达纲领批判》阐述共产主义社会第一阶段实行按劳分配的基础上，列宁在社会主义建设的过程中对按劳分配原则进行了具体实践，从而为中国共产党领导分配制度变革提供了可借鉴和可参考的经验。

---

① 《马克思恩格斯文集》第9卷，人民出版社2009年版，第155页。

中国百年分配制度变革始终致力于维护和保障广大人民群众的根本利益。在新民主主义革命时期，在农村"打土豪，分田地"，不断调整分配政策；在城市通过多种方式致力于解决劳资矛盾问题，这些具体举措无论是从最开始提出到具体实施再到最终效果都是贯彻马克思消灭剥削、实现按劳分配思想的具体实践。同时在实践过程中，中国不仅总结了分配制度变革的具体经验，而且为广大人民群众再分配中带来了实实在在的利益。中华人民共和国成立后，在恢复国民经济建设过程中从根本上确立了按劳分配的基本原则。在社会产品极大丰富的条件下才实行按需分配，否则"就会妨害人们劳动的积极性"[1]，目的就是继续贯彻按劳分配原则。如在农村实行供给制和工资制，实现了从"吃饭不要钱"到下放基本核算单位的具体措施；在工资制度改革中，实现从供给制到工资制的改变，是按劳分配的具体体现。由于对社会主义建设缺乏经验，以及存在着对建成共产主义的迫切期盼，导致在分配中出来一些绝对平均主义的问题，超越现实生产力发展水平的按需分配性质的供给制给生产力发展和人民生活水平造成了严重的影响。进入改革开放时期，不断深化对社会主义本质的认识，提出了社会主义初级阶段理论，通过进行经济体制改革，允许非公有制经济与公有制经济共同发展，在分配领域突破了传统的社会主义分配思想，提出按劳分配与按要素分配结合起来，并将其确立为中国特色社会主义基本分配制度，探索出"先富带后富"的社会主义初级阶段的实现道路。进入新时代，遵循我国经济发展规律，将按劳分配为主体，多种分配方式并存的分配制度上升为中国特色社会主义基本经济制度。这不仅是推动生产力发展的本质要求，更是坚持人民至上，实现共同富裕现代化的和优势展现。

---

[1] 《建国以来重要文献选编》（第11册），中央文献出版社1995年版，第605—606页。

恩格斯指出，"'社会主义社会'不是一种一成不变的东西"①。社会主义社会是在不断发展的，但是在分配制度方面，由于生产力发展水平的因素决定按劳分配仍然是基本的分配方式。中国共产党在社会主义初级阶段始终坚持以公有制为基础的按劳分配的基本原则，不断完善分配政策和分配制度，维护和保障广大人民群众的根本利益，这也是中国百年分配制度变革人民至上价值取向的重要体现。

二 分配制度变革的主要任务是兼顾生产力发展与公平分配

经济发展与分配制度之间有何种关系以及如何在经济发展过程中实现公平分配是各国在发展过程中不可避免要面临的重要问题，同时也是经济学自古以来都始终关注的重要课题。众所周知，分配是经济运行四环节中的重要一环，对生产、交换、消费各环节至关重要，分配制度作为生产关系的重要方面是为经济运行和发展服务的。从这个角度来看，促进生产力发展与实现公平分配是分配制度变革的主要任务。从人类社会发展的规律来看，从"共饥共食"的分配方式，到生产资料私有制下的封建地租分配方式和雇佣劳动下的分配方式，再到以公有制为基础的按劳分配方式，分配方式的变革一方面反映了生产力的发展水平和生产关系的性质，另一方面，分配制度的调整推动生产力的发展和社会的进步。

分配制度不仅对生产力发展至关重要，同时也与人民利益息息相关，关系着分配的公平程度与社会的和谐稳定。中国共产党领导分配制度变革，一是致力于推动生产力发展，二是实现分配公平。以上是中国共产党领导分配制度变革的重要原因和主要任务。邓小平就明确讲过："分配问题大得很"②，对于处理发展与分配之间的关系，中国共产党始终致力于实现公平分配与生产力发展，这是中

---

① 《马克思恩格斯文集》第 10 卷，人民出版社 2009 年版，第 588 页。
② 《邓小平年谱（1975—1997）》下卷，中央文献出版社 2004 年版，第 1364 页。

国共产党领导分配制度变革的永恒主题。

在新民主主义革命时期，中国分配制度变革以消灭剥削为根本目的，其本质就是实现公平分配和推动生产力发展。1921年明确提出解决分配问题的总纲，即"消灭资本家私有制"[①]。1922年明确提出："八小时工作制""废除丁漕等重税""规定累进率所得税""规定限制田租率的法律"[②]，1925年后在农村进一步调整分配政策，1927年制定首个《土地问题决议案》。在农村农民利益调整和分配方面，从《井冈山土地法》到《兴国土地法》，从"减租减息"政策调整多方分配收益，从《关于土地问题的指示》到《中国土地法大纲》等，这些都是从所有权与收益出发变革土地分配关系致力于实现公平分配与生产力发展。在城市劳资关系调整方面，通过领导工人运动、调整劳动政策等方式，协调兼顾劳资分配关系，改善劳资分配状况，对提高工人工资，改善工人生活水平发挥重要作用。

中华人民共和国成立后，解决分配问题的主要任务是建立按劳分配的制度，以更好地推动实现公平分配和促进生产力发展。首先，在城市中进行工资改革。通过1952年的第一次工资改革确立的"工资分"制度和1956年的第二次工资改革初步建立的全国统一的社会主义工资制度，基本建立了贯彻按劳分配原则的工资制度。企业内实行计件工资和奖励工资制度，评定工资等级和考工升级依据工人技术等级标准；国家机关和事业单位内建立一职数级、上下交叉的职务工资制度。在分配上形成了固定工资和供给制，实行统一分配。其次，在农村贯彻按劳分配的探索。中华人民共和国成立后，在农村通过消灭封建地主土地所有制，农民分到土地，改善了农民的生产生活条件。在此基础上，实行鼓励发展互助合作，农村内部贫富差距缩小。而后在1956年三大改造后，逐步探索按劳分配的分配方

[①]《建党以来重要文献选编（1921—1949）》第1册，中央文献出版社2011年版，第1页。

[②]《建党以来重要文献选编（1921—1949）》第1册，中央文献出版社2011年版，第133—134页。

式。在 1958 年至 1960 年，农村的高级合作社逐步过渡，各地纷纷办起"公共食堂"和"托儿所"，部分地方实行"按需分配"，实行生产资料和部分生活资料公有制。在 1961 年至 1962 年，逐步改变为"三级所有、队为基础"的集体生产、按劳分配的生产分配方式。

改革开放以来，分配制度变革作为中国改革的启动环节，为推动公平分配与生产力发展发挥积极作用。通过生产关系调整逐步确立了按劳分配为主体多种分配方式并存的分配制度。党的十一届三中全会提出"克服平均主义"的口号，经过理论探讨和实践探索，确立按劳分配的基本原则，后来明确提出"按照劳动的数量和质量计算报酬"[1]，全国掀起了一场以激励机制为主要特点的分配制度变革。首先，在农村进行以家庭联产承包责任制为核心的分配体制改革，不仅较好地解决了农民与国家、集体之间的分配问题，还有利于充分发挥家庭分散经营与集体经济的优越性，建立调动农村经济发展的动力机制，提高了农民生产的积极性，推动农村的全面振兴和繁荣。其次，以城市为核心的改革，从分配制度调整开始，主要解决过去长期形成的具有绝对平均主义倾向的"大锅饭"办法。通过扩大企业自主权以及建立经营责任制，逐步改变"企业吃国家大锅饭"而"职工吃企业大锅饭"的问题。1992 年，党的十四大明确社会主义市场经济体制改革的目标，在分配中要兼顾效率和公平。1993 年党的十四届三中全会提出"建立以按劳分配为主体、效率优先、兼顾公平的收入分配制度"[2]。随着社会主义市场经济体制的建立和完善，逐步形成了"按劳分配为主体，多种分配方式并存"的分配制度，通过发挥"先富"示范效应推动社会主义生产力发展，并在"先富带后富"的三次分配中逐步推动实现社会公平。

中国特色社会主义进入新时代后通过不断完善分配制度，将其

---

[1] 《改革开放三十年重要文献选编》上册，中央文献出版社 2008 年版，第 17 页。
[2] 中共中央文献研究室：《十四大以来重要文献选编》上，人民出版社 1996 年版，第 520—521 页。

上升为基本经济制度，一方面调动人民生产积极性，促进生产力发展，另一方面发挥社会主义本质优势，推动实现分配公平。新时代我国的主要矛盾发生了变化，经济发展进入新常态，党的十八届五中全会提出"共享"发展理念，并成为推动经济发展和分配问题的重要指导思想。党的十九届四中全会将分配制度上升为基本经济制度，体现了高度重视分配问题，着力在发展经济的过程中解决公平分配问题。党的十九届六中全会通过的《中共中央关于党的百年奋斗重大成就和历史经验的决议》强调，实现高质量发展，"推动经济发展质量变革、效率变革、动力变革。"[①] 其中，高质量发展以共享为根本目的，通过"努力建设体现效率、促进公平的收入分配体系"[②]，提高人民收入水平，充分体现促进公平分配与生产力发展的统一。党的二十大报告明确强调加强完善推动实现共同富裕的分配制度，提出要"坚持按劳分配为主体、多种分配方式并存，构建初次分配、再分配、第三次分配协调配套的制度体系"[③]。党的二十届三中全会通过的《中共中央关于进一步全面深化改革 推进中国式现代化的决定》明确完善收入分配制度，规范财富积累机制的基础上，强调"规范收入分配秩序，规范财富积累机制，多渠道增加城乡居民财产性收入，形成有效增加低收入群体收入、稳步扩大中等收入群体规模、合理调节过高收入的制度体系。"[④] 我国通过分配制度的改革完善，不断缩小收入差距，推动全体人民实现共同富裕。

---

① 《中共中央关于党的百年奋斗重大成就和历史经验的决议》，《人民日报》2021年11月17日第1版。

② 《中共中央关于党的百年奋斗重大成就和历史经验的决议》，《人民日报》2021年11月17日第1版。

③ 《高举中国特色社会主义伟大旗帜 为全面建设社会主义现代化国家而团结奋斗——在中国共产党第二十次全国代表大会上的报告》，人民出版社2022年版，第47页。

④ 《中共中央关于进一步全面深化改革 推进中国式现代化的决定》，人民出版社2024年版，第49—50页。

三　分配制度变革的最终目的是推动实现全体人民共同富裕

众所周知，原始社会的分配原则是平均分配，因为生产力落后的情况下，还没有涉及生产资料的占有问题，因此不会出现财产积累的差异而导致的贫富不均。在封建社会和资本主义社会，社会生产关系发生了变化，出现了地主阶级、农民阶级、资产阶级和无产阶级，占有生产资料的地主阶级和资产阶级作为统治阶级在分配问题中自然占据着主导地位，他们不会考虑被统治阶级的利益，即不会在意分配的公平性，而是最大限度地确保自己在分配中获得最大收益，并认为这种分配是天经地义的事情，这必然会导致贫富差距悬殊，阶级矛盾激化。马克思以劳动价值论、剩余价值理论以及资本积累理论为基础，深刻批判了资本主义分配制度的剥削本质，并科学构想在未来社会建立按劳分配和按需分配的基本原则，最终目的是消灭剥削，实现全体人民的自由解放。马克思从最基本的问题出发，提出在"生产资料共同占有"基础上拥有公平分配的权利，人们在分配中真正地平等分配，从而实现共同富裕。

中国百年分配制度变革的初心是为人民消灭剥削的分配关系，建立以生产资料公有制为基础的平等、和谐的分配制度，实现全体人民共同富裕。中国共产党自成立之日起，就将分配制度变革融入革命、建设、改革的过程中，致力于实现为人民谋利益作为自己的初心使命。在土地革命时期，"打土豪、分田地"，将土地等生产资料分配给无地或者少地的农民，实行"耕者有其田"，解决人民的土地问题，通过重新分配土地等生产资料调整分配关系，推动农村生产力发展和人民生活水平的提高。在抗日战争时期，根据抗战形势，最大可能地保障人民生产，提高人民生活水平，实行"地主减租减息，农民交租交息"的分配政策，还开展了"发展经济，保障供给"的大生产运动，通过发展生产保障军队的给养，通过发展革命根据地经济，改善人民生活水平。新民主主义革命致力于彻底推翻剥削制度,为建立公平、平等的分配制度奠定基础。在社会主义革命和建设时期,毛泽东指出,要"实现合作化","使全体农村人民共同富裕起来"[1],在分配中实现生产资料公有制下的按劳分配是使全体人民共同富裕的重要方式和主要途径。在改革开放和社会主义现代化建设新时期,在社会主义市场经济体制下逐步建立和完善中国特色社会主义分配制度,"既鼓励先进,促进效率"[2],即解决分配上的"平均主义"与"大锅饭"的问题,通过"先富"带"后富",逐步走向共同富裕。进入新时代,我国立足社会主要矛盾变化,将分配制度的完善作为推进共同富裕的核心任务,通过"构建初次分配、再分配、第三次分配协调配套的制度体系",致力于实现经济发展、人民收入增加,在提高劳动报酬和劳动生产率的基础上,"更加积极有为地促进共同富裕"。2025年两会提出优化税收调节体系、健全多层次社会保障、加大转移支付力度等举措,"多渠道促进居民增收,推动中低收入群体增收减负,完善劳动者工资正常增长机制"[3],破解发展不平衡问题,推动实现全体人民共同富裕。

---

[1] 《毛泽东文集》第6卷,人民出版社1999年版,第437页。
[2] 《改革开放三十年重要文献选编》上册,中央文献出版社2008年版,第660页。
[3] 李强:《政府工作报告》,《人民日报》2025年3月13日第1版。

第 三 章

中国分配制度变革的人民性初心展现

马克思、恩格斯在《共产党宣言》中指出："过去的一切运动都是少数人的，或者为少数人谋利益的运动。无产阶级的运动是绝大多数人的，为绝大多数人谋利益的独立的运动。"① 中国分配制度变革的初心是消灭不公平的分配制度，构建起以人民为中心、共同富裕为目标的分配制度，保障和实现最广大人民的根本利益。这不仅是对马克思主义唯物史观中"人民创造历史"的实践证明和深刻展示，也是中国分配制度变革始终坚持为人民谋幸福、为中华民族谋复兴的历史印证。

第一节 破坏旧分配制度的历史缘起

1840年鸦片战争以后，中华民族遭受了前所未有的劫难。尤其是在经济领域，中国人民遭受着不平等、不公平分配制度的沉重剥削。从生产关系的角度来看，破坏旧分配制度，消灭剥削，是中国分配制度变革的历史缘起。

---

① 《马克思恩格斯文集》第2卷，人民出版社2009年版，第42页。

一 旧分配制度严重阻碍生产力发展

封建地主土地所有制在中国封建社会存在了两千多年,农民饱受剥削和压迫。1840年鸦片战争后,中国逐步沦为半殖民地半封建社会,列强的入侵本质是为了侵略中国并不是帮助中国发展资本主义,虽然自给自足的自然经济被破坏,但是帝国主义列强"致力于保持资本主义以前的一切剥削形式,并把封建地主阶级当作它统治中国的同盟者和社会支柱,因而封建土地制度依旧保持着,封建土地所有制依旧占着统治地位"[①]。在旧中国,农村存在着多种土地所有制形式,但是,从本质上看,都是属于封建地主土地制度的性质。根据中国国民党中央农民部土地委员会于1927年6月公布的调查资料显示,在当时,地主、富农的人口占农村总人口的14%,却占有全国耕地的81%;而占农村总人口86%的贫农、雇农和中农,只占有全国耕地的19%。在旧社会,土地集中,贫农、雇农缺乏土地等生产资料的问题依然未改变,严重阻碍生产力的发展。根据陶直夫、于1934年、1935年提供的资料,中国的土地分配情况如表3-1所示:

表3-1　　　　　　1934年中国各阶级占有土地情况

	户数（百万户）	占比（%）	所有土地（百万亩）	占比（%）
地主	2.4	4	700	50
富农	3.6	6	252	18
中农	12.0	20	210	15
贫农及雇农	42.0	70	238	17
合计	60.0	100	1400	100

注：资料来源于陶直夫（即钱俊瑞）著《中国现阶段的土地问题》。

---

① 赵效民：《中国土地改革史（一九二一——一九四九）》,人民出版社1990年版,第1页。

上述资料反映了当时我国地主、富农、中农、贫农及雇农占有土地的不合理情况,极少数的地主占有全国近一半的土地,而且多数是上中等的好田,而占全国大多数人口的贫农及雇农却占有极少数土地,而且大多数是下等田。1936 年,根据全国 22 省 1120 个县的调查报告显示,佃农、半佃农分别占农户总数的 30% 和 24%,资料显示华中、华南的佃农半佃农占比达到了 70% 以上。到 1947 年,全国佃农半佃农的比重上升到占全国总户数的 58%。[①] 佃农、半佃农遭受封建地租的残酷剥削,资料显示,地主收取佃农的地租量通常在收获量的 50% 以上,在有些地方甚至达到 80%,世所罕见的地租剥削率所展现的苛重程度,显示出农民所遭受的沉重负担以及剥削严重阻碍生产力发展。

首先,"封建高额地租是旧中国农业生产效率低下的根本原因"[②]。地主收取农民的高额地租,依靠土地占有权反而获得较高的土地租金收益,但是,获得地租收益的地主将所得不用于提高效率或者改进技术的农业投资,而是购买更多的土地以期获得更多的地租收益。众所周知,这种依靠买地、兼并土地获得土地租金的方式不仅不能创造社会财富,反而影响农业生产效率的提高。在封建地主所有制下的旧中国,地主主要为靠收取地租获得收益,而非依靠自己经营获得土地财富。农业财富主要被收取地租的地主占有,收租地主不直接经营农业生产,因此也不会在意农业生产效率的高低,他们在意的只是在收租时间点收取地租。也就是说,占有社会财富、有能力改善农业生产效率的地主不关心农业生产经营状况,必定会导致旧中国农业生产效率的低下。其次,根深蒂固的封建土地关系在剥削压迫农民的过程中不仅降低了农民的生产积极性,最严重的影响是束缚了社会生产力的发展。在旧中国,一般地主和富农占有

---

① 郭铁枪、秦兴洪、陈流章主编:《中国革命概论》,广东高等教育出版社 1998 年版,第 105 页。
② 廖洪乐:《中国农村土地制度六十年——回顾与展望》,中国财政经济出版社 2008 年版,第 24 页。

的是土地肥沃、产量较高的优等地，而部分小土地所有者占有的主要是劣等土地，这都会严重影响农业生产效率和农民生产积极性的提高。土地肥沃、产量较高的优等地主要以地主出租经营为主，不利于生产效率的提高，租用土地的农民遭受沉重的剥削却得到较少的土地收益，遇到天灾人祸，往往会食不果腹，更不用说推动社会发展和进步，即使是经营劣等土地的小土地所有者，由于土地的肥力影响，土地的产出效益较为低下，"对农业生产效率提高的贡献有限"[1]。

二　旧分配制度使人民遭受沉重剥削

新民主主义革命时期，中国的土地分配制度极不合理，农民饱受旧分配制度的剥削。地主以地租形式严重剥削农民，地租分为实物、货币、劳役三种形态。三种地租形态对农民的剥削都很高，并且每年都有上涨的趋势。比如，江苏省无锡等九个县，1922年至1927年间，实物地租年均增长了37.3%，货币地租也有所增长；辽宁省铁岭的货币地租，如1911年为100%，到1913年增长为1071%；广东省的货币地租，1919年到1929年的十年当中增加了一倍；江苏省18个县市的货币地租，1927年比1922年增加了近50%。[2] 1927年6月，中国国民党执行委员会农民部土地委员会对当时各阶级的土地占有情况做了分析。其报告指出，在全部农村人口中，人数占55%的佃农、雇农和游民，没有任何土地；人数占19.8%的贫农，只占有6%的耕地；人数占10.8%的中农占有13%的耕地；人数占8.1%的富农占有19%的耕地；人数占4.05%的中小地主，占有19%的耕地；人数占2.25%的大地主占有43%的耕地。[3]

---

[1] 廖洪乐：《中国农村土地制度六十年——回顾与展望》，中国财政经济出版社2008年版，第29页。

[2] 蒋家俊、尤宪迅、周振汉编著：《中华人民共和国经济史》，陕西人民出版社1989年版，第6页。

[3]《第一次国内革命战争时期的农民运动资料》，人民出版社1983年版，第4页。

半殖民地半封建社会的分配制度使人民遭受着沉重剥削。统计资料显示，在我国，占农村人口不到10%的地主、富农占有70%—80%的土地，而占农村人口90%的贫农、雇农、中农和其他劳动者，却只占有20%—30%的土地。无地或少地的贫苦农民，为谋生计，不得不向地主租地耕种。地主凭借对土地的占有，对农民实行残酷的剥削。地主不劳而获得地租，许多地区的地主还强迫农民交纳附加租、预租和押租等。① 据统计资料显示，成都平原8%的地主占有土地80%，重庆人口2%的地主占有土地95.6%。1937年至1941年这五年中，四川省地主的地产增加了69%至70%，而在川西及西藏东部，则增加了69%至73%。其中掠夺农民土地的主要是一些新兴的军阀、官僚或不法商人，旧式封建地主已显得相对没落。例如，在广西灌阳，1932年至1946年新兴官僚地主购入的土地占全县出卖土地的63%，而旧封建地主只占25%，其余12%为富农购进。② 基于土地等生产资料的严重不平等，地主将土地租给无地或者少地的农民耕种，然而，地租率一般占农民收获物的50%以上，有的高达70%—80%③，上述苛重、不公平的地租使农民在分配中遭到了沉重的剥削。

除了封建土地所有制对农民的残酷剥削，半殖民地半封建社会下，列强的侵略和外国资本的盘剥，不仅严重阻碍中国生产力的发展，而且依靠各种特权残酷剥削压迫中国人民，使本来生产落后的中国更加贫穷。列强的侵略通过战争或者武力威胁强迫中国割地、赔款，强化"租借地"以及"势力范围"，并通过签署一系列不平等条约攫取经济、政治等特权，进而不断扩大经济渗透、扩展以及侵略，从而控制中国的经济命脉，达到掠夺中国人民财富的目的。具体来看，外国列强对中国的经济侵略使中国人民遭受了严重的损

---

① 李德彬：《中华人民共和国经济史简明教程（1949—1985）》，湖南人民出版社1987年版，第4页。

② 蒋家俊、尤宪迅、周振汉编著：《中华人民共和国经济史》，陕西人民出版社1989年版，第4页。

③ 李占才：《当代中国经济思想史》，河南大学出版社1999年版，第18页。

失，主要表现为控制中国关税，通过实现和保护有利于外国资本家的利益的关税，使中国人民受到严重的损失；对中国进行资本输出，垄断中国的重工业、交通运输业，控制中国的财政、金融以及若干主要的轻工业，逐步操纵中国的经济命脉，掠夺和榨取中国人民的经济利益。地主阶级对中国人民的剥削在分配领域的主要表现为封建土地所有制对使用土地的人民通过榨取地租、放高利贷等手段剥削农民阶级。官僚资本主义利用超经济的特权，垄断国民经济命脉，不仅在金融领域，还在关系国计民生的各个领域对广大人民群众进行残酷的剥削，无产阶级日益贫困。可以看出，不合理的分配制度（即剥削的分配制度）是阻碍生产力发展的障碍，是人民日益贫困的根源。1948年，毛泽东在《中国的社会经济形态、阶级关系和人民民主革命》中指出，官僚资产阶级"他们所占有的生产资料，极为巨大，以致垄断了全国的经济命脉。仅就蒋、宋、孔、陈四大家族占有的财富而论，其价值即达一百万万至二百万万美元之多"[1]。列强、本国封建主义和官僚资本主义的三重压迫使广大人民群众在分配中遭受到的严重剥削是中国共产党领导分配制度变革的逻辑起点。只有消灭剥削的分配制度，才能将社会财富回归社会，造福人民。

三 旧分配制度反映剥削的生产关系

马克思指出："革命因素之组成为阶级，是以旧社会的怀抱中所能产生的全部生产力的存在为前提的。"[2] 推动生产力发展则需要废除阻碍生产力发展的生产关系，在经济领域，主要表现为消灭剥削的分配制度。分配制度变革是以现实国情为基础的。毛泽东曾经说过："认清中国的国情，乃是认清一切革命问题的基本的根据。"[3] 中

---

[1] 《毛泽东文集》第5卷，人民出版社1996年版，第61页。
[2] 《马克思恩格斯文集》第1卷，人民出版社2009年版，第655页。
[3] 《毛泽东选集》第2卷，人民出版社1991年版，第633页。

国共产党领导分配制度变革十分重视考察和分析中国的具体国情，尤其是在制定路线、方针、政策时注重研究中国的经济国情，为变革旧分配关系、建立新的分配制度提供现实依据。

分析中国的具体国情，首先要分析中国社会的性质与阶级关系，其中最重要的是要从经济结构以及各阶级的利益关系中考察。分配关系反映了生产关系的性质，通常人们谈到分配关系，大多时候仅仅指的是占有某种产品或者某种生产资料的索取权，这里的分配主要是指产品和生产资料在人们之间的支配情况，如果仅从这个角度来看分配，我们看到的只能是分配的过程和结果，而忽略了"分配"的本质。分配关系是生产关系的反面，赋予生产关系特殊的性质，所以，从本质上看，一定的分配关系是生产关系的具体表现。比如在资本主义生产关系中，分配制度是最能直接反映资本主义私有制下生产关系的剥削性质。在资本主义私有制下，分配的前提就是生产资料集中在资本家手中（资本家拥有机器、厂房、原材料等），雇佣工人无生产资料，只有自己的劳动力，在这种分配前提下劳动者参与资本主义生产，直接反映了生产关系的性质。其次，具体的分配制度也是以生产资料的占有情况来决定产品的分配，雇佣工人获得工资，而"工资"则是劳动力价格的"特种名称"，是资本家购买生产劳动力的一部分，这种分配制度本身就决定了雇佣工人从属于资本家，分配制度即是剥削的生产关系。这种分配关系不仅没有与生产关系相对立，反而是赋予生产关系以"一种历史性质时所理解的那种东西"。也就是说，剥削的分配关系和分配制度是剥削生产关系的重要表现。近代中国处于半殖民地半封建社会，"半殖民地""半封建"是对中国国情的概括，在半殖民地、半封建社会的旧中国，地主阶级与买办资产阶级等勾结对农民进行沉重的剥削，"封建剥削制度的根基……在中国的社会经济生活中，占着显然的优势"[①]。具体来看，旧分配制度以其自身运行的机

---

① 《毛泽东选集》第 2 卷，人民出版社 1991 年版，第 630 页。

制,"以强制的方法非常野蛮地掠夺工人、农民及其他劳动人民以及压迫自由资产阶级"[1],工人、农民和其他劳动人民遭受的沉重剥削,这是当时生产关系的重要表现,也是中国共产党进行分配制度变革的根本原因。

第二节 社会主义按劳分配原则的理论探讨

进行理论探讨目的是为国家政策的制定提供科学依据,中国共产党制定路线、方针、政策,始终坚持马克思主义与中国具体国情相结合,高度重视在理论探讨中提高政策的科学性。在社会主义革命和建设时期,关于社会主义按劳分配原则的相关问题,中国经济学界在中华人民共和国成立后进行了详细探讨,关注的重点主要集中在坚持按劳分配原则的必然性、关于按劳分配中"劳"的界定、关于按劳分配原则与资产阶级法权等相关问题上。

一 按劳分配必然性的理论探讨

按劳分配是社会主义的本质特征,马克思、恩格斯对按劳分配的相关问题进行了详细论述,比如在社会主义社会实行按劳分配,但是对于社会主义社会中个人消费品如何实行按劳分配等相关问题并未直接具体展开论述。因此,中华人民共和国成立后,理论界首先对按劳分配的必然性和客观依据等问题进行了具体探讨。

关于按劳分配的必然性,当时理论界主要有以下观点:其一,按劳分配是社会主义社会生产力发展水平以及社会成员发展的需要。1958年7月,艾思奇在《哲学研究》上发表《努力研究社会主义社会的矛盾规律》,他认为"虽然没有生产资料的私有,但个人劳动力在

---

[1] 陈真:《旧中国工业的若干特点》,《人民日报》1949年9月24日第5版。

实际上仍被承认为私有。由于这样的私有权力，人们才可能按照自己的劳动向社会要求相应的报酬"①。1959年10月，薛暮桥在《人民日报》上发表的《社会主义社会的按劳分配理论》一文中提出，"产品的分配制度是由生产资料的所有制决定的"②。生产资料公有制本身只是回答了社会主义社会个人消费品的分配消灭了人对人的剥削，而没有回答是按平均分配，还是按劳分配，抑或按需分配。而要回答这些问题，答案只能从社会生产力性质和生产力水平中去寻找。

其二，社会主义社会里还存在着劳动力本人私有制这一生产关系，这一生产关系就是按劳分配原则的直接根据。在社会主义社会中，人民是国家的主人，但是，在各个方面"都还带着它脱胎出来的那个旧社会的痕迹"③。社会主义劳动者本身难免遗留有诸多旧社会的痕迹。这表现在：一是工业和农业之间、城市和乡村之间、脑力劳动者和体力劳动者之间的差别以及由此而决定的人们在劳动能力上的差别；二是劳动力个人所有制。较早提出劳动力私有制决定按劳分配的是艾思奇，他在1958年7月著文提出每个人可以支配自己的劳动力，在这种权利下，"人们才可能按照自己的劳动向社会要求相应的报酬"④。1962年，于伍在《试论社会主义社会的劳动力所有制形式》中对劳动力的私有问题做了进一步论述，认为不同的劳动能力是不同的分配权利的直接根据，社会主义社会承认劳动力为其所出自的劳动者所私有，这就说明社会主义社会里还存在着劳动力本人私有制这一生产关系，这一生产关系就是按劳分配原则的直接根据。⑤

其三，社会主义生产资料所有制的性质决定了按劳分配的原则。

---

① 艾思奇：《努力研究社会主义社会的矛盾规律》，《哲学研究》1958年第7期。
② 薛暮桥：《社会主义社会的按劳分配理论》，《人民日报》1959年10月23日第5版。
③ 《马克思恩格斯文集》第3卷，人民出版社2009年版，第434页。
④ 艾思奇：《努力研究社会主义社会的矛盾规律》，《哲学研究》1958年第7期。
⑤ 于伍：《试论社会主义社会的劳动力所有制形式》，《新建设》1962年第6期。

1957年，喻良新在《大公报》上发表文章《试论社会主义社会存在商品生产的原因》，他认为"有什么样的所有制，就有什么样的分配方式"①。人们在社会主义制度下的生产关系是一种人与人之间平等合作的关系，社会成员无论是工人、农民还是知识分子，都是地位平等的为社会主义建设贡献力量的一分子。在社会主义生产关系中，社会成员共同劳动并共同占有劳动成果，人们依靠自己的劳动来获取生活资料，实现了共同劳动成果在做了必要的扣除后的按劳分配，排除了产品分配中的剥削关系。1959年徐崇温出版的《按劳分配的性质》②一书也明确阐述了上述观点。

二 关于按劳分配中"劳"的界定

关于按劳分配中"劳"具体指什么，如何界定，以哪种劳动形态的劳动或者以哪种劳动时间为计量的依据，理论界对此进行了相关的理论探讨，主要是从劳动的性质是不是形成商品价值的社会必要劳动以及按劳动的自然形态考察"劳"的相关问题这两个角度展开③。

第一，从劳动的性质角度考察"劳"的相关问题。④一是，部分学者认为"劳"是形成商品的社会必要劳动。喻良新认为，国家为了贯彻按劳分配的原则，必须对劳动量进行统计和计算，"不得不用曲折迂回的方法，不得不用价值作为它们的统一指标"⑤。还有文章提出，"唯一能够作为度量劳动者的具体劳动的尺度，是

---

① 喻良新：《试论社会主义社会存在商品生产的原因》，《大公报》1957年1月27日第5版。
② 徐崇温：《按劳分配的性质》，上海人民出版社1959年版，第47页。
③ 《经济研究》编辑部：《建国以来社会主义经济理论问题争鸣（1949—1984）》下，中国财政经济出版社1985年版，第161页。
④ 《经济研究》编辑部：《建国以来社会主义经济理论问题争鸣（1949—1984）》下，中国财政经济出版社1985年版，第161—162页。
⑤ 喻良新：《试论社会主义社会存在商品生产的原因》，《大公报》1957年1月27日第5版。

'抽象劳动'",并以此来计算每个人的劳动量,"在社会主义制度下是最合理的"①。二是,部分学者提出"劳"是个别劳动支出。胡钧认为,等量劳动的交换,具体来说"仅指劳动者本身劳动的质量和数量,而抛开了由于生产条件的不同所带给劳动质量的影响"②。还有文章提出:"按劳分配,必须在生产过程中"③,具体来衡量劳动量来决定具体的分配问题。此外,有些学者认为个别劳动支出在实际上是行不通的。还有的学者认为,劳动者提供的劳动可以通过某种方式来衡量,但是在分配中交换的产品需要不同的交换方式并表现为不同的劳动量,这就要求要"用一个共同的尺度来衡量这种不同劳动量的等价形态"④。三是,部分学者提出"劳"是社会平均劳动,即"劳"既不是按社会必要劳动,也不是劳动者的个别劳动,而是按平均劳动强度和熟练程度计算的劳动支出。这样做,既可以剔除按劳动者创造的价值进行分配所遇到的生产条件不同的因素,又可以解决按个别劳动支出进行分配所造成的劳动者之间劳动强度和技术熟练程度的不同,从而解决报酬不同的矛盾。在 20 世纪 50 年代末也有这种类似的思想。如卫兴华提出:劳"是社会形态上的社会必要劳动时间的交换"⑤。按统一尺度实现按劳分配的范围,在 20 世纪五六十年代,比较一致的看法是在全民所有制内部和集体所有制各单位内部,才能按统一尺度实现按劳分配。如恽希良认为:"工人的劳动只是同全民所有制联系""农民的劳动只是同集体所有制联系"⑥。

---

① 华学忠:《社会主义制度下商品生产的必然性是由按劳取酬的经济规律所决定的》,《学习》1957 年第 8 期。
② 胡钧:《关于全民所有制内部商品价值形式问题》,《红旗》1959 年第 12 期。
③ 李靖华:《按劳分配还是按劳动创造的价值分配?》,《光明日报》1963 年 3 月 11 日第 5 版。
④ 黄良文:《对按劳分配的几点理解》,《中国经济问题》1963 年第 7 版。
⑤ 卫兴华:《谈谈按劳分配和等价交换的关系》,《光明日报》1959 年 11 月 23 日第 7 版。
⑥ 恽希良:《也谈对"按劳分配"的看法》,《学习》1957 年第 6 期。

第二，从劳动的自然形态考察"劳"的相关问题主要为潜在劳动形态、流动劳动形态、物化劳动形态。① 三种劳动形态都可以衡量工人的劳动贡献。② 其一，关于潜在劳动形态，部分学者分别提出应将潜在劳动形态作为衡量劳动者为社会提供劳动的主要依据，而部分学者持反对意见，他们认为潜在形态的劳动只是可能的劳动，如果劳动者不进入劳动过程，那么潜在劳动就不会转化为流动或者物化形态的劳动。部分学者反对把潜在劳动形态作为衡量劳动者劳动贡献的依据。有学者认为"分配的根据是劳动，而不是可能的劳动"③。比如潜在的劳动如懒汉等不能作为计量劳动的对象。其二，关于流动劳动形态，有学者认为"从理论上讲，最理想的，是从劳动的流动形态来衡量"，但是，"实际上很难作为按劳分配的依据"④。此外，有学者不同意将流动劳动形态作为衡量劳动者贡献的劳动，虽然劳动者的劳动可以计量，但是暂未形成社会产品，无法对劳动的质量做出评价。其三，关于凝结劳动或者物化劳动形态。不应该是流动形态或者潜在形态的劳动，"只应该是凝结形态的劳动"⑤。

因此，无论从劳动的性质，还是劳动的自然形态，按马克思本义，按劳分配之"劳"，是指一般劳动，在现实生活中，人们往往理解为具体劳动。按劳分配的"劳"指劳动者提供给社会的劳动数量和质量。劳动的优劣无法通过劳动本身来判定，必须通过劳动成果来判定和计算。

---

① 《经济研究》编辑部：《建国以来社会主义经济理论问题争鸣（1949—1984）》下，中国财政经济出版社1985年版，第164页。
② 蒋学模：《关于劳动形态及其它——经济理论问题札记三则》，《学术月刊》1962年第4期。
③ 曹鹏：《谈计量劳动的对象——劳动的形态》，《光明日报》1963年7月29日第5版。
④ 蒋学模：《关于劳动形态及其它——经济理论问题札记三则》，《学术月刊》1962年第4期。
⑤ 张友仁：《关于劳动形态和按劳分配问题的质疑》，《学术月刊》1962年第8期。

三 关于按劳分配原则与资产阶级法权问题

1956年三大改造完成后，我国建立了社会主义制度，生产资料变为公有制。在"大跃进"和人民公社化运动过程中，农村有些地方开始取消工分制，在公共食堂基础上实行供给制，出现了所谓向共产主义社会过渡的现象，在这种现象背后是所谓破除"资产阶级法权"的问题。毛泽东在思考社会主义分配原则的过程中，多次论及"资产阶级法权"，并将社会主义等价交换等同于"资产阶级法权"。1958年8月，毛泽东在会议上指出："'各取所值'是法律规定的，也是资产阶级的东西。"1958年9月上海《解放》杂志的第六期发表《破除资产阶级法权思想》，该文指出坚持所谓按劳分配，实行工资制，形成了等级制度，扩大了资产阶级法权，在革命战争年代，我们党实行供给制，现在改为工资制是不正确的，实行工资制会刺激人们追求自身利益的行为。《人民日报》于1958年10月13日加按语转载了《破除资产阶级法权思想》的文章，并接连于10月17日、10月18日、10月22日发表《工资制在解放后势在必行》《供给制改工资制是一种倒退》《向共产主义过渡的最好的分配方式——试论部分供给制和部分工资制相结合的分配制度》的文章，全国兴起了关于是否取消按劳分配的讨论。

关于按劳分配是不是资产阶级法权的讨论。胡绳提出，不同熟练程度的劳动获得不同的劳动报酬，脑力劳动与体力劳动以及受教育程度等都会使获得的报酬出现差别，"在实行按劳取酬时，事实上承认了资本主义制度下的某些原则"[1]。仲津认为，按劳分配"比起'各取所需'来说是一种社会不平等现象"[2]。按劳取酬即认为劳动是私有性，按劳动量分配，并"把劳动分为等级，从而鼓励个人主

---

[1] 胡绳：《从供给制说起》，《人民日报》1953年11月13日第3版。
[2] 仲津：《也来谈谈按劳分配和工农收入对比》，《学习》1957年第9期。

义情绪滋长"①。有学者提出,对于按劳取酬,我们的态度应该是"不断削弱它的作用,使其迅速地消失"②。

部分学者认为,从平等关系上来看,按劳分配是不完整的资产阶级法权③,薛暮桥认为,社会主义消灭了剥削,"从这方面讲,'资产阶级式的权利'已经不存在了"。但是,由于社会主义自身提供劳动量的差别,劳动者的生活水平还有差别,在平等的基础上仍存在不平等,按劳取酬保留着"资产阶级式的权利"的残余。④ 有学者提出按劳分配实际上并不是资产阶级法权,而是无产阶级法权,是劳动人民的法权,是被提升为法律的劳动人民的意志。⑤

第三节 社会主义市场经济条件下分配原则的理论探讨

党的十一届三中全会之后,为了解决平均主义"大锅饭"的问题,中国通过理论探讨和思想争鸣逐步纠正了党内干部群众对平均主义分配的错误认识。理论关注的焦点主要集中在按劳分配理论问题、先富与共富相关问题以及按劳分配与按生产要素分配等相关问题上。

一 按劳分配理论问题的探讨

我国经济学界于 1977 年、1978 年、1983 年先后举办了五次按

---

① 席克正:《怎样正确认识"按劳取酬"分配原则》,《文汇报》1958 年 11 月 18 日第 2 版。

② 仲津:《"按劳取酬"为什么是资产阶级法权》,《贵州日报》1958 年 11 月 17 日第 3 版。

③ 张问敏:《中国政治经济学史大纲(1899—1992)》,中共中央党校出版社 1994 年版,第 556 页。

④ 薛暮桥:《社会主义社会的按劳分配理论》,《人民日报》1959 年 10 月 23 日第 5 版。

⑤ 《"按劳取酬"不是资产阶级法权》,《人民日报》1958 年 11 月 22 日第 3 版。

劳分配理论讨论会，从最开始的"按劳分配与物质刺激的关系""按劳分配与资产阶级法权的关系""按劳分配是否产生资本主义和资产阶级"等理论问题的探讨，到后来的"如何准确、完整理解马克思主义关于按劳分配理论问题""按劳分配与'资产阶级法权'的问题""按劳分配与劳动报酬形式问题"等主题研究，不仅深刻批判了"文化大革命"时期对按劳分配的错误认识，也为我们正确理解和认识社会主义按劳分配原则提供了重要参考。

关于按劳分配问题的理论探讨不仅关涉社会主义社会基本原则，更是关系到最广大人民群众分配中的切身利益，直接影响着调动广大人民群众进行社会主义建设的积极性。1977年4月13日至14日，我国经济学界的一百多位理论工作者参加了第一次全国按劳分配理论讨论会，参会的理论工作者在这次讨论中集中批判了"'四人帮'在按劳分配问题上散布的种种谬论"，"同时对于按劳分配与物质刺激的界限、按劳分配是不是产生资产阶级和资本主义的经济基础等问题，在'百家争鸣'方针的指导下，不同的意见展开了讨论"[①]。在讨论会上，中国社会科学院经济研究所的吴敬琏针对按劳分配与物质刺激的关系认为，"按劳分配"与"物质刺激"二者一方面是既有联系、有交叉，而另一方面又是有区别的两个概念，"在'四人帮'影响下，把一切有关物质利益的东西都加到按劳分配上是错误的，对物质利益问题讲都不准讲也是错误的"[②]。针对提出的所谓两种公有制决定按劳分配的谬论，《人民日报》旗帜鲜明地提出，马克思主义所指的按劳分配是社会主义条件下的"单一全民所有制"，我们党的八届六中全会的决议中也鲜明地指出了，"仍然将保留按劳分配的制度"[③]。此

---

① 黄黎：《为"按劳分配"正名——1977—1978年的按劳分配理论讨论会始末》，《党史博采（纪实）》2008年第5期。

② 黄黎：《为"按劳分配"正名——1977—1978年的按劳分配理论讨论会始末》，《党史博采（纪实）》2008年第5期。

③ 黄黎：《为"按劳分配"正名——1977—1978年的按劳分配理论讨论会始末》，《党史博采（纪实）》2008年第5期。

外，国务院政治研究室的冯兰瑞提出，"按劳分配与'资产阶级法权'"也是不成立的，因为不能扩大其中的范畴，按劳分配中的资产阶级法权问题仅仅指的是"等量劳动换取等量报酬"。

1977年6月22日至23日，我国经济学界四百多位理论工作者参加了第二次按劳分配理论讨论会，针对"四人帮"认为的所谓"按劳分配是产生资本主义和资产阶级"的谬论，冯兰瑞在《驳姚文元诋毁按劳分配的谬论》一文中进行了批判。四个月后，经过充分准备，1977年10月25日至11月1日，经济学界七百多位理论工作者在北京参加了第三次按劳分配理论讨论会，这次讨论会与前两次相比更加广泛和深入，主要讨论："如何准确、完整理解马克思主义关于按劳分配理论问题""按劳分配与'资产阶级法权'的问题""按劳分配与劳动报酬形式问题"等问题，参会者提出恢复奖金制度等引发了共鸣。1978年的元旦，《人民日报》、《红旗》杂志、《解放军报》共同发表题为《光明的中国》的社论，再次强调按劳分配是社会主义的基本原则。1978年3月，邓小平强调："按劳分配的性质是社会主义的，不是资本主义的。"[1] 对按劳分配的原则做出明确界定。一是差别原则。1978年5月5日，国务院政治研究室的研究员在邓小平指导下以特约评论员名义在《人民日报》上发表《贯彻执行按劳分配的社会主义原则》文章，对社会主义社会按劳分配的相关理论问题进行了澄清，这篇文章在社会上引起了重大反响，产生了"轰动效应"。1977年9月，邓小平指出，"按劳分配要有差别……不鼓励劳动有贡献的人，不让他们多收入一点，不让那些在艰苦劳动条件下劳动的人多收入一点。这是违反马克思主义，违反社会主义原则的"[2]。二是注重物质利益原则，"如果只讲牺牲精神，不讲物质利益。那就是唯心论"[3]。

---

[1] 《邓小平文选》第2卷，人民出版社1994年版，第101页。
[2] 《邓小平年谱（1975—1997）》上卷，中央文献出版社2004年版，第196页。
[3] 《邓小平文选》第2卷，人民出版社1994年版，第146页。

1978年10月25日至11月3日，中央和28个省市自治区理论工作者参加的更大规模的第四次全国按劳分配理论讨论会在北京召开，这次讨论会分为三个分会，进行了激烈讨论，三个分会的主题分别为："按劳分配规律与物质利益原则问题""劳动报酬形式问题""农业的按劳分配问题"。涉及内容主要包括按劳分配中涉及的"奖金和计件工资、计时工资以及其他劳动报酬形式"、农业劳动计酬形式以及在农业中贯彻按劳分配原则。《人民日报》对第四次全国按劳分配理论讨论会做了报道，并在《按劳分配理论讨论逐步深入》一文中指出："会议开得生动活泼，一扫'四人帮'造成的理论界万马齐喑的沉闷局面，逐渐消除了广大理论工作者心有余悸的精神状态。"[①] 按劳分配的理论探讨使人们对今后工资改革的方向有了较为清晰的初步共识。

1983年7月18日至23日，我国经济学界举行了全国第五次按劳分配理论讨论会，会议收到140余篇论文，代表性的文章主要有：吴光辉的《从劳动者和生产资料的结合方式看按劳分配》、张维达和张应高的《论按劳分配实现形式》以及王克忠的《论存在商品货币条件下的按劳分配》。这些文章较为系统地讨论了按劳分配的理论、原则、方案以及实现形式等问题。

二 先富与共富相关问题探讨

在经历社会主义改造后，我国建立了人民当家作主的社会主义制度，生产力水平得到较大的发展。但是，由于当时党内存在急于求成的错误思想导致党内普遍存在着"跑步进入更高社会阶段"的狂热心态，从而盲目追求公有化与平均化的程度，使"按劳分配"成为变了味的平均主义分配，这种"干多干少一个样，干好干坏一个样"的考评方式，尽管可以缩小社会成员之间的收入差距，但

---

① 黄黎：《为"按劳分配"正名——1977-1978年的按劳分配理论讨论始末》，《党史博采（纪实）》2008年第5期。

是这种平均主义"大锅饭"的分配方式阻断了个人通过发挥聪明才智积累生产要素的途径的积极性,最终的结果只能是普遍的贫穷。针对平均主义"大锅饭"分配方式带来的效率低下问题,1978年,邓小平提出要在收入分配方面进行改革,这打破了平均主义的"大锅饭"的分配格局,允许一部分人先富起来,在先富的基础上带动后富。"先富"与"共富"思想的提出,使我国在分配理念和分配政策上找到了牵一发而动全身的突破点。①

关于在社会主义初级阶段实行"先富"的思想,国内学者坚持马克思主义的立场、观点、方法,并根据中国在社会主义初级阶段的具体国情对"先富"思想的合理性、必然性进行了系统论证。晓亮认为,由于劳动能力、经营和投资水平的差异,"诸种能够致富的因素合在一起,必然会使一部分人先富起来"②。张道根认为,"先富"思想即让一部分人在社会主义建设中充分发挥自己的聪明才智先富起来,"蕴含着极其丰富的理论含义"③。在社会主义革命和建设阶段,中国共产党领导中国人民进行了按劳分配的初步探索,但是囿于传统社会主义分配原则,尤其是受计划经济体制的影响,坚持所谓平均分配就是社会主义,即在分配中坚持尽可能地实施均等原则,在这种思想束缚和分配模式的影响下,尽管人们的收入差距尽可能地缩小了,但收入差别并没有缩小。"让一部分人先富起来……实际上摈弃了传统的社会主义收入分配模式的那种以缩小差别、收入均等为目标的原则,体现了分配的激励效用这个重要原则。"④ 从上述学者的理论研究中我们可以看出,"先富"思想的提出是适合中国国情,并有利于社会主义建设的科学思想,对将人们从"教条地从经典作家的理论中寻找某个规定"作为分配制度的唯一准则中解放出

---

① 江建平:《我国经济转型中的分配思想演进》,中国财政经济出版社2006年版,第103页。
② 晓亮:《社会主义初级阶段的个人收入分配》,《经济纵横》1987年第6期。
③ 张道根:《中国收入分配制度变迁》,江苏人民出版社1999年版,第111页。
④ 张道根:《中国收入分配制度变迁》,江苏人民出版社1999年版,第111页。

来，具有重要的价值和意义。

关于"先富"是手段和路径，通过"先富"带"后富"，共奔实现富裕之路。国内理论工作者坚持辩证唯物主义和历史唯物主义相统一的方法对此也进行了系统研究。刘洪提出："一部分人先富起来是实行按劳分配的必然结果"，先富起来后会对身边人乃至整个社会起到激励作用，在树立榜样的过程中给其他人必要支持，从而实现"一部分人先富必将带动共同富裕"① 的目的。

关于"先富"带"后富"中是否存在剥削问题，国内学者普遍认为，在生产资料公有制的社会主义制度下，公有制占绝对优势，"不存在凭借生产资料的占有权去侵占他人劳动，以至导致'两极分化'的社会经济条件"。也就是说，一部分社会成员通过辛勤劳动以及不断改进经营管理和引进先进技术，从而实现"富裕快一些"，这对于其他社会成员来说，只是"先富与后富、富多与富少的关系，不是剥削与被剥削的关系"②。

三 按劳分配与按生产要素分配相关探讨

随着改革开放的不断深入，我国在坚持按劳分配的基础上，在现实的经济生活中，在不冲突按劳分配主体地位的前提下，逐步形成了多种形式的分配方式。对此，理论界对按劳分配与按生产要素分配的相关问题进行了探讨。

首先，关于按劳分配与按生产要素分配的性质和内涵，主要存在三种争论。

一种观点认为，按生产要素分配和按劳分配是同一属性，但是不同层次的分配原则，"按劳分配本身就是一种按生产要素分

---

① 《红旗》杂志编辑部编：《中国式的社会主义经济体制》，红旗出版社 1984 年版，第 158 页。
② 《红旗》杂志编辑部编：《中国式的社会主义经济体制》，红旗出版社 1984 年版，第 158 页。

配的形式"①；第二种观点认为，二者是相互矛盾的，按劳动力要素分配与按劳分配有着本质的不同，"按劳分配不是按生产要素分配的一种形式。"② 第三种观点认为，二者不是包含或者等同的关系，在不同的所有制中，二者是由不同的生产方式所决定的存在并列关系的两种分配方式。③

其次，关于按要素分配的必要性问题的理论探讨。有学者认为，从社会主义初级阶段生产力水平来看，收入来源主要分为三类，一是来自职工工资、农业承包户及个体劳动者补偿其劳动耗费的劳动收入，二是经营收入，三是资金和资产收入。"我们不能追求单一的按劳分配形式"④，为激发社会活力，在社会主义初级阶段应允许其他分配方式在一定范围内存在。对于按贡献分配是否可以成为社会主义初级阶段的分配原则，1989 年，谷书堂发表文章《按贡献分配是社会主义初级阶段的分配原则》，提出各种生产要素以其对社会财富的创造所做出的实际贡献取得报酬份额。1990 年，蔡继明也提出了按贡献分配有利于促进分配公平的思想，他认为，"只有使报酬与贡献相联系的收入分配，才是公平的分配"⑤。针对分配实践过程中存在的问题，理论界提出分开考虑价值创造和价值分配，进而寻找分配的理论依据，洪银兴认为，按要素分配的阻力来源于马克思对"三位一体"公式的批判，我们需要在马克思劳动价值论的基础上，从两个方面说明要素分配与"三位一体"公式的区别。⑥

---

① 刘申有：《按劳分配和按生产要素分配相结合的几点思考》，《空军政治学院学报》1999 年第 1 期。

② 关柏春：《按劳动力价值决定工资与按劳分配根本矛盾》，《河北经贸大学学报》2001 年第 5 期。

③ 周新城：《不能离开生产关系探讨分配问题》，《经济经纬》2005 年第 5 期。

④ 刘国光：《探索按劳分配与商品经济相结合的收入分配格局》，《中国劳动》1987 年第 10 期。

⑤ 蔡继明：《论我国现阶段的公平分配原则》，《经济学家》1990 年第 5 期。

⑥ 洪银兴：《以富民为目标的收入分配》，《当代经济研究》2003 年第 13 期。

最后，关于按劳分配与按要素分配如何结合的问题，理论界进行了探讨，主要存在以下三种观点。第一种观点是"内外结合说"，如黄泰岩认为，按劳分配和按生产要素分配的结合可以分为内部结合与外部结合两种形式，内部的结合主要是在混合所有制企业中，外部结合则是在公有制企业和非公有制企业中分别实行不同的分配方式，根据所有制形态区别分配形式。① 第二种观点是"两个层面结合说"，如顾钰民提出，二者的结合可以从社会层面和个人层面分别谈论，在社会层面，必须坚持按劳分配的基本原则不动摇，适当发展按要素分配；在个人层面，个人收入可以以按要素分配为主，不再是单一的按劳分配。② 第三种观点是"三个层次结合说"，即从社会、企业、个人三个层次分别讨论，在社会层面，总体来看，按劳分配是大多数劳动者的收入来源；在企业层面，按劳分配和按生产要素分配可以兼而有之，要根据企业性质做好具体划分；在个人层面，个人可以拥有多种收入来源，如按劳分配的工资，以及按技术要素、资本要素获取的股息、红利等③。

第四节　构建推动共同富裕实现的分配制度体系的时代愿景

党的十九届六中全会通过的《中共中央关于党的百年奋斗重大成就和历史经验的决议》强调，"推动人的全面发展、全体人民共同富裕取得更为明显的实质性进展"④。为推动全体人民实现共同富

---

① 黄泰岩：《个人收入分配制度的突破和重构》，《经济纵横》1998年第11期。
② 顾钰民：《论按劳分配与按生产要素分配相结合》，《思想理论教育导刊》2002年第10期。
③ 昆明理工大学课题组：《按劳分配与按生产要素分配相结合的思路》，《工资研究通讯》1998年第6期。
④ 《中共中央关于党的百年奋斗重大成就和历史经验的决议》，《人民日报》2021年11月17日第1版。

裕，需要充分发挥分配制度的作用，构建推动共同富裕实现的分配制度体系。

一　新时代满足人民对美好生活新期待的内在要求

中国特色社会主义进入新时代，"我国社会主要矛盾已经转化为人民日益增长的美好生活需要和不平衡不充分的发展之间的矛盾"[①]。这一重大论断，明确地指出了我国在新的历史方位中社会发展的实际，以及解决我国发展的根本着力点问题。新时代我国社会的主要矛盾发生了变化，决定着我国的主要任务是解决我国发展过程中存在的不平衡不充分问题以满足人民对美好生活的需要。

满足人民对美好生活的需要必须要有坚实的物质基础和经济支撑，必然涉及物质利益的分配问题。在经济运行的四个环节中，分配与利益联系是最为密切的环节。分配问题不只是一个纯粹的经济学问题，而且是一个深刻的社会问题和政治问题，因为它还涉及分配原则、分配理念和分配政策等，因而具有鲜明的价值导向。"为谁分配""谁优先分配""怎么分配"这一系列重要问题直接决定着社会成员在生产生活中的经济利益和在分配中所占的最终比例。改革开放以来，中国共产党领导中国人民大力发展经济，在不断地探索中逐步建立和完善中国特色社会主义市场经济体制，推动我国经济总量连年增长，经济发展水平持续提高。经过不懈地奋斗，创造出我国经济快速发展的奇迹，实现了人民收入连年增长，收入差距逐步缩小，人民生活水平显著提高并发生了翻天覆地的变化，实现了从温饱不足到迈向全面小康的伟大飞跃。在新的起点上，广大人民群众对更进一步地缩小收入差距，提高收入水平有着新的期待。新时代，新的历史方位，随着生产力迅速发展，人民群众对生活各方面的要求也逐步提高，更重要

---

① 习近平：《决胜全面建成小康社会　夺取新时代中国特色社会主义伟大胜利——在中国共产党第十九次全国代表大会上的报告》，人民出版社 2017 年版，第 11 页。

的是新时代人民收入普遍增加，在生活不断改善过程中缩小地区之间、城乡之间的收入差距成为人民的普遍心声，解决经济发展的不平衡不充分问题成为人民对美好生活的新期待。因此，除了不断发展农村经济，实现乡村振兴，还要不断完善分配制度在提高农民收入中发挥的积极作用，其最终目的是提高农民的收入水平，不断满足深化收入分配改革下人民对美好生活的新期待。党的十九大报告也深刻指出，在经济发展的过程中，我国"民生领域还有不少短板……群众在就业、教育、医疗、居住、养老等方面面临不少难题"[①]。因此，为了不断提高广大人民群众的生活水平，满足人民对美好生活的新期待，迫切要求不断完善分配制度，建立初次分配、再分配、三次分配协调配套的中国特色社会主义分配制度体系。通过改革收入分配制度，为实现共同富裕提供坚实的制度保障。

在解决发展问题的过程中，逐步完善新时代中国特色社会主义分配制度才能满足人民对美好生活的需要。党的十一届三中全会之后，我国建立了社会主义市场经济体制，极大地调动了广大人民群众的生产积极性，社会主义生产力水平得到迅速提高，经济实现快速发展。1978年至2018年经济平均年增长率达到9.4%，创造了经济增长史上的伟大奇迹。但是，由于地理环境、自然资源、区位因素等差异以及政策支持等原因，我国城乡、地区、行业之间依然存在着发展不平衡不充分的问题，尤其是中西部的农村地区情况比较明显。新时代我国发展的主要任务是不平衡不充分发展的问题，马克思认为分配对生产具有能动的反作用，分配关系与生产关系紧密联系，不仅能深刻反映生产关系的性质和运动，而且能在优化分配制度的过程中推动经济社会的发展进步。新时代逐步完善中国特色社会主义分配制度，充分发挥分配制度"影响生产和交换"的积极

---

① 习近平：《决胜全面建成小康社会 夺取新时代中国特色社会主义伟大胜利——在中国共产党第十九次全国代表大会上的报告》，人民出版社2017年版，第9页。

作用，一方面调动劳动者生产的积极性，推动落后地区生产力发展；另一方面通过调节分配吸引人才，集中人力资本优势和优势资源，推动区域经济发展。因此，从战略发展与政策调整角度看，逐步完善新时代中国特色社会主义分配制度，更加注重平衡式发展与公平性分配是今后解决矛盾的工作重点，也是实现共同富裕的重要任务。

二　推动经济发展与公平分配协调统一的现实需要

追求社会经济发展是人类社会自产生以来始终追求的目标，然而经济的发展并不意味着分配的公平，也不意味着人民群众收入自然而然地增加。马克思、恩格斯在《共产党宣言》中指出，"资产阶级在它的不到一百年的阶级统治中所创造的生产力，比过去一切世代创造的全部生产力还要多，还要大"[1]，但是这并不意味着劳动者自然而然地能享受到生产力发展带来的实惠。从现实情况来看，在资本主义生产关系下，工人阶级生产越多，自己反而越贫穷。因此，从上述角度来看，经济发展只有与人民收入增加同步才能真正有利于人民的发展。发展是具有阶级属性的发展，在封建生产关系和资本主义生产关系下，发展的成果最终由统治阶级攫取，在这种情况下，经常会出现"有经济增长但没有经济发展"，或者"有经济发展但没有人的发展"的困境。

效率与公平的关系问题是经济社会发展面临的永恒课题。西方经济学家认为，随着经济的发展，收入分配中的问题会自然解决。如西蒙·史密斯·库兹涅茨提出，收入不平等随着经济发展呈现出先扩大，"然后在增长的后期阶段逐渐缩小"[2]的现象，即库兹涅茨"倒U"型假说。西方经济发展的现实表明，随着经济发展，收入分配差距并没有出现预想中"先恶化，后改进"的趋势，反而是收入

---

[1]《马克思恩格斯文集》第2卷，人民出版社2009年版，第36页。
[2]［美］西蒙·史密斯·库兹涅茨：《经济增长和收入不平等》，《美国经济评论》1995年第45期。

差距越来越大。这是由生产资料私有制本质决定的。生产资料公有制下的平等分配制度有效克服了收入差距扩大的弊端。改革开放以来，我国在始终坚持社会主义按劳分配原则的基础上，综合考虑效率与公平的问题，逐步探索实现经济发展与公平分配统一的路径。中国共产党更加注重提高经济发展的质量与实现人民群众在公平分配中共享改革发展成果。

分配制度与经济发展密切联系，中国共产党注重通过完善分配制度推动经济发展，在分配制度变革中，实现经济发展与公平分配协调统一，形成"经济增长—公平收入分配—经济增长"与"公平收入分配—经济增长—公平收入分配"双向促进、协调统一的双向循环机制①。一方面，要将"蛋糕"做大做好，改革开放以来，我国经济发展的"蛋糕"逐步做大，在新时代，除了要继续做大"蛋糕"，还要将"蛋糕"做好，即实现经济的绿色发展和高质量发展；另一方面，要把"蛋糕"分好。从某种程度上看，分好"蛋糕"更为重要，因为这直接关系到社会各成员之间的利益分配，影响着经济发展的动力和社会的繁荣稳定。推动经济发展与公平分配协调统一就是处理好做大"蛋糕"与分好"蛋糕"的关系。正如习近平总书记指出的，一方面，调动人民群众参与社会主义建设的积极性，"不断把'蛋糕'做大"；另一方面，充分体现社会主义制度的优越性，"把不断做大的'蛋糕'分好"②。中国特色社会主义分配制度体系的构建经历了从贯彻按劳分配原则，纠正平均主义，到按劳分配为主体，其他分配方式为补充，到按劳分配为主体，多种分配方式并存，再到在新时代逐步构建初次分配、再分配、三次分配协调配套的基础性制度安排的发展过程。分配制度的不断改革与完善有力地推动了我国经济发展与公平分配的协调统一，从而日益趋向于

---

① 《国家治理》周刊编辑部：《分配公平的经济意义：一个文献综述》，《国家治理》2017年第29期。

② 《十八大以来重要文献选编（下）》，中央文献出版社2018年版，第170—171页。

共同富裕的目标。

三 向实现第二个百年奋斗目标迈进的时代要求

2021年7月1日，习近平总书记庄严宣告，经过持续的艰苦奋斗，我们现在"正在意气风发向着全面建成社会主义现代化强国的第二个百年奋斗目标迈进"[①]。在向第二个百年奋斗目标迈进的新征程中，完善分配制度体系是实现共同富裕、推动高质量发展的重要战略任务。当前，我国正处于跨越中等收入陷阱、全面建设社会主义现代化国家的关键阶段，但收入分配差距扩大、要素资源配置不均衡、民生领域短板等问题依然存在。在此背景下，深化分配制度改革具有三重核心意义：其一，通过优化财富分配机制促进社会公平正义，筑牢社会稳定的根基；其二，激发全要素生产率和创新活力，形成"效率与公平动态平衡"的可持续发展模式；其三，构建橄榄型分配结构，为扩大内需、畅通经济循环提供制度保障。

"凡是过去，皆为序章。"中国百年分配制度变革的理论探索和百年实践过程中，始终坚持在发展中促公平，在公平中推发展，根本目的是维护和保障最广大人民群众的根本利益。百年历史征程，从为人民消灭剥削的初心使命出发，中国在百年奋斗中始终致力于为人民废除以生产资料私有制为基础的分配制度，保障人民公平公正地享有分配生产资料和消费资料的基本权利。从分配制度变革的具体方法来看，中国始终坚持以人民为中心的根本立场，在强制性分配制度变迁与诱致性分配制度变迁相结合的过程中寻求最有利于保障和维护人民群众利益的方法，包括采取革命手段，"打土豪、分田地"；进行土地改革，重新分配土地等生产资料；建立农民土地所有制，使农民获得土地等生产资料，等等。除此之外，还采取自下而上的方法，坚持顶层制度设计与基层制度创新相结合。在农村推

[①] 习近平：《在庆祝中国共产党成立100周年大会上的讲话》，人民出版社2021年版，第2页。

广家庭联产承包责任制，充分调动了广大人民群众各方面的积极性。

新征程要构建推动生产力发展的分配制度体系。恩格斯指出："最能促进生产的是能使一切社会成员尽可能全面地发展、保持和施展自己能力的那种分配方式。"① 分配制度对经济发展具有能动的反作用，适应生产力发展水平的、公平的分配方式有利于推动生产、交换、消费三个环节的顺利进行，从而调动劳动者生产的积极性，推动生产力发展。反之，不适应生产力发展的、剥削的分配方式则会阻碍经济的正常运行，使广大劳动人民日益贫困，最终阻碍生产力发展。相比于中华人民共和国成立初期乃至改革开放之初，新时代我国社会生产力发展水平与质量都实现了根本性的跃升，我国已经历史性地解决了绝对贫困问题。在完成全面建成小康社会的历史背景下，新时代中国共产党带领中国人民在实现高质量发展的过程中，要坚持构建以推动生产力发展与公平分配为目标的分配制度体系，实现经济发展和人民收入水平的同步提高。

新征程要充分发挥分配制度对实现共同富裕现代化的重要作用。共同富裕不仅需要生产力发展使社会财富充分涌流，还需要公平公正的分配制度使广大人民群众充分享受社会发展成果。在迈向第二个百年奋斗目标的重要机遇期，要实现经济健康发展和人民生活水平持续提高必须充分发挥分配制度的积极作用，构建有助于实现共同富裕的体制机制。在初次分配领域，健全要素市场化配置机制，破除行业垄断与要素流动壁垒，强化技术、知识、数据等新型要素的收益分配权，推动劳动者报酬与劳动生产率同步增长。在再分配领域，推进税收制度精准化改革，完善综合与分类相结合的个人所得税制，探索财产税、遗产税等调节工具，强化社会保障的托底功能与区域统筹能力。在第三次分配领域，培育慈善文化生态，通过税收优惠、荣誉体系等政策工具引导企业与社会力量参与公益事业。同时，需强化制度衔接与政策配套，包括实施乡村振兴与区域协调

---

① 《马克思恩格斯文集》第9卷，人民出版社2009年版，第209页。

发展战略缩小城乡差距，健全反垄断法律体系遏制资本无序扩张，完善职业培训体系提升人力资本价值，最终形成"市场主导、政府调控、社会补充"的分配治理新格局。唯有通过系统性制度创新，才能充分发挥中国特色社会主义分配制度的积极作用，为实现共同富裕提供重要保障。

第四章

中国分配制度变革的人民性政策理念

马克思在《资本论》第一版序言中指出:"现在的社会不是坚实的结晶体,而是一个能够变化并且经常处于变化过程中的有机体。"① 变化是社会的基本特征,也是人类历史不断发展进步的重要表现。分配制度变革是社会发展的必然结构,在这一过程中政策理念引领着分配制度变革。中国百年分配制度变革始终坚持马克思主义立场、观点、方法,根据当时所面临的不同历史任务不断调整分配政策、完善分配制度,致力于更好地满足人民的利益要求。实践证明,科学的分配政策为分配制度探索指明了前进方向。

第一节 通过多种方式变革旧社会 劳资分配关系

生产资料和劳动产品的分配问题是关系人民利益最直接和最重要的问题,中国共产党自成立之日起就致力于改变中国不合理的分配关系,在新民主主义革命时期,通过多种方式变革劳资分配关系,

---

① 《马克思恩格斯文集》第5卷,人民出版社2009年版,第10—11页。

致力于实现公平分配，保障广大人民群众的根本利益。

一　领导工人运动改善劳资分配关系

新民主主义革命时期，中国共产党领导中国工人阶级进行了轰轰烈烈的工人运动，尤其是大革命时期的工人运动，不仅是新民主主义革命时期中国工人运动最光辉的实践，也是中国新民主主义革命的重要组成部分。新民主主义革命时期，人民深受帝国主义、封建主义、官僚资本主义的沉重剥削压迫，工人阶级要改变自己的命运就要利用"革命的武器——工会——在这个斗争中要克敌制胜"[①]。在革命实践过程中，中国根据新民主主义社会的具体国情，领导工人运动改善劳资分配关系。

20世纪20年代初期，我国工人运动的主要任务是反对资本主义剥削制度，要求资本家增加劳动者的工资，减少劳动者的工作时间。为了更好地领导工人运动，加强对工人阶级的指导，1921年8月11日，中央局在上海成立中国劳动组合书记部，并创办党直接领导下的第一份全国性工人报刊《劳动周刊》，通过设置布告、评论、世界要闻等栏目，一方面为工人阶级追求自身利益提供具体指导；另一方面关注中国各地区工人运动的具体情况，报道各地的罢工运动。《劳动周刊》刊登了包括《广东：纸业工人实行罢工》《英美新烟厂又罢工》《汉口人力车夫罢工始末记》《开封：又一处铁路工人组织工会》《长沙：湘鄂印刷公司制造罢工潮》《直隶：京绥铁路大罢工》等在内的多篇文章，有力地促进了各地工会组织的联系，推动了工人运动的发展，真正做到将马克思主义理论与中国工人运动的具体实践相结合，成为指导工人运动，改善劳资分配关系的"一盏指路明灯"。

1922年5月1日，为了更进一步推动工人运动发展，中国劳动

---

① 《建党以来重要文献选编（1921—1949）》第3册，中央文献出版社2011年版，第84页。

组合书记部发起召集第一次全国劳动大会,为了保障工人的利益,大会制定并通过《罢工援助案》《八小时工作制案》《全国总工会组织原则决议案》等10项决议案,此外大会还通过了《第一次全国劳动大会宣言》。1925年5月1日至9日,第二次全国劳动大会在广州举行,为更好地指导工人运动,第二次全国劳动大会决定成立中华全国总工会,大会通过了《工人阶级与政治斗争的决议案》《组织问题决议案》和《中华全国总工会总章》等30多个议案文件。1926年5月1日至12日,第三次全国劳动大会在广州举行,大会首次提出,北洋军阀政府要为工人设立劳动保险;关于保险费问题由雇主或国库支出,大会首次涉及关于工人失业的相关问题。在《失业问题议案》中,中国共产党指出,雇佣劳动时必须对工人的失业保险做出相关规定,"失业的保险,是工人应有的权利,应向资本家提出这种要求"①。1927年6月,第四次全国劳动大会通过关于对工人利益方面内容的决议案,具体内容更加详细,此外,提出大会的主要任务是挽救革命,并动员工人反对资本主义列强的压迫以及(反革命政府公开叛变革命)反革命集团发动的行为。1929年、1948年,中国劳动组合书记部先后在上海、哈尔滨召开第五次、第六次全国劳动大会,集中力量领导工人运动,改善劳资分配关系,提高劳动者待遇。

关于领导工人运动改善劳资分配关系的具体情况。1926年,陈独秀在《第二次和第三次劳动大会之间的中国劳动运动》中指出,关于工人阶级力量的发展,"'五卅'以前只有很少数散漫组织或空招牌的工会;'五卅'以后虽然未能继续维持当时二十万罢工工人大群众的组织,而全上海三十六万余产业工人中,已经有约四分之一的工人有了群众的组织"②。以上海工人运动为例,1926年1月至4

---

① 中华全国总工会中国职工运动史研究室编:《中国历次全国劳动大会文献》,工人出版社1957年版,第113—114页。
② 《建党以来重要文献选编(1921—1949)》第3册,中央文献出版社2011年版,第163页。

月，上海工人在纱厂、邮务、金银业、商务印书馆、袜厂等行业共发生 18 次罢工，共有 16400 人参加①。1926 年全国职工运动讨论会制定《产业工会的发展与统一问题》，其中明确指出，要在一年内对以下九种产业完善工会组织，"铁路、矿山、海员、纺织、码头、印刷、邮电、烟厂、铁厂九种，这九种产业工人，确是我们最近运动之基础，而这九种产业工会，实是革命发展的工具"②，并指出当时的工人运动的重心和精力全部要集中到"革命"上面，领导广大工人成立工会，举行罢工开展政治斗争与经济斗争，有效保障了工人的合法权益。

二 调整劳动政策协调劳资分配关系

经济基础决定上层建筑，在新民主主义革命时期，多种经济并存的经济基础决定了社会中必然存在客观存在的阶级矛盾，这是不争的客观事实。中国共产党一经成立就肩负起消灭剥削的使命和任务，阶级矛盾和阶级属性使中国共产党始终保持革命性和斗争性，但是中国的革命任务和革命形势的艰巨性使中国必须团结一切能团结的力量才能解决中华民族面临的亡国灭种的危险。毛泽东指出，为了团结国内一切力量抗日，"应实行一种调节各阶级相互关系的恰当的政策"③，使各阶级都能暂时放下阶级斗争，照顾各方经济利益，共同对敌。

出台劳动政策，保护工人的合法权益。1940 年，毛泽东在《论政策》中指出"必须改良工人的生活，才能发动工人的抗日积极性"④，于是，出台保障工人利益的劳动政策，订立集体合同，防止

---

① 《建党以来重要文献选编（1921—1949）》第 3 册，中央文献出版社 2011 年版，第 164 页。
② 《建党以来重要文献选编（1921—1949）》第 3 册，中央文献出版社 2011 年版，第 76 页。
③ 《毛泽东选集》第 2 卷，人民出版社 1991 年版，第 525 页。
④ 《毛泽东选集》第 3 卷，人民出版社 1991 年版，第 1082 页。

工人利益受到损害。1946年4月，中共中央颁布了《关于工业政策的决定草案》，草案要求："为使劳资双方共同为发展工业生产而努力。必须采取劳资兼顾的劳资合作分红制度。"① 劳资兼顾的政策通过劳资双方协商，在保障双方合法利益的基础上，规定按生活水准、劳动强度等调整具体的工资。1948年6月，《中央关于工资政策指示》要求，各中央局要"适当地规定当地当时以及具体企业的最高工资与最低工资"，并根据实际"逐步推行按件、按等分红及其他的奖励制度"②。劳资兼顾的政策以及规定的"最高工资与最低工资"标准，不仅能有效防止资本家对工人的过分剥削，又避免了脱离实际的劳动政策的影响，在提高工人工资，保障工人利益的前提下，也保障工商业者的正当利润，实现了激发工人劳动热情和促进工商业发展的现实目的。

合理调整劳动时间，提高工人待遇。在新民主主义革命时期，中国不断调整劳动政策，通过协调劳资分配关系，保证工人阶级的利益。1940年，毛泽东在《论政策》中指出，根据中国的现实情况，"八小时工作制还难于普遍推行，在某些生产部门内还须允许实行十小时工作制"③。1941年，《陕甘宁边区施政纲领》中明确规定："调节劳资关系，实行十小时工作制"④。关于为何在当时实行"十小时工作制"而不是"八小时工作制"时，毛泽东于1942年做关于"布尔什维克化的十二条"的演讲时指出，在当时的中国国情下，"八小时工作制"是保护工人合法权益的宣传口号，"八小时工作制"是一个目标，在当前，我们主要是实行"十小时工作制"，在将来，中国工业发展到一定程度后，我们政策就会落实"八小时工作制"。1945年，在《论联合政府》的政治报告中，毛泽东又进一

---

① 《中共中央关于工人运动文件选编》下册，档案出版社1986年版，第177页。
② 《建党以来重要文献选编（1921—1949）》第25册，中央文献出版社2011年版，第323页。
③ 《毛泽东选集》第2卷，人民出版社1991年版，第776页。
④ 《毛泽东文集》第2卷，人民出版社1993年版，第336页。

步指出:"保护工人利益,根据情况的不同,实行八小时到十小时的工作制以及适当的失业救济和社会保险"①。中国共产党根据中国具体国情和工业发展水平,不断调整劳动政策,这也是保障劳动者权益的重要内容。

合理调节税收政策,团结一切可以团结的力量,推动革命斗争形势发展。在土地革命时期,由于我们党内出现的一些错误,在制定和实行劳动政策和税收政策时不可避免地使私营工商业受到影响。在抗日救亡运动不断高涨的形势下,中国共产党调整党的方针政策,于1935年11月25日,发布告实施贸易自由和投资开放的政策,这是中国共产党发展工商业政策的一次重要调整,尤其是在1935年的瓦窑堡会议上,中国共产党明确提出同民族资产阶级重新建立统一战线,在经济方面,主要是调整工商业税收政策,向工商业倾斜。为了鼓励私营工商业的发展,提出"把一切工商业的捐税都完全取消,甚至于连关税、营业税等均一概免收"②,1941年,为了支持抗日战争,《陕甘宁边区施政纲领》规定:"居民中除极贫者应予以免税外"③,其他实行不同级别的累进税制,通过合理的税制支持全国人民共同抗日。为此,在革命斗争实践中,在党中央领导下,为推动边区经济的发展,陕甘宁边区一方面对边区生产的工业品实行免税政策;另一方面,对部分外来的商品实行高额征税,比如对铁征收100%的税,对生活必需品降低征税标准,例如,对毛织品征收20%—30%的税。1948年,党中央明确提出了合理调节税收政策的具体原则,即"对于一切有益于国民经济的工商业征收营业税,必须以不妨碍其发展为限度"④,这为团结一切可以团结的力量,推动革命斗争形势发展创造了有利条件。

---

① 《毛泽东选集》第2卷,人民出版社1991年版,第776页。
② 李占才:《中国新民主主义经济史》,安徽教育出版社1990年版,第145页。
③ 李占才:《中国新民主主义经济史》,安徽教育出版社1990年版,第218页。
④ 《毛泽东选集》第4卷,人民出版社1991年版,第1269页。

三 加强思想政治教育维护工人权益

在中华民族面临生死存亡的关键时刻，中国共产党毅然决然地搁置内部矛盾，采取积极措施，团结各阶级共同挽救民族危亡，同时通过加强思想教育维护工人权益。总体来看，中国共产党对待资产阶级坚持既联合又斗争的原则，"联合"就是"同资产阶级统一战线"，在联合的同时也注意"斗争"，即"在思想上、政治上、组织上的'和平'的'不流血'的斗争"[①]。

工人阶级与资产阶级的矛盾与生俱来，但是面对日本对华侵略，在民族危亡的紧急关头，帝国主义和中华民族之间的矛盾上升为我国社会的主要矛盾，为了团结国内各阶级一致对外，中国共产党在根据地建立"三三制"政权，"实行公私兼顾、劳资两利"的政策，争取更广大的同盟者，同时通过思想政治教育加强对各阶级的思想改造。1941年9月，晋冀鲁豫边区政府颁布的施政纲领规定："劳工应遵守劳动纪律，自动增加生产，职工会除保护劳工利益外，应从政治上教育工人，提高生产热忱。"[②] 一方面，通过调动劳动者的生产积极性，协调劳资关系，缓解劳资矛盾，团结国内各阶级，推动生产力发展。在实践过程中，不少地区出现"对地主兼工商业者挖后门、挖家底"[③]的现象。针对上述出现的现象，1948年2月，毛泽东指出："将消灭地主富农的封建剥削和保护地主富农经营的工商业严格地加以区别"[④]，注重通过政策调整协调发展经济，而不是通过片面、狭隘的激进举措，破坏革命事业大局。另一方面，同时也对工人阶级加强思想政治教育，引导和教育工人阶级"要懂得从

[①] 《毛泽东选集》第2卷，人民出版社1991年版，第608页。
[②] 国家工商行政管理史料小组主编：《晋冀鲁豫地区革命根据地的工商行政管理》，工商出版社1987年版，第563页。
[③] 张闻天：《张闻天选集》，人民出版社1985年版，第370页。
[④] 《毛泽东选集》第4卷，人民出版社1991年版，第1285页。

政治上、从革命的统治的利益上来考虑问题"①，加强思想政治教育的目的是团结工人阶级和其他阶级服从国家利益需要，团结一致对外反对帝国侵略者对中国人民的奴役和压迫，争取民族独立，挽救民族危亡。

要通过加强民族资产阶级的思想教育和引导，保障工人阶级的合法权益。关于对资本家唯利是图本性的批判，中国共产党根据革命形势和建设的需要，提出要加强引导，尽力保障工人阶级的合法权益，减小资本家的剥削和压榨，同时调动资本家的积极性，推动革命和建设的发展。毛泽东在约见中国民主建国总会主任的谈话中指出，对于资本家"唯利是图"中的"利"可以做一下具体分析，即"一部分是国家的利，一部分是工人的利，其余一部分是资本家的利"②，应该三方面都要兼顾。可以看出，中国共产党立足国内形势和革命发展要求，从民族独立和富强的长远利益出发，协调各阶级利益，既注重维护工人阶级的利益要求，又充分调动民族资产阶级的生产积极性，体现了新民主主义劳资关系的基本原则。

第二节 计划经济时期以生产资料公有制为基础的按劳分配相关政策

按劳分配是社会主义分配的基本原则，也是实现公平分配的重要体现，中华人民共和国成立后，通过三大改造，逐步建立起以生产资料公有制为基础的分配方式。在分配政策制定中，从确立"各尽所能，按劳取酬"，到提出"按劳分配，承认差别"，致力于建立公平公正的社会主义分配关系，一方面，通过生产资料公有化消除

---

① 艾思奇：《艾思奇全书》第4卷，人民出版社2006年版，第199页。
② 《毛泽东年谱（1949—1976）》第1卷，中央文献出版社2013年版，第520页。

剥削根基，实现历史性跨越；另一方面，以劳动作为分配的唯一尺度，打破封建社会和资本主义雇佣劳动制下的身份壁垒，使每位劳动者都能通过诚实劳动获得相应报酬，既否定了剥削制度，又实现了社会公平。深入剖析这些政策，对于全面理解我国社会主义建设初期的经济社会发展脉络，以及社会主义制度在探索与实践过程的完善具有重要意义。

一　确立"各尽所能，按劳取酬"的分配政策

分配问题至关重要，不仅关系到人民的切身利益，也关系到生产力发展的水平和生产关系的性质，社会主义社会的分配原则是按劳分配，在社会主义建设时期，提出了"各尽所能，按劳取酬"的分配政策。分配问题的出现是由当时的生产力和生产关系的矛盾决定的，只有公平分配才能推动生产力发展，"如果分配不公平合理，就是不适合"①，则需要调整。按劳分配是社会主义收入分配的基本原则，这不仅是适应社会主义基本经济制度的现实要求，也对推动社会主义生产力发展至关重要。

关于具体的分配问题，1953年12月16日通过的《中共中央关于发展农业生产合作社的决议》指出，要逐步做好按劳动日评工计分的工作。根据提供劳动力的强弱，预先评定等级和分数，然后按照实际的工作量，实行"按分计酬"，这也被人们称为"死分活评"的计酬分配方法，或者按照完成工作的数量和质量，预先评定每个工种的工分数，然后根据实际完成情况，"计算劳动分数，按件计酬"，提供两种方法，生产合作社"可按照各社社员的意见适当地加以采用"②。

按照社会主义原则，农业生产合作社"实行'各尽所能，按劳取酬'，不分男女老少，同工同酬"③。具体来说，"农业生产合作

---

① 刘少奇：《刘少奇论新中国经济建设》，中央文献出版社1993年版，第338页。
② 《中共中央文件选集（1949年10月—1966年5月）》第14册，人民出版社2013年版，第452页。
③ 《建国以来重要文献选编》第8册，中央文献出版社1994年版，第403页。

社"指的是高级社农业生产合作社，与初级社不同的是土地所有权和经营权都归集体所有，农民参与集体劳动，实行按劳分配的原则。"在分配问题上，我们必须兼顾国家利益、集体利益和个人利益"①。要贯彻劳动所得与劳动生产率成正比的原则，不能简单地认为农民比工人工资低，要根据实际的劳动数量和质量以及劳动生产率的比较，"所以不能说工人特别得到国家的优待。"② 所以，具体分析不同情况，根据劳动贡献进行分配，也体现了按劳分配的基本原则。

在社会主义社会，"必须按照按劳付酬的原则，公平合理地分配其劳动所创造的价值"③。第一次全国人大第四次会议的工作报告明确指出，"在社会主义制度下，同社会生产力的水平相适应的分配原则是按劳取酬。"④ 按劳分配对发展生产力具有重要优势，在社会主义社会中要科学对待简单与复杂劳动、脑力与体力劳动的差别，在报酬中做好科学的体现，如果"取消这种差别，对于提高劳动生产率和提高业务、技术水平都是不利的"⑤。因此，我们可以看出，在社会主义三大改造完成后，我国遵循社会主义建设的规律，既坚持按劳分配的基本原则，阐明这是建设社会主义的题中之义，也为承认收入差距确立了原则性边界；既坚持按劳分配的基本原则，也反对无差别的平均主义。后期制定的政策指出，要根据社员的实际劳动量，分配合理的劳动报酬"避免社员和社员之间在计算劳动报酬上的平均主义"⑥，即在生产队坚持按劳分配，实行多劳多得的原则。

确立"各尽所能，按劳取酬"的分配政策体现了深厚的人民性

---

① 《毛泽东文集》第7卷，人民出版社1999年版，第221页。
② 《毛泽东文集》第7卷，人民出版社1999年版，第222页。
③ 刘少奇：《刘少奇论新中国经济建设》，中央文献出版社1993年版，第337页。
④ 《建国以来重要文献选编》第10册，中央文献出版社1994年版，第331页。
⑤ 《建国以来重要文献选编》第10册，中央文献出版社1994年版，第331页。
⑥ 《中共中央文件选集（1949年10月—1966年5月）》第37册，人民出版社2013年版，第62页。

本质。一是充分保障劳动者基本权益，"各尽所能，按劳取酬"政策下，劳动者凭借自己的劳动获得相应报酬，能够满足自身及家庭的基本生活需求，这使得劳动者在经济上获得了独立和尊严，真正成为社会的主人。二是促进社会公平正义，无论劳动者从事何种职业、出身如何，只要付出了等量的劳动，就能获得等量的报酬。这种公平的分配机制打破了阶级壁垒和社会不平等，使得社会资源能够更加合理地分配到每一位劳动者手中，缩小了贫富差距，营造了公平和谐的社会氛围。三是按劳分配政策将劳动与报酬紧密联系在一起，多劳多得，少劳少得。这种直接的利益关联极大地激发了劳动者的劳动积极性。劳动者为了获得更高的收入，改善自己和家庭的生活条件，会主动增加劳动时间、提高劳动强度，努力掌握新的劳动技能，从而提高劳动生产率。

二 提出"按劳分配，承认差别"的分配政策

中国分配制度变革的过程中，明确提出消灭剥削的分配制度，建立生产资料公有制为基础的按劳分配制度，同时也明确提出反对"绝对平均主义"的分配思想。社会主义三大改造完成后，我国实现了由生产资料私有制到生产资料公有制的转变，我国确立了"各尽所能，按劳取酬"的按劳分配政策。在制定"各尽所能，按劳取酬"的政策制定过程中，对"按劳分配，承认差别"的分配政策等也进行了相关探讨和规定。

人民公社的建立使集体所有制经济增加，但是，我们必须认识到"由社会主义的集体所有制变为社会主义的全民所有制"，"由社会主义变为共产主义"仍然需要很长的时间。人民公社实行的分配制度，虽然现在在某种程度上是带有共产主义社会的按需分配原则萌芽的供给制，但是要科学认识到，由于过渡时期的复杂性，在这一时期，"社会的性质仍然是社会主义的"[①]。因此人民公社分配的

[①] 《建国以来重要文献选编》第 11 册，中央文献出版社 1995 年版，第 605 页。

基本原则是按劳分配。关于劳动产品的分配,"实行工资制和供给制相结合的分配制度"①。在实行按劳分配过程中也根据实际情况作出了具体规定,在某种程度上体现出了"承认差别"的分配政策。第一,"随着生产的发展,工资必须逐步增长"②,不仅指出实行按劳分配的工资制度,还规定了随着生产力发展,逐步提高工资水平,对于劳动报酬的分配,要根据"各个公社生产发展的不同情况来决定"③,实事求是地决定工资和供给的比重。第二,各地区工资水平允许有相当的差别,即体现出有差别的工资制度,"一般可以分为六级至八级。"④ 规定最高工资和最低工资,根据劳动熟练程度的高低体现工资的差别,但又不过分悬殊。第三,实事求是地承认城市和农村工资的差别,并分析虽然都是实行按劳分配,但是城市的工资水平比农村高的主要原因,是由于城乡之间的生活费用等诸多原因导致的,但是"也是一种暂时现象。"⑤ 第四,尊重社员通过其他身份获得收入的权利,这是尊重"按劳分配,承认差别"的重要反映。第五,承认差别,即实行较为自由的工资制,通过有差别的分配制度为人民生产生活提供更多的选择,"人们的需要总是大体相同而又各有不同的"⑥,因此需要给社会适当的选择自由。

承认生产队与生产队之间、社员与社员之间可以存在合理的收入差别,根据实际情况,在工资分配方面有所差别。当时中国的主要任务是通过充分的讨论和酝酿,向广大干部讲清楚"平均主义"的问题,和广大干部群众一起,要妥善解决平均主义倾向和出现的问题,允许和承认社员和公社之间的合理的收入差别,生产队之间的伙食要根据生产队收入的实际情况决定,"工资应当实

---

① 《建国以来重要文献选编》第 11 册,中央文献出版社 1995 年版,第 611—612 页。
② 《建国以来重要文献选编》第 11 册,中央文献出版社 1995 年版,第 612 页。
③ 《建国以来重要文献选编》第 11 册,中央文献出版社 1995 年版,第 612 页。
④ 《建国以来重要文献选编》第 11 册,中央文献出版社 1995 年版,第 612 页。
⑤ 《建国以来重要文献选编》第 11 册,中央文献出版社 1995 年版,第 612—613 页。
⑥ 《建国以来重要文献选编》第 11 册,中央文献出版社 1995 年版,第 612 页。

行死级活评"①。人民公社的分配原则是"按劳分配，多劳多得"，但是从实践经验来看，"按照级别发固定工资"是不完善的，为提高社员的积极性，应实行"死级活评"的方式评定工资标准。通过文件的形式逐步完善了工资制，提出在有的公社实行"定工吃饭，旷工缴饭钱"以及"基本伙食工分"的分配办法，体现了坚持"按劳分配，承认差别"的分配政策。

"按劳分配，承认差别"政策适应了社会生产专业化分工的发展趋势，明确的劳动差别与报酬差别使劳动者之间形成了健康和谐的合作氛围。劳动者为了获得更高的收入和更好的生活条件，会主动学习先进技术和管理经验，努力提升自己的业务水平和工作能力。不同行业、不同岗位之间的劳动差别和收入差别，使得劳动者更加明确自己的职业定位和发展方向，从而专注于某一领域的专业技能提升。这种专业化分工有利于提高劳动效率，降低生产成本，同时也促进了不同部门之间的协作与配合。这一时期的分配政策为我国建立起独立的工业体系和国民经济体系奠定了坚实基础，为后续的改革开放和社会主义现代化建设积累了宝贵经验。

三 否定物质激励下的"平均主义"分配政策

按劳分配是社会主义社会分配的基本原则，这是由生产资料公有制的性质决定的。随着中国变革生产资料私有制，逐步完成了社会主义改造，建立了社会主义制度。在分配领域，探索以生产资料公有制为基础的按劳分配制度，计划经济体制下实行以等级工资制为形式的"按劳分配"。

在分配中要实行按劳付酬，"物质刺激与精神教育，都要以政治为主，物质为辅。专门搞物质刺激，有走向歪路的可能性。"② 物质

---

① 《中共中央文件选集（1949年10月—1966年5月）》第30册，人民出版社2013年版，第287页。

② 《毛泽东年谱（1949—1976）》第3卷，中央文献出版社2013年版，第579—580页。

激励在某种程度能够促进生产的增加,但是,人并非需要通过每天、每月、每年的物质激励实现积极性的提高。对于教科书中的"彻底运用按劳分配的经济规律",不能脱离实际,"'彻底'两字,带来个人主义危险。"[①] 如果仅仅依靠物质激励,也就是说彻底地按劳分配,则会导致人们追逐利益的境地,最终不利于社会的发展。

在社会分配的过程中可以利用物质激励的方式刺激生产发展,并是"刺激生产发展的决定因素之一"。"'决定因素之一'、'根本方法之一',这个提法可以赞成。但是当作决定性动力,就不对了。"[②] 物质利益不能成为促进生产的唯一原则,还要注重"精神鼓励"原则。工作勤勉、积极主动,并利用科学技术可以创造更多产品,"工作者是否更为勤勉、积极、主动,决定于政治觉悟的高低。"[③] 平均主义和过分强调物质刺激都是不好的,在实际的物质生产和分配过程中平均主义"大锅饭"盛行,最终严重影响了社会主义生产力水平的提高。

计划经济时期以生产资料公有制为基础的按劳分配相关政策,无论是"各尽所能,按劳取酬"还是"按劳分配,承认差别",都深刻体现了社会主义制度的人民性价值指向。这些政策从根本上保障了劳动者的权益,促进了社会公平正义,激发了劳动者的积极性和创造性,对我国社会主义建设初期的生产力发展起到了巨大的推动作用。虽然计划经济体制在后期暴露出一些弊端,按劳分配政策在实施过程中也存在一些问题,但不可否认的是,这一时期的分配政策为我国建立起独立的工业体系和国民经济体系奠定了坚实基础,为后续的改革开放和社会主义现代化建设积累了宝贵经验。我们应

---

① 《毛泽东年谱(1949—1976)》第 4 卷,中央文献出版社 2013 年版,第 259 页。

② 《毛泽东年谱(1949—1976)》第 4 卷,中央文献出版社 2013 年版,第 284 页。

③ 《毛泽东年谱(1949—1976)》第 4 卷,中央文献出版社 2013 年版,第 283—284 页。

在总结历史经验的基础上，不断完善我国的分配制度，使其更好地适应经济社会发展的需要，为社会主义现代化建设提供有力保障。

第三节　社会主义市场经济条件下致力于充分激发社会活力的分配政策

在改革开放之后，中国共产党为解决平均主义分配的问题，根据现实发展要求，对我国的分配政策进行了相应调整，逐步完善既能保障社会主义公平分配，又能充分激发社会活力，调动广大人民群众辛勤劳动创造财富的积极性的分配政策，实现效率与公平的统一。

一　贯彻按劳分配原则，纠正平均主义

1978年3月28日，邓小平针对国务院政治研究室起草的《贯彻执行按劳分配的社会主义原则》的文章，在同国务院政治研究室负责同志的谈话中对按劳分配的性质、方式等相关问题做了回应。他指出，在根本上要坚持按劳分配的社会主义原则不动摇，在实行的过程中，按劳分配要与当前的实际联系起来，具体来说，"按劳分配就是按劳动的数量和质量进行分配，"而不是"按政"和"按资格"分配，通过衡量"劳动好坏、技术高低、贡献大小"，来确立评定工资级别。按劳分配要实行严格的、全面的考核制，要"有奖有罚""奖罚分明"，最终目的是"鼓励大家上进"[①]。1978年12月13日，邓小平在党的十一届三中全会闭幕式的讲话中批判了平均主义"大锅饭"的分配方式，指出要调动劳动者的生产积极性，实行按劳分配的相关问题。

1984年10月，党的十二届三中全会通过了《关于经济体制改革的决定》（以下简称《决定》），提出要加快以城市为重点的经济

---

① 《邓小平文选》第2卷，人民出版社1994年版，第101—102页。

体制改革，其中要解决国家、企业、个人的关系，扩大企业自主权，批判了平均主义分配思想，提出"平均主义思想是贯彻执行按劳分配原则的一个严重障碍"[①]，在计划经济时期，虽然国家在全国制定了按劳分配的等级工资标准，但是在统计计算中无法科学地计算劳动量，无法形成科学的激励机制，因此不可避免地出现"干多干少一个样"以及"干好干坏一个样"的问题，这种平均主义的分配原则决定了无法通过分配调动人民的积极性，严重影响了生产力的发展。在分配方面要贯彻按劳分配原则，坚持按劳分配首先要尊重差异，在企业内部体现按劳分配就要实行差异化的工资，拉开工资档次，"充分体现多劳多得、少劳少得，充分体现脑力劳动和体力劳动、复杂劳动和简单劳动、熟练劳动和非熟练劳动、繁重劳动和非繁重劳动之间的差别"[②]。要将企业的效益与职工的工资和奖金结合起来，充分激发企业活力，遵循市场经济的原则，优胜劣汰，保证企业效益和职工收入水平挂钩。坚持按劳分配要允许一部分人先富起来，突破等级工资制（工资的高低不与工作量挂钩，而是与预先设定的等级挂钩），这有利于充分发挥按劳分配的激励作用。1985年1月颁布的《国营企业工资改革问题的通知》提出在国有大中型企业实行"工效挂钩"式工资制度，即不再实行统一工资的分配方式，而是实行职工工资同企业经济效益按比例浮动的办法。

二 按劳分配为主体，其他分配方式为补充

党的十一届三中全会以后，我国在坚持社会主义基本原则的基础上，在法律范围内允许私营经济、个体经济和外资经济的发展。为了更好地保障人民利益，中国共产党适时调整分配政策，在坚持社会主义基本原则的基础上，提出"按劳分配为主体，其他分配方

[①] 中共中央文献研究室：《十二大以来重要文献选编》中，人民出版社1986年版，第578页。

[②] 中共中央文献研究室：《十二大以来重要文献选编》中，人民出版社1986年版，第577页。

式为补充"政策，体现了分配政策调整的人民至上的价值导向。

科学定位社会主义初级阶段的基本国情，党的十三大提出了相应的分配政策。党的十三大报告明确指出："社会主义初级阶段的分配方式不可能是单一的。我们必须坚持的原则是，以按劳分配为主体，其他分配方式为补充。"[①] 在社会主义初级阶段要坚持贯彻公有制下的按劳分配，同时也要根据非公有制经济发展的现实国情，坚持其他分配方式为补充。制定分配政策既要在发展社会主义生产力的过程中，允许个人通过诚实劳动实现个人先富，激发社会活力，同时也要坚持共同富裕，发挥政府调节职能，缩小贫富差距，"在促进效率提高的前提下体现社会公平"[②]。党的十四大报告再次明确指出，在分配制度上，我党坚持"以按劳分配为主体，其他分配方式为补充，兼顾效率与公平。运用包括市场在内的各种调节手段，既鼓励先进，促进效率，合理拉开收入差距，又防止两极分化，逐步实现共同富裕"[③]。

马克思主义认为，生产方式决定分配方式，分配关系调整是适应生产力发展的必然要求。社会主义初级阶段，在按劳分配的基础上，"其他分配方式为补充"的提出，既是对私营经济发展的承认，也是对社会主义初级阶段分配制度的深刻认识。中国共产党分配政策是在科学把握我国经济发展规律，致力于推动生产力发展的过程中提出的。"按劳分配为主体，其他分配方式为补充"分配政策的提出是马克思主义立场、观点、方法的深刻体现，具有重要的意义。首先，打破"平均主义"分配方式，目的是发展社会主义生产力。因此，提出"只要是合法的，就应当允许"的分配思想，尊重非公

---

① 中共中央文献研究室：《十三大以来重要文献选编》上，人民出版社1991年版，第32页。
② 中共中央文献研究室：《十三大以来重要文献选编》上，人民出版社1991年版，第32页。
③ 中共中央文献研究室：《十四大以来重要文献选编》上，人民出版社1996年版，第19页。

有制经济下的"劳动收入""资本收入""经营收入",有利于激发社会活力、发展社会主义生产力、提高人民的收入水平。其次,我国的所有制结构决定了我国实行"按劳分配为主体,其他分配方式为补充"的分配方式,改革开放后,在发展公有制经济的基础上,"允许私营经济的存在和发展",这决定了我国进行分配政策的调整。最后,"我们的分配政策,既要有利于善于经营的企业和诚实劳动的个人先富起来,合理拉开收入差距……在促进效率提高的前提下体现社会公平"①。我党对分配政策的调整是以实现共同富裕为目标和方向的,坚持"按劳分配为主体"是社会主义基本原则的坚守,这是实现共同富裕的根本保障;"其他分配方式为补充"是实事求是,立足社会主义初级阶段基本国情,以推动社会主义生产力发展,提高人民生活水平为主要任务做出的政策选择。二者的统一,是打破"平均主义"分配方式,建立科学的社会主义初级阶段分配制度的初步探索。

三 按劳分配为主体,多种分配方式并存

为了更好地推动生产力发展和提高人民生活水平,中国不断进行经济体制改革,调整分配政策。具体来看,主要是针对其他分配方式问题,中国将"其他分配方式为补充"调整为"多种分配方式并存",其进一步确认了"多种分配方式"的地位。在此基础上,提出"把按劳分配和按生产要素分配结合起来",随后,又提出"确立生产要素按贡献参与分配的原则",进一步完善按劳分配为主体、多种分配方式并存的分配制度。中国分配政策调整的起点是为了推动经济发展和满足人民利益,调整的过程充分体现以人民为中心,调整的结果充分展现了中国特色社会主义制度的显著优势。

---

① 中共中央文献研究室:《十三大以来重要文献选编》上,人民出版社1991年版,第32页。

（一）"按劳分配为主体，多种分配方式并存"政策的初步提出

1993年，党的十四届三中全会提出社会主义市场经济体制下的分配制度，明确"按劳分配为主体，多种分配方式并存"的政策，充分体现了效率优先、兼顾公平的原则。多种分配方式并存政策的确立，一方面，引入市场竞争机制，打破劳动报酬固定的形式，"打破平均主义，实行多劳多得，合理拉开差距"[①]，充分体现了社会主义市场经济的显著优势，对调动广大人民的积极性、激发社会活力、推动社会主义生产力发展具有重要意义；另一方面，分配政策的调整不仅始终将"按劳分配为主体"放在首位，而且在坚持"多种分配方式并存"政策的过程中，发挥"先富"带"后富"的作用，可以看出，无论是从分配政策调整的出发点，还是最终目标来看，都是致力于实现全体人民共同富裕，充分体现了分配政策调整的人民至上的价值导向。

在党的十四届三中全会提出的"坚持按劳分配为主体、多种分配方式并存"分配政策的基础上，党的十五大又提出了对于完善分配结构和分配方式的具体要求，尤其指出，"把按劳分配和按生产要素分配结合起来"[②]，这充分体现了尊重社会主义初级阶段的生产力发展水平和要求做出的科学的分配政策调整。党的十五大也提出了"取缔非法收入""整顿不合理收入"等问题，坚持多种分配方式并存，并不是任由市场主体在市场经济条件下毫无约束地决定支配劳动人民的收入，而是充分尊重"多种分配方式"的前提下，在社会主义市场经济条件下有序开展经济活动和进行收入分配调整，从而实现"规范收入分配，使收入差距趋向合理，防止两极分化"[③] 的目的。

[①] 中共中央文献研究室：《十四大以来重要文献选编》上，人民出版社1996年版，第534页。
[②] 中共中央文献研究室：《十五大以来重要文献选编》上，人民出版社2000年版，第24页。
[③] 中共中央文献研究室：《十五大以来重要文献选编》上，人民出版社2000年版，第24页。

(二)"按劳分配为主体、多种分配方式并存"政策的逐步完善

根据社会主义初级阶段的生产力发展水平,定位社会主义市场经济体制的基本特征,中国提出了"按劳分配为主体,多种分配方式并存"的分配制度,积极适应社会主义社会生产力发展要求。党的十六大又提出"确立劳动、资本、技术和管理等生产要素按贡献参与分配的原则"①,体现了坚持"按劳分配为主体"的同时,逐步完善"多种分配方式并存"的分配方式,推动社会发展进步。

关于确立和完善生产要素按贡献参与分配原则的政策。党的十六大提出:"理顺分配关系……调整和规范国家、企业和个人的分配关系。"② 我党提出分配政策调整要理顺分配关系,这就要求完善"按劳分配为主体、多种分配方式并"的分配制度。其中,"确立劳动、资本、技术和管理等生产要素按贡献参与分配的原则"③,"按贡献参与分配"原则体现了在财富创造的过程中,如何决定劳动要素与非劳动要素参与收入分配的问题。这一政策的提出,既肯定了劳动发挥的决定性作用,又尊重非劳动生产要素的积极作用,即在财富创造的过程中,通过按贡献大小参与收入的分配,这对完善多种分配方式并存的分配政策具有重要意义。党的十六大还提出,"坚持效率优先、兼顾公平",在分配的过程中,提倡奉献精神和发挥带动和帮扶作用,坚持"既要反对平均主义,又要防止收入悬殊"④。在初次分配中充分发挥市场的调节作用,调动人们的积极性,"鼓励

---

① 中共中央文献研究室:《十五大以来重要文献选编》上,人民出版社2000年版,第21页。
② 中共中央文献研究室:《十六大以来重要文献选编》上,人民出版社2005年版,第21页。
③ 中共中央文献研究室:《十六大以来重要文献选编》上,人民出版社2005年版,第21页。
④ 中共中央文献研究室:《十六大以来重要文献选编》上,人民出版社2005年版,第21页。

一部分人通过诚实劳动、合法经营先富起来"[1]。在再分配中,面对市场经济中出现的问题,要充分发挥政府运用各种手段对收入分配的调节作用,以此"调节差距过大的收入。规范分配秩序,合理调节少数垄断性行业的过高收入,取缔非法收入"[2]。党的十六大逐步完善收入分配政策,"以共同富裕为目标,扩大中等收入者比重,提高低收入者收入水平"[3]、中国分配制度变革中,以共同富裕为导向及时调整分配政策,既致力于推动生产力发展又注重提高人民的收入水平,充分体现了分配政策调整的人民至上的价值导向。

关于完善按劳分配为主体、多种分配方式并存,健全生产要素按贡献参与分配的制度。党的十七大在党的十六大分配政策调整的基础上提出和完善了"按劳分配为主体、多种分配方式并存"分配政策,将党的十六大提出的按贡献分配原则确立为"按贡献参与分配的制度",以制度形式确立下来。按贡献参与分配涉及分配标准的衡量问题,党的十七大着重指出:"初次分配和再分配都要处理好效率和公平的关系,再分配更加注重公平。"[4] 与党的十六大提出的"坚持效率优先、兼顾公平"相比,突出强调再分配中更加注重"公平",尤其是在初次分配中也提出了注重公平,这体现了中国共产党进行分配政策调整是坚持以人民为中心,在保障社会主义生产力发展的同时,高度重视人民在分配中的公平地位。同时党的十七大还提出了:"逐步提高居民收入在国民收入分配中的比重,提高劳

---

[1] 中共中央文献研究室:《十六大以来重要文献选编》上,人民出版社 2005 年版,第 21—22 页。
[2] 中共中央文献研究室:《十六大以来重要文献选编》上,人民出版社 2005 年版,第 21—22 页。
[3] 中共中央文献研究室:《十六大以来重要文献选编》上,人民出版社 2005 年版,第 22 页。
[4] 中共中央文献研究室:《十七大以来重要文献选编》上,人民出版社 2009 年版,第 30 页。

动报酬在初次分配中的比重。"① 这也充分体现了中国共产党调整分配政策的人民至上的价值导向。

第四节 构建推动共同富裕实现的分配制度体系的相关政策

党的十八大以来,我国收入分配改革的过程中,高度重视在推动经济增长的同时也要提高居民收入,提高劳动生产率的同时也要提高劳动者报酬占比。党的十九大着重强调经济增长与居民收入、劳动生产率与劳动报酬的"同时"与"同步"增长,即深刻把握在分配制度改革中不断提高人民的收入与经济发展的内在联系,在经济发展中实现人民生活水平逐步提高,在人民生活水平逐步提高的过程中展现我国经济发展的质量和水平,实现二者的内在统一。党的二十大明确强调完善推动实现共同富裕的分配制度,不断缩小收入差距,推动全体人民实现共同富裕。

一 "两个同步"分配政策的提出

进入新时代,中国共产党根据时代发展的特点,适时调整分配政策。党的十八大关于分配政策调整主要为:"初次分配和再分配都要兼顾效率和公平,再分配更加注重公平。"② 其中,明确了按贡献参与分配的范围。党的十八大以来,中国提出经济增长与提高居民收入的时序同步问题,在初次分配中,完善生产要素按贡献参与分配的机制,在第二次分配中健全政府的调节机制。此外,"两个同步""两个提高",即"努力实现居民收入增长和经济发展同步、劳

---

① 中共中央文献研究室:《十七大以来重要文献选编》上,人民出版社2009年版,第30页。
② 中共中央文献研究室:《十八大以来重要文献选编》上,人民出版社2014年版,第28页。

动报酬增长和劳动生产率提高同步，提高居民收入在国民收入分配中的比重，提高劳动报酬在初次分配中的比重"①。这彰显了党以人民为中心，坚持人民至上的价值追求，具有重要的价值和意义。党的十八届三中全会通过的《中共中央关于全面深化改革若干重大问题的决定》，其中涉及分配问题的主要内容包括："形成合理有序的收入分配格局。着重保护劳动所得，努力实现劳动报酬增长和劳动生产率提高同步，提高劳动报酬在初次分配中的比重。"② 积极发挥三次分配制度体系在促进收入分配格局中的积极作用，深刻把握分配制度改革中不断提高人民收入与经济发展的内在联系，实现二者的内在统一。

党的十九大指出："坚持在经济增长的同时实现居民收入同步增长、在劳动生产率提高的同时实现劳动报酬同步提高。"③ 在党的十八大提出"两个同步""两个提高"分配政策的基础上，党的十九大提出，着重强调经济增长与居民收入，劳动生产率与劳动报酬的"同时"与"同步"增长，使分配政策充分保障广大人民群众共享改革发展成果。

"两个同步"的分配政策是新时代完善中国特色社会主义分配制度的重要政策。党中央提出"两个同步"分配政策的主要目的是使广大人民群众充分享受改革发展成果，在推动经济发展的同时，实现公平分配和提高居民的收入水平。在西方经济学界，公平和效率是"鱼和熊掌不可兼得"的关系，无法实现两者的统一。中国共产党坚持人民至上的价值理念，坚持发挥中国特色社会主义制度优势并与市场经济相结合，致力于实现发展生产力与公平分配相统一，

---

① 中共中央文献研究室：《十八大以来重要文献选编》上，人民出版社 2014 年版，第 28 页。

② 中共中央文献研究室：《十八大以来重要文献选编》上，人民出版社 2014 年版，第 537 页。

③ 习近平：《决胜全面建成小康社会 夺取新时代中国特色社会主义伟大胜利——在中国共产党第十九次全国代表大会上的报告》，人民出版社 2017 年版，第 46—47 页。

提出"两个同步"的分配政策。"两个同步"是坚持做大蛋糕和分好蛋糕相统一的政策选择，推动经济发展即做大蛋糕，实现公平分配即分好蛋糕，中国共产党在分配政策中注重"同时"和"同步"，即发挥经济增长与公平分配的相互促进的良性循环机制。无论从理论创新还是实践意义来看，"两个同步"的分配政策突出经济增长和居民收入增长的"同时"和"同步"，科学回答了二者的统一性问题，其重要意义在于，一是有利于优化分配格局，提高人民收入水平；二是充分体现中国共产党始终坚持以人民为中心的发展思想，将共享发展理念落到实处，坚持人民至上。

二 以共享发展理念为引领的分配政策

党的十八届五中全会指出"共享是中国特色社会主义的本质要求"[①]。坚持共享发展理念，并做出有效的制度安排，不仅有利于增进人民团结，也有利于保障人民提高收入水平，推动人民朝着共同富裕方向迈进。共享发展是解决社会公平问题的根本着力点。在共享发展理念指引下，完善分配政策更加注重让广大人民群众在发展中以更加公平的方式参与分配，突出发展的共享性、人民性。马克思指出："一定的分配关系只是历史地规定的生产关系的表现。"[②] 生产决定分配，有什么样的生产方式，对应的就会产生与之相适应的分配方式，即分配关系是生产关系的具体表现。分配关系赋予生产条件所代表的特殊性质，同时也反映了生产关系的调整。"共享发展理念"指引的分配政策调整，体现分配制度的人民性与致力于发展的统一性，通过"不断创新发展形式，增强发展动力，从而满足人民需要"[③]。

新时代，中国坚持以共享发展理念为引领制定和调整分配政策，

---

① 中共中央文献研究室：《十八大以来重要文献选编》中，人民出版社2016年版，第793页。

② 《马克思恩格斯文集》第7卷，人民出版社2009年版，第998页。

③ 韩喜平、何况：《中国共产党百年分配制度变革及其人民立场》，《经济纵横》2021年第5期。

保障人民共享改革发展成果，致力于实现发展为了人民。我党在十八届五中全会上基于我国经济发展的现实，针对收入分配中存在的问题，从经济发展与人民生活水平提高的全局出发，提出了我国分配制度改革的主要任务、基本思路、关键举措以及制度保障等问题，着重强调坚持共享发展理念为引领，缩小城乡和地区收入差距，提高贫困地区收入水平，推动社会公平，增进人民福祉。

中国共产党不断完善分配政策，在充分保障公平分配的过程中实现全体人民共享改革发展成果。由于社会主义市场经济体制不完善，分配中也存在着劳动报酬偏低、分配结构不合理等问题导致的分配不公和收入差距扩大问题，这给推进全体人民实现共同富裕带来了严峻挑战。在此背景下，中国共产党通过调整和完善分配政策、健全分配制度，致力于提高低收入者收入水平和规范高收入者的收入渠道、取缔非法收入，从而双向发力，致力于解决经济发展过程中出现的分配问题。从初次分配、再分配以及三次分配角度出发不断完善分配政策和分配制度，具体来看，为提高低收入群体的收入，保障生活水平，制定和完善最低工资标准，提高知识、技术、管理等要素在分配中的比重，健全初次分配制度；通过累进制个人所得税加大对高收入群体的收入调节，缩小贫富差距，完善社会保障制度，保障经济发展中"人人参与、人人尽力、人人享有"的发展格局；发挥慈善事业在提低调高、帮扶弱势群体，促进社会和谐中的积极作用。

2016年1月，习近平总书记针对我国分配制度与人民共享发展成果的问题指出，要在健全和完善我国分配制度体系的过程中，逐步优化分配格局，"完善以税收、社会保障、转移支付等为主要手段的再分配调节机制……使发展成果更多更公平惠及全体人民"[①]。中国共产党在政策制定中着重突出分配的公平性，通过坚持共享发展

---

① 中共中央文献研究室：《十八大以来重要文献选编》下，人民出版社 2018 年版，第 1698 页。

理念为引领的分配政策为未来收入分配改革规划的制定指明了前进的方向，在此基础上，为我国持续深化推进收入分配制度改革提供政策指引，因此，明确共享发展理念为引领的分配政策，实现分配中提低调高，重点突破，精准发力，才能不断实现经济发展和公平分配的统一，让人民共享改革发展成果。

三 分配制度上升为基本经济制度

党的十九届四中全会审议通过的《中共中央关于坚持和完善中国特色社会主义制度 推进国家治理体系和治理能力现代化若干重大问题的决定》（以下简称《决定》）创造性地将按劳分配为主体、多种分配方式并存上升为中国特色社会主义基本经济制度，是根据新时代中国经济发展的具体国情做出的有利于推动生产力发展的重大判断，坚持了马克思主义的立场、观点、方法。《决定》指出中国特色社会主义分配制度，"既体现了社会主义制度优越性，又同我国社会主义初级阶段社会生产力发展水平相适应，是党和人民的伟大创造"[1]，这也充分展现了中国共产党立足新时代中国经济发展的现实国情，深刻认识和把握经济发展规律，是对我国基本经济制度做出的新概括，对推动经济发展具有重要意义。

中国特色社会主义分配制度上升为基本经济制度体现了中国共产党高度重视分配制度推动经济发展和实现共同富裕的作用。《决定》指出，在初次分配中，要坚持"多劳多得"，"提高劳动报酬在初次分配中的比重"，健全生产要素由"市场评价贡献、按贡献决定报酬的机制"[2]，通过完善初次分配制度，既充分发挥社会主义公有制的显著优势，又通过完善社会主义市场经济秩序，注重提高分配效率。再分配，注重发挥税收、社会保障和转移支付的调节作用；

---

[1] 《关于坚持和完善中国特色社会主义制度 推进国家治理体系和治理能力现代化若干问题的决定》，《人民日报》2019年11月6日第4版。

[2] 《关于坚持和完善中国特色社会主义制度 推进国家治理体系和治理能力现代化若干问题的决定》，《人民日报》2019年11月6日第4版。

三次分配为保障低收入群体的分配提供有益补充。中国特色社会主义分配制度对实现共同富裕具有与生俱来的优势，再次分配、三次分配作为中国特色社会主义分配制度的重要组成部分，是按劳分配方式的重要补充，有利于形成合理有序的收入分配格局，对于实现共同富裕具有重要意义。①

中国特色社会主义分配制度上升为基本经济制度，更加明确了分配制度改革的发展方向，一方面要坚持按劳分配的基本原则，另一方面在社会主义市场经济体制下，完善多种分配制度保证实现社会主义初级阶段的效率与公平的统一。具体来说，按劳分配原则的确立为共同富裕目标的实现提供根本遵循，在这种分配关系中，所有人都是以劳动者提供的劳动为尺度，平等地进行分配，没有任何剥削和压迫的物质基础和生产关系；同时，按劳分配为主体、多种分配方式并存，与社会主义初级阶段的生产力发展水平相适应，实现了效率和公平的统一，极大地调动了劳动者生产的积极性，促进了社会生产力的发展和进步。此外，再分配、三次分配对部分国民收入进行重新分配，着力解决分配领域收入差距过大以及分配不公的问题，有利于缩小收入差距，保证人民共享改革发展成果，对实现共同富裕具有重要的现实意义。②

---

① 韩喜平、何况：《中国共产党构建共同富裕现代化分配制度：理论基础、基本导向、重要保障》，《改革与战略》2021年第8期。
② 韩喜平、何况：《中国共产党构建共同富裕现代化分配制度：理论基础、基本导向、重要保障》，《改革与战略》2021年第8期。

第 五 章

中国分配制度变革的人民性制度探索

恩格斯在分析社会制度变革的原因时指出,"一切社会变迁和政治变革的终极原因,不应当到人们的头脑中,到人们对永恒的真理和正义的日益增进的认识中去寻找,而应当到生产方式和交换方式的变更中去寻找"[①]。社会制度变革是从生产关系由促进生产力的发展到变为生产力桎梏开始的。中国百年分配制度变革,始终坚持以马克思主义分配理论为指导,以人民至上为价值导向,以实现共同富裕为目标,以"生产力—生产关系—上层建筑"互相推动为演变逻辑,进行渐进式、探索式分配制度变革,不仅在理论上深入探索有利于人民的分配制度与机制,而且在实践中不断落实保障人民利益的分配制度。

第一节 变革旧社会土地分配关系的初步探索

土地是人类赖以生存发展的基本资源,土地分配关系是构成生产关系的重要基础。土地问题是中国几千年来的重要且敏感的话题,如何分配土地以及在此基础上确立的土地秩序,"则是主宰中国社会

---

① 《马克思恩格斯文集》第9卷,人民出版社2009年版,第284页。

兴起与衰落"①的首要因素。农民的土地问题是新民主主义革命时期的中心问题，正如毛泽东于1936年在延安回答美国记者埃德加·斯诺提问时所说，"谁能解决土地问题，谁就会赢得农民"②。他在《论联合政府》中指出，中国共产党与反革命政党的争论，"就其社会性质说来，实质上是在农村关系的问题上"③。中国共产党自成立之日起就高度重视解决农民的土地问题，并将其作为自己领导革命的中心任务，具体来看，主要是从所有权与收益出发变革土地分配关系，逐步解决农民的土地问题。

一 从"没收地主土地"到"区别对待"

中国共产党领导中国农民从所有权与收益出发变革土地分配关系是在复杂的社会环境和各种矛盾交织的情况下进行的，由于中国国情的特殊性，没有先人的经验可以借鉴，所以，中国经历了艰辛的探索。在这里我们首先阐述了中国从最开始实行"没收地主土地"的政策到后来在革命实践中逐步调整土地分配政策，实行"区别对待"原则的相关问题。

1921年，中国共产党成立，并通过《中国共产党纲领》，作为马克思主义政党提出"消灭资本家私有制，没收机器、土地、厂房和半成品等生产资料，归社会公有"④，至于如何"没收"，从哪里开始"没收"，并没有做出具体安排，尤其是对于农民的土地问题，暂时没有做出明确的安排。党的二大、三大虽然对农民的土地问题进行了相关说明，但仍不是中国共产党革命的中心任务，没有制定

---

① 胡穗：《中国共产党农村土地政策的演进》，中国社会科学出版社2007年版，第1—2页。
② ［美］洛易斯·惠勒·斯诺：《斯诺眼中的中国》，王恩光等译，中国学术出版社1982年版，第47页。
③ 《毛泽东选集》第3卷，人民出版社1991年版，第1077页。
④ 《建党以来重要文献选编（1921—1949）》第1册，中央文献出版社2011年版，第1页。

明确的土地纲领,并将土地分配政策停留在初步探索和宣传上。由于当时对农民阶级在革命中的地位和力量的错误认识,以至于在后来的浙江萧山、广东海丰、湖南衡山等地的农民运动并未被重视。

1927年,中国的革命形势发生重大变化,代表大地主、大资产阶级的代理人相继叛变革命,中国共产党从大革命失败的惨痛教训中认识到开展土地革命的重要性,胡乔木在《中国共产党三十年》中指出:"如果第一次国内革命战争因为没有正确地领导农民解决土地问题而失败。"[1] 大革命失败后,中国共产党开始进行土地革命的艰辛探索。1927年4月27日,党的五大通过《关于土地问题决议案》,提出要彻底解决农民土地问题,并将其作为当时革命的主要任务。关于没收地主土地等相关问题,《关于土地问题决议案》指出,"无代价地没收地主租与农民的土地"[2],同时也规定,小地主和革命军人现有的土地不予没收的原则,同时提出了"没收一切所谓公有的田地……交诸耕种的农民"[3] 的主张。

1927年8月7日,中共中央召开"八七会议",并将土地革命作为当时革命的主要经济内容,会议提出要采用革命的手段没收大地主及中地主们的土地,分给农民所有。按照共产国际的意见,提出实行土地国有为解决根本问题的办法,并将"没收土地及土地国有"写进"八七会议"《告全党党员书》中。按照"八七会议"精神,1927年8月3日,中国共产党制定了关于秋收起义的土地纲领,1927年8月20日,毛泽东对"土地纲领"提出一些意见,提出:没收一切土地,收归公有,分配的标准主要为按"工作能力"与"消费量"分配[4]。

---

[1] 胡乔木:《中国共产党三十年》,人民出版社1951年版,第24页。
[2] 《建党以来重要文献选编(1921—1949)》第4册,中央文献出版社2011年版,第194页。
[3] 《共产国际与中国革命资料选辑(1925—1927)》,人民出版社1985年版,第463页。
[4] 《毛泽东年谱(1893—1949)(修订本)》上卷,中央文献出版社2013年版,第209页。

1927年11月，中央政治局扩大会议正式提出确立"土地国有"的主张，通过了中国共产党历史上第一个关于土地问题的党纲草案：《中国共产党土地问题党纲草案》，提出："一切私有土地完全归组织成苏维埃国家的劳动平民所公有"[①]，这对推动土地革命发挥了一定的积极作用。

1928年12月，毛泽东根据井冈山根据土地革命的经验，主持起草了《井冈山土地法》，主要规定"没收一切土地归苏维埃政府所有"，在分配后"禁止买卖"，确立"分配土地的数量标准"，即平均主义分配，在分配土地后，除无法劳动的人外，"其余的人均须强制劳动"[②]，另外提出能劳动者比不能劳动者多分一倍土地。

1929年3月，毛泽东领导的红四军先后占领兴国、宁都、瑞金等县，在革命形势下，认真开展对兴国县土地问题的调查研究，制定和颁布了《兴国土地法》，这部关于地主和农民土地分配政策的法律，把《井冈山土地法》中"没收一切土地"的政策，修改为"没收一切公共土地及地主阶级土地"[③]，分给无田地及少田地的农民耕种使用。

由于受到前人实行消灭富农政策的影响，1929年共产国际指导中国共产党改变土地政策，中共中央做出《接受国际对于农民问题之指示的决议》，提出反对"富农政策"。在实践中我们党实行了过左的反对富农的政策，即"立三路线"，1930年9月，中国共产党在上海召开扩大的六届三中全会批评"立三路线"的错误。在实践中制定的《苏维埃土地法》提出雇农和无业游民应该分到土地，失业工人和城市贫民"得酌量在可能条件之下分配土地"[④]。为了解决

[①] 《建党以来重要文献选编（1921—1949）》第4册，中央文献出版社2011年版，第664页。

[②] 《建党以来重要文献选编（1921—1949）》第5册，中央文献出版社2011年版，第814页。

[③] 《建党以来重要文献选编（1921—1949）》第6册，中央文献出版社2011年版，第184页。

[④] 《建党以来重要文献选编（1921—1949）》第7册，中央文献出版社2011年版，第760页。

党在土地分配中出现的问题，毛泽东在兴国、东塘等地调查研究的基础上，于1931年写了题为《民权革命中的土地私有制度》的信，信中指出，对于土地分配，"四次五次分了又分使得农民感觉田不是他自己的，自己没有权来支配，因此不安心耕田。这种情形是很不好的"①。省苏（维埃政府）应该通令各地各级政府，"田中出产，除交土地税于政府外，均归农民所有"②。这是对"没收一切土地"，实行土地国有政策的具体调整。

二 从"地主不分田、富农分坏田"到"减租减息"

1931年，"九一八"事变后，日本对华侵略以及反革命政府采取对日妥协的政策，激起了中国人民抗日反蒋的浪潮。在军事斗争上，1931年7月至9月战争取得的胜利，革命根据地得到进一步扩大和发展。军事斗争的胜利有力推动了土地革命的深入开展，但是由于受到以王明为首的冒险主义错误的影响，在土地分配中出现了激进的问题，随后中国共产党根据革命形势和革命任务，把"地主不分田、富农分坏田"的政策调整为地主"减租减息"的土地分配政策。

关于地主、富农的政策，开始时执行"地主不分田、富农分坏田"。1931年2月，中共中央起草《中华苏维埃第一次全国代表大会土地法草案》（以下简称《草案》），共14条，提出了"地主不分田"和"富农分坏田"的政策，其中《草案》第1条指出："被没收的旧土地所有主，无权取得任何土地"，即"地主不分田"政策，改变了之前给地主部分土地的政策；《草案》第3条指出："富农在被没收土地后，可以分得较坏的'劳动份地'"③，即"富农分

---

① 《建党以来重要文献选编（1921—1949）》第8册，中央文献出版社2011年版，第90页。

② 《毛泽东年谱（1893—1949）（修订本）》上册，中央文献出版社2013年版，第333页。

③ 《建党以来重要文献选编（1921—1949）》第8册，中央文献出版社2011年版，第731页。

坏田"政策，政策要求没收富农全部土地而不是像土地革命中期时那样，只没收富农用来出租或多于人口平均外的土地，在分配土地时富农被分到土地肥力较差的"坏田"。1931年6月16日《中央给苏区各级党部及红军的训令》指出，将土地分配给所有人的观点，"实际上是富农路线的观点，必须根本肃清"[①]。1931年11月10日，中共中央要求改正"变相地分田给地主耕种"的做法。之后为了清查漏划的地主和富农，应对当时面临的战争要求，进行了一次"查田运动"，在某些地区取得较好的效果，但是，在部分地区也出现了一些偏差。

1934年第五次反"围剿"失败后，中共中央实行战略转移，撤离中央根据地，在长征路上召开遵义会议，结束了教条主义错误路线在中央的统治，以毛泽东为核心的党的第一代中央领导集体根据中国的具体国情，独立自主、实事求是地制定了一系列正确的土地政策。

关于缓和富农政策的调整。1935年12月1日，毛泽东在《关于转变对富农的策略等问题给张闻天的信》中指出："富农可与贫农中农分得同等土地，过去分坏田的原则是不对的。"[②] 1935年12月6日，在《党中央关于改变对付富农策略的决定》的文件中也做了相关调整。有关富农的政策，从上述文件中我们可以看出做了具体调整，主要体现在以下四个方面：

第一，提出将"地主"与"富农"区分对待，强调"当土地革命深入时，我们应该集中力量，消灭地主阶级"[③]。

第二，改革不再给"富农分坏田"的政策，指出"富农应照普通农民一样，平均分得土地"[④]。

[①] 《共产党通史》第3卷（上册），人民出版社2011年版，第179页。
[②] 《毛泽东文集》第1卷，人民出版社1993年版，第372—373页。
[③] 《建党以来重要文献选编（1921—1949）》第12册，中央文献出版社2011年版，第502页。
[④] 《建党以来重要文献选编（1921—1949）》第12册，中央文献出版社2011年版，第502页。

第三，不再实行随意没收富农财产的政策①。

第四，针对之前为筹措军费常向富农征税的问题，不再随意征税②。

关于对地主实行"减租减息"政策。1937年8月22日至25日，中共中央政治局决定"以减租减息作为抗日战争时期解决农民问题的基本政策"③，这也被列入《抗日救国十大纲领》之中。按照党中央减租的指示，陕甘宁边区实行"二五减租"。1938年2月9日，陕甘宁边区政府发布《减租减息单行条例》，规定地租"一律照原租额减少25%"，利息"一律不准超过一分（即年利率10%）"。1940年，毛泽东起草的《论政策》中指出，对于土地分配政策，实行地主减租减息的政策，目的是提高地主的抗日积极性，对于地租，具体来看，"一般以实行二五减租为原则……但不要超过此限度。"④ 1942年12月29日，陕甘宁边区政府颁布《陕甘宁边区土地租佃条例（草案）》（37条），对减租减息进行了明确规定，指出未分配的土地实行定租，"一般减租率，不得低于二五"；活租"按原租额减25%—40%"⑤。该草案从土地分配以及租金缴纳等方面做出了详细规定，对保护地主和富农利益、调动地主阶级抗日积极性具有重要作用。

三　从"五四指示"到《中国土地法大纲》

1945年日本投降后，国内阶级矛盾上升为主要矛盾。鉴于阶级斗争的主要形势、农民对土地等生产资料的强烈需求，以及阶级斗争、革命战争形势的需要，中国共产党调整土地分配政策，推动革

---

① 《建党以来重要文献选编（1921—1949）》第12册，中央文献出版社2011年版，第502页。
② 《建党以来重要文献选编（1921—1949）》第12册，中央文献出版社2011年版，第502页。
③ 《刘少奇年谱（一八九八——一九六九）》上卷，中央文献出版社1996年版，第187页。
④ 《毛泽东选集》第2卷，人民出版社1991年版，第766—767页。
⑤ 《陕甘宁边区政府文件选编》第6辑，陕西人民教育出版社2015年版，第253页。

命运动的发展。

1946年5月4日，中共中央通过了《中共中央关于土地问题的指示》，简称"五四指示"。"五四指示"是在全面内战即将爆发，需要通过土地分配政策的调整来调动农民革命热情支持战争的背景下产生的。刘少奇指出，土地分配政策实行由减租减息到平分土地的过渡有着复杂的历史原因。在土地分配政策方面，如果直接平分土地，就会有舆论的劣势，将内战原因误解为是中国共产党要平分土地，"五四指示"的产生解决了既不脱离广大人民群众，又能满足人民群众需要的问题。

"五四指示"指出："解决解放区的土地问题是我党目前最基本的历史任务。"[①] "五四指示"有十八条规定，主要包括以下内容："从地主手中获得土地，实现'耕者有其田'"；"决不可侵犯中农土地"；"一般不变动富农的土地"；"对一切可能团结的知识分子，必须极力争取"。[②] "五四指示"虽然明确提出要实行土地改革，改变之前减租减息的政策，实现耕者有其田，但是在具体实现方式上还未明确提出无偿没收地主土地，而是通过"减租之后，地主自愿出卖土地"[③]，以购买或者"清算"的方式有偿转移。可见，"五四指示"相对来说还是采取比较温和的政策，这样的政策有利于我党在阶级斗争、革命战争形势中争取主动，在政治上得到"中间势力"的支持。

1946年7月19日，中共中央发布《中共中央关于研究答复制定土地政策中的几个重要问题的指示》，该指示致力于研究和制定有条件、有范围的有偿征购地主土地的政策和方案，主要如下：第一，

[①] 《建党以来重要文献选编（1921—1949）》第23册，中央文献出版社2011年版，第246页。

[②] 《建党以来重要文献选编（1921—1949）》第12册，中央文献出版社2011年版，第246—247页。

[③] 《建党以来重要文献选编（1921—1949）》第23册，中央文献出版社2011年版，第248页。

对于超过规定数量的地主土地实行"以法令征购之",第二,由于革命阶段和形势需要,允许地主保留一定数额的土地,但是不能超过"中农每人所有平均土地的两倍",第三,在抗日期间积极参加抗日的地主土地数额可"多于一般地主所保留者之一倍左右",第四,规定了地主超额土地以"半价或半价以下递减之价格征购",第五,规定农民购买土地的期限,根据贫困程度分"十年"或者"二十年"付清。[1]

1947年,解放区已经有三分之二的地区解决了土地问题,剩下的三分之一地区的土地改革仍存在着一些问题。为了推进解放区的土地改革,1947年7月至9月,中共中央在西柏坡召开全国土地会议,一方面总结前一段时间的土地改革经验,另一方面进一步解决农民的土地问题,调动广大农民的积极性,推动解放战争的胜利。这次全国土地会议是中国共产党历史上规模较大、历时最长的专门研究土地改革的会议[2]。1947年9月13日,全国土地会议通过了《中国土地法大纲(草案)》,实行"普遍的彻底的平分"土地。《中国土地法大纲》主要内容如下:第一,"废除一切地主的土地所有权",第二,"不分男女老幼,统一平均分配",在数量和质量上实行抽肥补瘦,以满足农民获得同等的土地,第三,政府发给农民土地所有证,承认"其自由经营、买卖及在特定条件下出租的权利",并规定土地改革之前的"土地契约及债约,一律缴销"[3]。

第二节 计划经济体制下的按劳分配制度探索

在计划经济体制下,我国进行分配制度不可避免地带有"指令

---

[1] 《建党以来重要文献选编(1921—1949)》第23册,中央文献出版社2011年版,第373—374页。
[2] 刘正山:《当代中国土地制度史》,东北财经大学出版社2015年版,第82页。
[3] 《建党以来重要文献选编(1921—1949)》第12册,中央文献出版社2011年版,第417—419页。

性"和"指导性"计划的特点，具体来说，主要表现为在农村合作社实行工分制，在企业、机关和事业单位实行工资制。

一 农业生产合作社实行工分制

1949年后，我国进行了轰轰烈烈的土地改革，使全国3亿多无地和少地的农民分到了7亿亩土地以及所需要的生产资料，实现了农民土地所有制，农民的生产积极性得到了极大提高。为了推动新民主主义社会向社会主义社会过渡，在农村，中国共产党领导人民开展以农业生产互助组、初级农业生产合作社、高级农业生产合作社等为主要形式的农业合作化运动，在此运动中逐步实行按劳分配的农业生产实践。

（一）初级农业生产合作社的社员按劳分配实践

初级农业生产合作社主要实行土地入股、集体统一经营、产品统一分配。一方面，社员按照评工计分和按件计酬的方式计量劳动报酬，具有按劳分配的特点；另一方面，根据土地等生产资料（如耕畜、大型农具等）按一定比例参与最终收益分红。

初级农业生产合作社的互助合作组织是带有互助性质的帮扶组织。1951年9月，中共中央通过了《关于农业生产互助合作的决议草案》，这一时期，土地仍然归农民个人所有，但是在中央政策支持下，经过一年的建设发展，到1952年年底，全国已经成立了802万个互助组，参加互助组的农户达到4500多万个，占农户总数的39%。[1] 虽然互助组的规模较小，一般由几户农户成立互助组，但是在农业生产上互助合作，有利于推动农业生产的发展。1953年12月，中共中央通过《关于发展农业生产合作社的决议》，并发布实施。该《决议》总结了发展农业互助合作的经验，通过初级农业生产合作社的发展，结合实际建设高级农业生产合作社。1953年年

---

[1] 李楠：《马克思按劳分配理论及其在当代中国的发展》，高等教育出版社2003年版，第68页。

底，我国已经建成1.4万个农业生产合作社，经过一年时间的建设发展，到1954年年底，全国农业生产合作社达到50万个，与1953年相比增长了35倍多。1955年7月，毛泽东做《关于农业合作化问题》的报告，进一步推动了农业合作化运动的发展。毛泽东指出，要实现全体农村人民富裕起来，就要消灭富农经济和个体私有制经济，实现合作化，这也是抑制两极分化、最终实现共同富裕的最佳途径。1955年10月，中共中央通过《关于农业合作化的决议》，各省市一再修改合作化的规划，并提出批判右倾机会主义错误，这使得农户加入农业生产合作社的数量高速增长，加入初级生产合作社的速度也直线上升。1955年3月底，初级农业生产合作社有63万个，6月底达到65万个，10月底达到158万个，11月底达到160万个，入社农户达到4940万户，到1955年年底，全国已经建成190多万个初级农业生产合作社，入社农户达到了7500万户，入户数量占全国总产户的约63%，合作社的耕地面积达10亿多亩，占全国总耕地面积的64%。到1956年年底，已经有1.18亿农户加入合作社，入社农户数量占全国总农户数量的96.3%。[①] 农业生产合作社的主要特点是通过土地等生产资料入股，农民参加集体劳动，共同经营，在分配中实行按照土地份额与劳动比重分配劳动成果。

(二) 高级农业生产合作社的社员按劳分配实践

由于高级农业生产合作社实行生产资料归集体所有，这就消除了社员在初级农业生产合作社时因土地、耕畜以及其他生产资料和投资产生的差别，全体社员集体劳动，在统一经营的基础上实行统一的、单纯的按劳分配。按劳分配形式上分为按劳动日和劳动工分制，根据劳动日和工分所代表的劳动量领取劳动报酬。高级农业生产合作社实行包工、包产、包成本以及实行超产奖励制度，另外，

---

① 李楠：《马克思按劳分配理论及其在当代中国的发展》，高等教育出版社2003年版，第71页。

再加上实行劳动力、土地、耕畜、农具等生产资料固定给生产队使用的制度，即形成了"三包一奖四固定"制度。

经历社会主义改造后，我国先后历经农业生产互助组、初级农业生产合作社两个阶段后，1956年开始进入高级农业生产合作社的建设时期，这也标志着以生产资料公有制为基础的社会主义集体经济的建立。1956年6月，第一届全国人民代表大会第三次会议审议通过了《高级农业生产合作社示范章程》，这一关于建设高级农业生产合作社的具体规定章程指明了按劳分配的相关规定，拉开按劳分配实践的帷幕。高级农业生产合作社的建设迅猛发展，据统计，到1956年年底，有87.8%的农户加入高级农业生产合作社，相比1955年的4%，农户户数有了迅猛的增长。[①] 原计划用10到15年或者更长时间完成社会主义改造任务，在人民建设社会主义的高涨热情推动下，我国在不到三年的时间基本完成了社会主义改造。

《高级农业生产合作社示范章程》对高级农业生产合作社的经营方式和按劳分配的方式做了具体规定，主要为：第一，高级农业生产合作社是在自愿互利原则的基础上建立的，社内把土地、耕畜、大型农具等生产资料归集体所有，但是私有的生活资料、房屋地基等不入社，并保留数量不超过当地人均土地数的5%为自留地；第二，高级农业生产合作社按照社会主义的原则，在分配上实行按劳取酬；第三，关于按劳分配的方式，在扣除消耗后留下的收入中除留出一定比例的公积金和公益金外（公积金一般不超过8%，公益金一般不超过2%），"其余的全部实物和现金，按照全部劳动日（包括农业生产、副业生产、社务工作的劳动日和奖励给生产队或者个人的劳动日），进行分配"[②]。第四，高级农业生产合作社内还可以

[①] 李楠：《马克思按劳分配理论及其在当代中国的发展》，高等教育出版社2003年版，第71页。

[②] 《建国以来重要文献选编》第8册，中央文献出版社1994年版，第419—420页。

实行一定的包产和超产奖励,"各个田间生产队和副业生产小组或者副业生产队,必须保证完成规定的产量计划,还必须保证某些副业产品达到一定的质量。对于超额完成了生产计划的,应该斟酌情形多给劳动日,作为奖励"①。根据《高级农业生产合作社示范章程》规定,高级农业生产合作社的社员在建设的初期实行了以生产资料公有制为基础的统一经营、集体劳动、按劳分配的社会主义生产方式和分配方式,在实行的过程中采取工分制或劳动日制的方式进行分配,对消灭剥削、推动生产力发展具有重要的进步意义。但是由于在实施的过程中无法精确且科学地对社员实际付出的劳动数量和劳动质量进行鉴定和计量,所以,在分配中无法真正实行按劳分配,最终表现为收入分配的平均主义倾向。

二 企业、机关和事业单位实行工资制

(一) 中华人民共和国成立初期第一次工资制度改革的按劳分配实践探索

新中国成立初期,我国的工资制度比较复杂,主要表现为平均主义色彩的供给制。为了贯彻按劳分配原则,形成全国统一的工资分配制度,1952年前后,我国进行了第一次全国性的工资制度改革。这次改革统一以"工资分"为工资的计算单位,实现从供给制到等级工资制的转变。党政机关干部实行职务等级工资制,企业职工实行技术等级工资制,并推行计件工资和奖励工资制度。

这次工资制度改革的主要内容为:

第一,以"工资分"为工资的计算单位,并具体规定了"工资分"所包含的实物种类与数量,即每一工资分折合为粮、油、布、盐、煤五种实物。(详见表5-1)

---

① 《建国以来重要文献选编》第8册,中央文献出版社1994年版,第415页。

表 5-1　　　　　　　　　　工资分折合实物标准

粮食	植物油	白布	食盐	煤
0.8 斤	0.05 斤	0.2 尺	0.02 斤	2 斤

第二，根据按劳分配原则，建立企业职工的工资等级制度，逐步改革企业的计件工资制和奖励制度，建立企业职工的技术等级标准。国营企业实行等级工资制度，主要根据重工业优先、技术工种的复杂程度以及水平确立了八级的工资等级。（详见表 5-2）

表 5-2　　　　　　　　企业工人的工资标准　　　　　　（单位：工资分）

	一级	二级	三级	四级	五级	六级	七级	八级
北京仪表厂	133	154	178	206	238	275	318	368
天津钢厂	145	172	200	230	262	296	332	380
天津自行车厂	131	154	182	212	243	275	210	355
广州造船厂	132	153	177	206	238	276	320	371
南京汽车制配厂	128	149	173	202	235	274	319	371
芜湖造船厂	129	150	174	202	235	275	317	369
兰州石油机械厂	120	140	163	191	222	260	303	354
天津造纸厂	121	136	154	177	204	240	281	333
津南制革厂	120	139	160	185	214	247	285	

注：资料来源于《中国工资和收入分配改革：回顾与展望》。

第三，党政机关工作人员由供给制向等级工资制过渡。1950年，政务院颁布《全国各级人民政府 1950 年度暂行供给制标准》，将生活费折合为米后分成大中小灶三种标准，实行所谓"小包干"制的分配方式，1952 年又颁布《各级人民政府供给制工作人员津贴标准》，将津贴分成 29 级，最高为最低的 27.5 倍[①]。并在全国实行"大包干"制，即将伙食费、津贴等折合成工资分发给个人自由支配。

---

① 顾海良等：《中国共产党经济思想史（1921—2021）》第 2 卷，经济科学出版社 2021 年版，第 341 页。

第一次全国性的工资制度改革在一定程度上贯彻了按劳分配原则，体现了较为公平合理的工资分配方式。经过工资制度改革，到1953年，多数国营企业调整过几次工资，工资水平比中华人民共和国成立初期提高60%—120%，机关事业单位的职员薪水也有明显增加。①

（二）社会主义改造后第二次工资制度改革的按劳分配实践

社会主义改造完成后，我国建立了社会主义基本经济制度，在工资分配方面也进一步贯彻按劳分配的基本原则。为此进行了以大行政区为单位的全国性的第二次工资制度改革。

1955年，国务院发布《关于国家机关工作人员实行工资制和改行货币工资制的命令》，决定将之前实行的"包干制"改为工资制，按照"按劳取酬"和"同工同酬"的原则，废除之前进行的工资分计算方法，进行工资制改革。在此基础上，我国进行了更深入的按劳分配的工资制改革实践探索。根据按劳分配的原则，1956年，国务院正式发布《关于工资改革的决定》《关于工资改革中若干具体问题的规定》《关于工资制改革实施方案程序的通知》等文件对企事业单位以及国家机关进行了进一步改革。1961年9月中央颁布试行《国营工业企业工作条例（草案）》（即工业七十条），集中反映了按劳分配的工资制度。其中，该《草案》第二十五条明确指出，国营工业企业在具体的分配中，"必须体现按劳分配的原则，克服平均主义"②。工人劳动报酬的分配坚持按劳分配的原则，"按照本人技术业务的熟练程度和劳动的数量质量来决定"③；第二十六条中，规定根据具体的情况，实现计时工资和计件工资相结合，"目的是提

---

① 江建平：《我国经济转型中的分配思想演进》，中国财政经济出版社2006年版，第41页。

② 《中共中央文件选集（1949年10月—1966年5月）》第38册，人民出版社2013年版，第89页。

③ 《中共中央文件选集（1949年10月—1966年5月）》第38册，人民出版社2013年版，第89页。

高劳动生产率"①。

第二次工资制度改革的主要内容为：

第一，取消工资分制度，实行货币工资制。由于国内物价逐步稳定，工资分制度在各地实行过程中也出现了一些混乱的问题，在三大改造完成后，实行货币工资制，取消工资分制度，更有利于规范公平的按劳分配制度。

第二，在企业工人中普遍推行八级工资制，确立更为规范、严格的等级标准。(如表5-3所示为沈阳市主要产业工人工资标准)

第三，在企业中推广计件工资制，并根据效益设置奖金制度，从而使工资分配能更有效地反映实际的劳动贡献水平。

第四，国家机关事业单位采取统一的职务等级工资制，并实行一职数级和上下交叉的"一条龙"式的工资标准。

第五，根据企业内技术难度、复杂程度的差异，对技术难度较高的人员加发技术津贴，并调整产业、部门、地区、企业之间各类人员的工资关系。

第二次工资制度改革在国家机关以及国营企业和事业单位确立了以技术、职务、行业、地区为主要因素为参照的按劳分配制度，在全国逐步建立了统一的社会主义工资制度。

表5-3　　　　　　　沈阳市主要产业工人工资标准　　　　　　(单位：元)

产业类别	一	二	三	四	五	六	七	八	适用企业
钢铁冶炼	34.50	40.74	48.13	56.82	67.10	79.25	93.60	110.40	沈阳轧钢厂
电力	34.00	40.05	47.19	55.59	65.48	77.15	90.88	107.10	沈阳电厂
重化工	33.50	39.20	45.86	53.67	62.78	73.47	85.96	100.50	沈阳化工厂
制革	30.50	35.30	40.90	47.40	54.90	63.60	73.70	85.40	中央属制革厂

---

① 《中共中央文件选集（1949年10月—1966年5月）》第38册，人民出版社2013年版，第89页。

续表

产业类别	工资等级 一	二	三	四	五	六	七	八	适用企业
被服	29.00	33.30	38.30	44.00	50.50	58.10	66.70	76.90	中央及地方属被服厂
粮食加工	28.00	32.60	38.10	44.20	51.50	59.90	70.00		地方属碾米厂
建筑安装	33.66	39.95	47.43	56.28	66.82	79.44	94.20		中央及地方属建筑企业

三 绝对平均主义分配的曲折实践

在社会主义建设时期，由于当时所面临的主客观条件的局限，党内出现了对分配问题的错误认识，分配制度变革的过程中，在目标设定和现实实践中出现了一些偏差，具体来看，绝对平均主义分配的曲折实践脱离了社会发展的实际，所谓平均主义大锅饭是对按劳分配原则的背离，严重制约了生产力发展和人民生活水平的提高。

（一）人民公社阶段平均主义分配的曲折实践

社会主义改造完成后，我国开始了第二个五年计划建设，由于第一个五年计划提前完成，极大地鼓舞了人民建设社会主义的热情，以毛泽东为代表的党和国家领导人急于求成，在社会主义建设中犯了"左"的错误，开始建立"一大二公"人民公社化运动，急于向更高社会阶段过渡。

1958年4月，中共中央发布《关于小型农业社适当地合并为大社的意见》，以中央名义发布通知鼓励各地将小型农业合作社合并成大农业合作社，各地区接收中央意见后出现争先恐后合并大社的热潮。1958年5月，中共八大二次会议，制定"鼓足干劲，力争上游，多快好省地建设社会主义"的总路线，出现不尊重社会主义建设规律的"大跃进"空想。1958年8月，中共中央做出《关于在农村建立人民公社问题的决议》，主要内容是要求各地将小社尽快转为人民公社的大社，在中央指导下，人民公社如雨后春笋般在全国纷纷建立。1958年12月底，我国农村由原来的74万多个农业生产合作社合并组成达到了26500多个人民公社，合并之后，参加公社的农户有 12960 多万户，占全国农户总数的 99.1%[①]。1959 年 2 月，中央政治局扩大会议在郑州召开，中共中央通过了《关于人民公社管理体制的若干规定（草案）》，对人民公社做了具体规定，即实行"三级所有，队为基础；统一领导，分级管理"。三级指的是人民公社、生产大队、生产队三个层级，其中生产资料集体所有制主要是建立在生产队的生产资料所有制基础之上的，基本核算单位也是以生产队为基础，在扣除按规定缴纳的国家税收、向公社缴纳的由公社支配的公积金与公益金外，其他收入归生产队所有并对社员直接实行按劳分配。

在人民公社初期，由于组织规模较大，之前合作社按工作日评工计分的分配方式已经与亦工亦农大协作统一生产的生产关系不相适应了。因此，在人民公社初期采用了供给制与工资制相结合的分配方式，适应了人民公社"一大二公"的现实情况。供给制与工资制相结合的具体方式和主要形式包括："一种是粮食供给制，这也是各地普遍推行的方式，其办法是在公社预定分配给社员个人的消费基金中，口粮部分按国家规定的留粮指标，统一发给公共食堂，社员无代价地到公共食堂吃饭，副食品部分仍由社员出钱负担。如果将副食品也包括在供给范围之内，就变成了第二种类型，即伙食供给制。第三种类型是基本生活供给制，如社员生活品的供给范围，包括伙食、住房、衣服等内容。"[②] 由于在供给制和工资制的分配方式支撑下，在生产方式中实行"大呼隆"，这种生产效率低下的劳动方式，再加上各地大办公共食堂，实行"吃饭不要钱"，这种吃"大锅饭"外加不容易考评的集体劳动方式很快出现了集体资产短缺等问题。在供给制和工资制相结合实行之初，采取供给制占 70%—80%、工资制占 20%—30% 的做法，由于低下的生产方式造成人民

[①] 周勤淑、赵学清：《要素报酬与社会公正——社会主义初级阶段分配问题研究》，中共中央党校出版社 1998 年版，第 159 页。

[②] 罗平汉：《人民公社供给制探析》，《当代中国史研究》2000 年第 3 期。

公社收入不足，除去对社员的供给支出，社员劳动一年，却得不到什么工资。在这种情况下，亟须对这种分配方式进行调整。

1959年4月，中央政治局在上海召开会议提出了《关于人民公社的十八个问题》，其中对于供给制出现的问题，指出："在有的公社，实行'定工吃饭，旷工缴（饭）钱'的办法，还有的公社实行'基本伙食工分'的办法，都是经过群众的民主评议，对每一个有劳动能力的社员评定一定的劳动日或者劳动工分。完成这些劳动日或者劳动工分，作为享受供给制待遇的条件，做不到的要补缴伙食费。"[①] 对于工资制的调整，也重申"按劳分配、多劳多得"的分配原则，按照"死分活评"的劳动底分评工记分，采用定额管理、评工记分、按劳动日分配的办法改进评工记分的方式。虽然工分制能反映社员每天的出勤情况，但是对于社员出勤时完成的工作任务数量、质量以及努力程度不能准确地衡量，最终也会导致分配中的平均主义。在供给制名义下，这种在分配中出现的平均主义分配倾向，严重阻碍农民的生产积极性和人民生活水平的提高。

1962年2月13日，《中共中央关于农村人民公社基本核算单位问题的指示》提出在人民公社实行"三级所有队为基础"的核算体系，即实行公社、生产大队和生产队三级核算，并以生产队为基本核算单位。生产队作为一个相对独立的基本核算单位，具有相对的自主权，支配生产资料和劳动成果的分配。在人民公社分配体系中，实行"工分制"，即以工分作为计量标准，决定农民的具体分配，整体来看，农民在这一时期的分配中占的分配比重较小，主要支持社会主义工业化建设。

人民公社时期实行的政社合一的体制，分配中主要实行"工分制"，但是在具体的实践过程中没有真正落实按劳分配，由于对社会主义认识的局限，反而实行"平均主义"，影响了社会生产力的发展

---

① 《中共中央文件选集（1949年10月—1966年5月）》第30册，人民出版社2013年版，第549页。

和人民生活水平的提高。此阶段的按劳分配基本上背离了马克思按劳分配理论的原有之义，也没有实现促进公平和效率有机统一的目的①。

(二)"文化大革命"时期绝对平均主义分配的曲折实践

"文化大革命"时期以阶级斗争为纲的指导思想使我国的经济社会发展受到严重影响，在分配中也不可避免地经历了绝对平均主义的曲折实践，即否定物质激励，认为"物质刺激"是资本主义的方式，进而在分配中强调实行"平均主义"，吃"大锅饭"。平均主义分配严重违背了科学社会主义的基本原则，使社会生产力发展以及人民生活水平停滞不前甚至出现下降。

批判按劳分配，实行绝对平均主义的分配方式。1967年6月5日，《解放日报》发表文章《发展社会主义，还是复辟资本主义——评"工业七十条"》，主要是批判1961年中央颁发的《国营工业企业工作条例（草案）》，否定按劳分配，认为按劳分配是强调物质利益，是钞票挂帅，是"物质刺激"，企业盈利是"利润挂帅"，大肆鼓吹平均主义分配。严格限制企业职工的奖励基金提取和发放，1969年取消按计划完成情况提取奖金的制度，"企业综合奖改变为附加工资，固定发放，取消了奖励基金制度"②。这也意味着不管企业效益好坏，企业职工都拥有一致的福利，消除了根据企业效益决定福利制度的差异，企业间进一步实行平均主义分配。1971年11月30日，国务院发出通知，规定在全民所有制企业和事业单位将在生产岗位政治历史清楚的临时工转为固定工。在工资制度上，停止正常的晋级制度，也废除了计件工资③。"文化大革命"时期国有企业陆续归中央管理，在利润分配方面，平均主义问题日益严重，主要

---

① 李萍、杨慧玲等：《新中国经济制度变迁》，西南财经大学出版社2019年版，第108页。
② 汪海波、刘立峰：《中国经济70年》，山西经济出版社2019年版，第260页。
③ 顾龙生：《中国共产党经济思想史1921—2011》下，山西经济出版社2014年版，第548页。

表现为，企业的规章制度逐步被简化和破坏，企业奖励金制度也被取消，企业职工福利实行从生产成本中提取制度，这也意味着企业职工的福利是固定的，与企业的效益无关。国有企业利润分配被纳入国家统收统支的预算体系之中，失去了独立发展、自主分配的活力。

在农村地区，平均主义分配现象严重。1964年毛泽东号召全国"农业学大寨"，从学习大寨"自力更生、艰苦奋斗"的奋斗精神，逐步变成了平均主义工分制度。"文化大革命"时期，大寨的计酬分配方式为"标准工分，自报公议"，农民进行劳动生产，记工员按照农民的出工天数进行记工，在年终结算时，先通过工分标准，然后召开社员大会，确立劳动力的工作量，需要指出的是这种记工分配方式只是反映了农民的出工天数，不能反映农民的实际劳动数量和质量，由于工分等级差别小，更不能调动农民的生产积极性。所以，这种"工分制"实际上实行的是平均主义的分配，严重违背了"按劳分配"原则，在农村地区出现了"上地一窝蜂，干活磨洋工"的问题。1971年2月，中共中央做出《关于农村人民公社分配问题的指示》，指出要兼顾国家、集体和个人利益，之前制定的《农村人民公社工作条例（草案）》（即农业六十条）仍然有效，不能生搬硬套大寨的模式，要制定和实施符合实际的劳动计酬方法。但是，由于平均主义思维定式和对社会主义理解的偏差，在1966年至1976年这段时间内，我国依然实行的是绝对平均主义分配方式，这严重削弱了人民的生产积极性。

第三节　社会主义市场经济条件下统筹效率与公平的分配制度实践

社会主义市场经济条件下，按劳分配和按要素分配相结合，改变了单一的分配方式，激发了社会活力，但是面临处理效率与公平的问题。中国共产党基于社会主义初级阶段的分配政策,在重新求解效率与公平的矛盾冲突中进行了分配实践探索。

一 从生产责任制到家庭承包经营的农村分配制度实践

改革开放之前,我国农村人民公社体制下的农村集体经济本质上实行的是平均主义分配。由于当时的错误认识,将集体劳动与平均主义视为社会主义农业集体经济的基本模式,以至于初级农业生产合作社快速变为高级农业生产合作社,再到"三级所有,队为基础"的人民公社,可见"集体所有制的规模每扩大一次,平均主义越厉害"[①],具体来看,高级农业生产合作社比初级农业生产合作社的平均化严重,人民公社的平均分配程度比高级农业生产合作社更高,甚至是绝对平均主义的分配方式。

为了改变人民公社在分配中存在的平均主义"大锅饭"现象,中国人民在中国共产党的领导下积极探索既体现效率,又保证公平的社会主义按劳分配制度下的农村生产和分配方式,主要表现为:从生产责任制到家庭承包经营的农村分配制度实践。党的十一届三中全会将农业的发展问题作为首要议题,并通过了《中共中央关于加快农业发展若干问题的决定(草案)》。中共中央提出在人民公社体制内部实行生产责任制和定额计酬制。对于各地实行的农业生产责任制主要有不联产责任制、联产承包责任制和包干到户。[②]

1979年9月28日,中国共产党十一届四中全会通过《中共中央关于加快农业发展若干问题的决定》(以下简称《决定》),《决定》指出在分配中要认真执行:"各尽所能、按劳分配的原则,多劳多得,少劳少得","按照劳动的数量和质量付给报酬,建立必要的奖

[①] 刘济良:《实行联产承包责任制是农村生产关系的重大变革》,《社会科学辑刊》1983年第1期。

[②] 廖洪乐:《中国农村土地制度六十年——回顾与展望》,中国财政经济出版社2008年版,第68页。

惩制度，坚决纠正平均主义"①，对于具体的分配问题，可以"按定额记工分，可以按时记工分加评议"。《决定》还提出了"也可以在生产队统一核算和分配的前提下，包工到作业组，联系产量计算劳动报酬，实行超产奖励"②。这对实行从生产责任制到家庭承包经营的农村分配制度实践具有重要意义。党的十一届四中全会通过的《中共中央关于加快农业发展若干问题的决定》与《中共中央关于加快农业发展若干问题的决定（草案）》（党的十一届三中全会提出）最大区别是，将之前的"不许包产到户"修改为了"除某些副业生产的特殊需要和边远山区交通不便的单家独户外，也不要包产到户"③，从"不许"改为了"不要"，其中的"例外"也为包产到户提供了更多可能性。

普及生产责任制，家庭承包经营迅速发展。1980年5月，邓小平针对农村土地政策指出包产到户效果较好，在适宜的地区可以推广包产到户。1980年，国家先后印发《全国农村人民公社经营管理会议纪要》（1980年3月6日）、《关于进一步加强和完善农业生产责任制几个问题的通知》（1980年9月27日），应群众的要求实行生产责任制，实行包产到户或者包干到户，充分调动农民生产的积极性。后来，《全国农村工作会议纪要》（1982年1月1日）、《当前农村经济政策的若干问题》（1983年1月2日）都明确指出农村工作的主要任务是建立生产责任制，且长期不变。全国各地区建立生产责任制，统计资料显示，1979年全国479.6万个核算单位中，有407万个实行生产责任制（其中，0.2万个实行包干到户），到1981年，全国基本核算单位从之前的479.6万个增加到601.1万个，有587.8万个核算单位实行生产责任制，占全国基本核算单位的97%，其中，实行包干到户的核算单位有228.3万个，占全国基本核算单

---

① 《三中全会以来重要文献选编》（上），人民出版社1982年版，第185页。
② 《三中全会以来重要文献选编》（上），人民出版社1982年版，第185页。
③ 《三中全会以来重要文献选编》（上），人民出版社1982年版，第185页。

位的38%①。到1982年，全国包干到户的核算单位占总体核算单位的75%以上，包产到户和包干到户达到78.66%。到1983年，全国实行家庭联产承包责任制的农户占总农户的98.3%，实行联产承包责任制的生产队则达到99.5%②。1984年中央一号文件本着"大稳定、小调整"的原则，由集体统一调整土地，并要求"土地承包期一般应在十五年以上"③，由于各地实行生产责任制的时间和形式各不相同，1993年部分地区承包期即将到期（生产责任制开始的时间最早可以追溯到1978年），为了实现全国各地政策的统一，1993年11月，中共中央决定农村耕地的承包期再延长30年不变，实行"增人不增地，减人不减地"的政策。2002年，国家为土地承包立法，出台《农村土地承包法》，以法律的形式保障农民在承包期的土地使用权。

从家庭承包经营到允许土地流转，并取消农业税。在家庭承包责任制保障农民自主经营权的基础上，国家进一步对农村收入分配进行改革和调整，减轻农民负担，增加农民收益。从2000年开始，国家以安徽为试点开始进行农村税费改革，将之前八十项的征税种类统一为一项农业税，之后推广到全国，为农民减少缴费1000亿元左右，每年为农民人均减少130元税费，极大地减轻了农民的负担。随后，国家开始逐步取消农业税，到2005年已有26个省市自治区实现了取消农业税，到2006年，国家全面废除农业税，结束了中国两千六百年来农民缴税的历史。

二 从放权让利到分类改革的国有企业分配制度实践

国有企业是国有经济的主要实现形式。改革开放之前，在僵化

---

① 廖洪乐：《中国农村土地制度六十年——回顾与展望》，中国财政经济出版社2008年版，第72页。

② 宋洪远：《改革以来中国农业和农村经济政策的演变》，中国经济出版社2000年版，第16页。

③ 中共中央文献研究室：《十二大以来重要文献选编》上，人民出版社1986年版，第425页。

的计划经济体制下,国企将经营利润上交国家,由国家统一支配,企业所需资金由国家拨发,即实行"统收统支"的分配制度,导致国企分配中平均主义严重,工资分配与企业经营成果产生脱节,工人工资水平较低。党的十一届三中全会之后,党对与人民利益相关的国企分配制度改革进行了持续的实践探索。1984年10月,党的十二届三中全会通过了《中共中央关于经济体制改革的决定》(以下简称《决定》),《决定》指出,社会主义制度具有无与伦比的优越性,但是在社会主义建设时期,长时间没有充分发挥出来,"一个重要的原因,就是在经济体制上形成了一种同社会生产力发展要求不相适应的僵化的模式"[①],主要是因为存在政企不分、过度干涉企业经营的问题,使企业缺乏自主权,忽视市场经济发展规律,分配中存在平均主义问题,严重影响了职工的生产积极性。《决定》还指出,改革开放后,我国农村改革取得了巨大成效,所以当下经济体制改革的重点是加快以城市为重点的全面经济体制改革。

作为经济体制改革重点的国企改革是从放权让利开始的,这个过程经历了从企业基金制(1978—1979年)到利润留成制(1979—1982年)到利改税阶段(1983—1987年)到承包经营责任制(1987—1993年)到税利分流制(1994—2007年)再到重启央企红利上缴制度(2007年以后)。通过这一系列的改革,国有企业日益充满活力,在分配上逐步实现效率和公平的统一,国企员工在分配中利益也得到更好地满足。

第一,企业基金制分配实践。1978年11月,国务院批转财政部《关于国营企业试行企业基金的规定》,明确指出要在国有企业实行企业基金制度,鼓励企业加强经济核算,改善企业经营管理。企业基金制度致力于企业职工的集体福利建设,设置专门的基金弥补职工福利不足,提高职工福利水平。关于设置企业基金的标准,在工

[①] 中共中央文献研究室:《十二大以来重要文献选编》中,人民出版社1986年版,第561—562页。

业企业中，根据完成国家八项计划指标和企业供货合同的完成程度，企业可以按照工资总额的5%中提取企业基金，为此，各行业主管部门制定了既能保障企业生产运行，又能充分提高职工集体福利的企业基金办法，这不仅是企业利润分配的一次调整和改革，也是我国经济体制改革的重要内容，具有重要意义。

第二，利润留成制分配实践。利润留成制是为调动企业和职工的生产积极性设置的一项关于企业利润分配的制度。1979年，国务院颁发《关于国营企业实行利润留成的规定》，对企业在利润分配的过程中留出部分利润用于生产发展、职工福利和职工奖励等基金的比例做出了相关规定和要求。利润留成制与之前实行的企业基金制度相比具有以下优势，一方面，利润留成制是按照企业利润和利润留成率计提企业留利，这提高了企业和职工发展生产、提高利润的积极性，在这种制度下解决了之前按工资额提取企业金的固定模式，增加了企业利润留成金额的更多可能性；另一方面，利润留成制在保障职工福利的基础上，充分考虑企业新产品试制、技术开发、劳动安全、补充流动资金等问题，有利于扩大企业的财政自主权。

第三，利改税制度分配实践。随着实践的推进，利润留成制度也有一定的缺陷，为了解决实践中出现的问题，进一步调整完善国家与企业的分配问题，国务院开始逐步推进利改税的实践，并于1983年开始改革。第一阶段是利税并存，1983年4月，国务院批转财政部《关于全国利改税工作会议的报告》和《关于国营企业利改税试行办法》，主要是将国营企业之前向国家上交的利润大部分改成征收所得税，以所得税的形式上交国家。1984年5月，国务院发布《关于进一步扩大国营工业企业自主权的暂行规定》，扩大国营企业在经营销售、定价、资金使用、工资分配等十个方面的自主权。尤其是规定工资奖金分配：一是在"全国统一的津贴制度的前提下"，根据企业自身情况自主选择工资形式；二是要增加对企业有特殊贡献的职工晋级比例，"厂长有权给有特殊贡献的职工晋级，每年的晋级面，可以从目前实行的百分之一增加到百分之三。这部分工资开支计入成本"；三是要扩大企业奖励基金分配自主权，"企业对提取的奖励基金有权自主分配"[1]。第二阶段是从税利并存形式过渡到完全以税代利的形式上交国家，这项改革从1984年开始。主要是根据不同规模、不同盈利标准的国营企业征收不同的所得税，对国营大中型企业实行比例税，对小型企业和集体企业按照八级超额累进税率征收所得税，其中，根据国营大中型企业的盈利情况征收一定的调节税，对小型企业缴纳所得税和调节税后建立五项基金。

第四，承包经营责任制分配实践。为了调动国企积极性，增强企业活力，需要更加充分地理顺国家、企业之间的分配关系，在利改税制度分配实践的基础上，我国于1987年在国企实行承包经营责任制。企业承包制的形式主要包括"两保一挂"，其中"两保"是指：上缴利润和批准的技术改造，"一挂"是指工资总额和税利挂钩；上缴利润递增包干；上缴利润基数包干，超收分成；微利亏损企业的利润包干或亏损包干。[2] 1988年2月国务院发布《全民所有制工业企业承包经营责任制暂行条例》，对全民所有制工业企业实行承包制做了具体规定，具体来看，一是充分保护企业利益，增强企业自主权实行权责相结合，二是按照确保上交、超收多留、欠收自补的原则，通过实行承包制，扩大了全民所有制工业企业的自主权，充分调动了企业和职工的积极性，后来在有计划实施的基础上，承包经营责任制得到推广。

第五，利税分流制分配实践。为了进一步满足国有企业经营方式的需要，深化经济体制改革，国务院实行利税分流的改革实践。1993年国务院发布《关于实行分税制财政管理体制的决定》，实施

---

[1] 中共中央文献研究室：《十二大以来重要文献选编》上，人民出版社1986年版，第464页。

[2] 洪银兴、杨德才等：《中国共产党百年经济思想史论》下，天津人民出版社2021年版，第580页。

利税分流，可以概括为"税利分流、税前还贷、税后分利"，即在国营企业先征收一定的税额，然后再以适当形式进行企业税后利润分配。国营企业（含国有控股企业）进行税后利润分配，其主要形式为：股份制与国有股分红、承包制与税后承包上缴利润、租赁经营与租金等。2002年和2007年，我国企业所得税改革更加完善了国企的利润分配关系，有力推动了国营企业健康发展。①

第四节　新时代构建推动共同富裕实现的分配制度体系的实践

党的十八大以来，以习近平同志为核心的党中央领导中国人民在完善分配制度过程中，坚持以实现共同富裕为导向，通过构建初次分配、再分配、第三次分配协调配套的基础性制度安排，致力于提高广大人民的收入水平，不断扩大中等收入群体，推动形成中间大、两头小的橄榄型分配结构，并进行了一系列的分配制度改革实践，使全体人民朝着共同富裕目标扎实迈进。②

一　协调推进三次分配制度的具体实践

完善初次分配制度，注重在发挥市场机制的基础上，充分激发社会活力。发挥市场的作用，"健全劳动、资本、土地、知识、技术、管理、数据等生产要素由市场评价贡献、按贡献决定报酬的机制"③。在按劳分配制度中，"推行企业工资集体协商制度，保护劳

---

① 徐文秀：《国有企业利润分配体制的历史变迁与基本特征——基于制度变迁理论的分析视角》，《大连海事大学学报》（社会科学版）2010年第3期。
② 《在高质量发展中促进共同富裕　统筹做好重大金融风险防范化解工作》，《人民日报》2021年8月18日第1版。
③ 《中共中央关于坚持和完善中国特色社会主义制度　推进国家治理体系和治理能力现代化若干重大问题的决定》，《人民日报》2019年11月6日第4版。

动所得"①。注重提高居民的工资收入水平，通过"多渠道增加居民财产性收入"②。这是提高居民财产性收入的又一重大政策举措，国家通过制定具体的细则和措施保障居民的财产性收入在具体操作层面落到实处。比如，2013年中共中央出台的《关于全面深化若干重大问题的决定》中允许和增加员工持股，"形成资本所有者和劳动者利益共同体"③的政策，推动居民获得股息、分红，保障实现按劳分配和按要素分配。2013年，国务院批转发展改革委等部门《关于深化收入分配制度改革的若干意见》（以下简称《意见》），主要对完善收入分配制度，优化收入分配结构，提出了相关的建议和意见，对提高城乡居民收入水平，逐步缩小收入差距具有重要意义。《意见》指出，"推动形成公开透明、公正合理的收入分配秩序"④。2016年，中共中央印发《关于实行以增加知识价值为导向分配政策的若干意见》，加大力度支持提高知识价值转化为生产力的体制机制，提高激励力度，落实科技成果转化奖励等激励措施。⑤ 2016年，交通运输部、工信部等七部委联合发布并施行的《网络预约出租汽车经营服务管理暂行办法》，是促进居民依托私有财产进行经营获取财产性收入的承认、规范与保护。⑥ 在实践过程中，不断完善初次分配制度，并采取多种举措，将收入差距控制在合理的范围之内，从而既能充分激发社会活力，又能使社会成员公平地参与分配，共享

---

① 中共中央文献研究室：《十八大以来重要文献选编》上，中央文献出版社2014年版，第28页。

② 中共中央文献研究室：《十八大以来重要文献选编》上，中央文献出版社2014年版，第28页。

③ 中共中央文献研究室：《十八大以来重要文献选编》上，中央文献出版社2014年版，第515页。

④ 中共中央文献研究室：《十八大以来重要文献选编》上，中央文献出版社2014年版，第145、150、152页。

⑤ 《中办国办印发〈关于实行以增加知识价值为导向分配政策的若干意见〉》，《人民日报》2016年11月8日第1版。

⑥ 刘灿、李萍等：《中国收入分配体制改革》，经济科学出版社2019年版，第174页。

改革发展成果。

健全税收、社会保障、转移支付为主要手段的再分配调节机制，保障社会公平。在税收调节方面，为了充分调动企业的积极性，国家逐步降低企业的税务负担。比如从 2012 年开始，以上海为试点，以营业税、增值税为主体，在交通运输以及服务行业进行改革。后推广到全国，营业税改增值税，降低了企业的税务负担，增加了企业的收益，在一定程度上调动了企业的积极性。在社会保障方面，中国共产党为增强社会保障的公平性，在社会流动上的适应性和可持续性，坚持以"全覆盖、保基本、多层次、可持续"的方针，"致力于建立覆盖城乡居民的社会保障体系"[①]，国务院于 2014 年通过了《关于建立统一的城乡居民基本养老保险制度的意见》，对参保范围、标准以及缴费的形式进行了统一的规定，有力地推动了城乡社会保障体系的建立。为了更好地保障广大人民的经济利益，国家允许"建立社会保险基金投资运营制度"[②]，从而保障社会保险基金的、安全以及在运行中的保值增值，这也有利于提高人民的收入水平。转移支付方面，中央财政进一步优化财政支出结构，致力于推动区域协调发展，在财政支出上，加大对财政困难地区的转移支付力度。2016 年，中央财政安排西部地区各项转移支付 23542 亿元，其中，一般性转移支付 14315 亿元[③]，有利于支持西部地区经济发展和人民生活水平提高。此外，增加离退休人员离退休费的转移支付力度。2015 年，国务院要求上调机关事业单位离退休人员离退休费的规定，这是增加转移性支付收入的具体体现。

不断完善第三次分配制度，发挥第三次分配对促进共同富裕的

[①] 中共中央文献研究室：《十八大以来重要文献选编》上，中央文献出版社 2014 年版，第 28—29 页。

[②] 中共中央文献研究室：《十八大以来重要文献选编》上，中央文献出版社 2014 年版，第 29 页。

[③] 国家发展和改革委员会就业和收入分配司：《中国居民收入分配年度报告（2017）》，社会科学文献出版社 2018 年版，第 171 页。

重要作用。中国共产党高度重视发挥第三次分配的作用，党的十八大强调"完善社会救助体系，健全社会福利制度，支持发展慈善事业"。第十届全国人民代表大会通过《中华人民共和国慈善法》并于2016年9月正式施行。作为规范社会福利事业的第一部法律，对于完善我国第三次收入分配制度，充分发挥第三次分配在缩小收入差距上的作用具有重要意义。2017年7月，银监会和民政部联合印发的《慈善信托管理办法》对建立慈善信托体系做出了明确规定，有利于规范慈善信托事业，推动慈善事业发展。从2016年到2017年，"我国共成立慈善信托38笔，信托合同规模近8.6亿元，涉及扶贫、教育、留守儿童等多个慈善领域"[①]。根据中华人民共和国民政部发布的《2020年民政事业发展统计公报》显示，截至2020年年底，进行经常性捐赠的工作站、工作点、慈善超市共有1.5万个，备案的慈善信托为482单，合同规模达到了24.7亿元。2020年全国社会组织参与捐赠收入达1059.1亿元，与2019年相比增长21.3%[②]。据中华人民共和国民政部官网显示，2008年进行经常性捐赠的工作站、工作点、慈善超市为3.8万个，各级民政部门接收社会组织和个人捐款为764亿元，2009年为3.3万个，接收捐款为68.6亿元。可见，近年来，我国慈善事业得到了较快发展。

二 以共同富裕为目标的示范区分配实践

推进共同富裕是一项艰巨的使命，其重点和关键在于完善收入分配制度体系，提高农村以及经济发展落后地区人民群众的收入水平。改革开放以来，我国经济快速发展的同时，东西部地区以及城乡之间居民的收入差距也呈现出逐步拉大的趋势，这是实现共同富裕的严重阻碍。党的十八大以来，以习近平同志为核心的党中央针

[①] 国家发展和改革委员会就业和收入分配司：《中国居民收入分配年度报告（2017）》，社会科学文献出版社2018年版，第181页。

[②] 民政部：《2020年民政事业发展统计公报》，https://www.mca.gov.cn/images3/www2017/file/202109/1631265147970.pdf，2021年6月25日。

对我国出现不平衡、不充分发展的问题，提出了一系列战略部署，取得了重大成效，但是，实现全体人民共同富裕是一项艰巨且长期的任务，需要各个地区共同发力的同时，还需要部分具备先行示范条件的地区，在分配制度实践中不断探索，为全国提供示范引领。

2021年，中共中央、国务院公布了《关于支持浙江高质量发展建设共同富裕示范区的意见》，建设浙江共同富裕示范区分配实践是前所未有的一种实践，为我国实现共同富裕提供了一种范本。《浙江高质量发展建设共同富裕示范区实施方案（2021—2025年）》提出了"实施居民收入和中等收入群体双倍增计划，推进收入分配制度改革先行示范"的具体方案，主要是多措并举，从完善三次分配制度的外部政策，到推动实现更加充分更高质量就业的居民自身能力提升，这对推进我国实现共同富裕具有重要意义。

第一，实施"中等收入群体规模倍增计划"和"居民收入十年倍增计划"，不断提高居民的收入水平，多措并举地逐步扩大中等收入群体，推进实现共同富裕。为扩大中等收入群体，浙江共同富裕示范区实施"中等收入群体规模倍增计划"，此计划主要是以居民收入的提高为目标，为扩大中等收入群体后备军发展制定的政策体系，并进行了长期的实践探索；"中等收入群体规模倍增计划"致力于在扩大中等收入群体的同时，还要优化结构，通过建立完善的个人收入增长机制，减轻居民在教育、医疗等方面的支出压力，实现居民收入健康、稳定增长。此外，为提高居民收入水平，浙江共同富裕示范区实施"居民收入十年倍增计划"，大力发展经济促进社会发展，拓宽居民收入渠道，在增加居民就业和致富途径的同时，通过完善最低工资标准，建立最低工资标准与经济增长联动机制，保障全体社会成员不断提高收入水平。

第二，完善创新要素参与分配机制。坚持按劳分配为主体，多种分配方式并存的分配制度，根据生产力发展的要求，逐步完善和健全创新要素参与分配机制，激发社会活力，提高人民收入水平。具体举措为：一是探索知识、技术等要素参与分配的实现形式，赋予科研人员的科技成果转化为收益的更多比例和权利，激励更多的科研机构和企业加大科研投入，提高创新能力，发挥市场机制作用，推动科技进步和人民收入增长；二是培育和规范要素市场，高度重视知识产权保护，建立科技成果市场化定价机制，推广技术、知识等要素转化机制，实现要素有序参与分配。

第三，创新完善财政政策制度。发挥财政促进经济发展和提高人民收入水平的重要作用。具体举措为：一是加强财政整体规划管理，提高财政推动共同富裕示范区对经济发展和保障民生的保障能力；二是优化财政支出结构，合理分配推动经济增长与民生投入的比例，推动实现经济增长和保障民生之间的互推作用；三是探索收入激励奖补、分类分档财政转移支付等方面的改革力度，着力提高区域统筹协调发展能力；四是保障财政推动经济发展和惠民的作用，通过建立和完善财政资金对保障和改善民生的精准、直达机制，充分发挥惠企利民的效果。

第四，全面打造"善行浙江"。充分发挥第三次分配对调节收入分配，提高低收入群体收入水平，推进实现共同富裕的重要作用。具体举措为：一是健全慈善事业的激励机制，慈善事业是一项利国利民的善行，但是，慈善不是靠政府或者其他力量干预实行的，依靠的是自身道德力量的作用，因此，政府和管理机构组要加强税收和精神鼓励力度，要引导和鼓励社会团体和个人向上向善，推动社会形成崇善行善的良好氛围，实现扶危济困的目的；二是在政策方面大力扶持慈善组织和慈善机构，发展慈善信托，建立方便快捷的服务管理机制，逐步提高慈善组织的服务能力和服务水平；三是建立和完善慈善组织规范化发展和运行机制，如浙江建立的"蜂巢式"公益慈善机制，为企业积极参与慈善事业、畅通参与渠道提供良好的环境氛围和运行保障；四是在社会上积极弘扬人人慈善、人人受益的理念，社会成员不管其能力大小和收入多少，重在对其进行道德教育，在实践的过程中打造慈善人人受益、人人参与的良好环境。

三 精准扶贫缩小城乡差距的分配实践

中国分配制度变革的初心和使命是保障最广大人民群众实现公平分配，并不断提高全体人民的收入水平。为实现以上目的，中国共产党百年奋斗中领导和推动分配制度变革，一方面，为保障人民公平参与分配，不断完善收入分配制度，发挥中国特色社会主义分配制度在实现公平和提高效率方面无与伦比的制度优势，保障广大人民群众公平参与分配，逐步提高收入水平；另一方面，中国共产党针对收入水平较低的贫困地区，进行了精准扶贫以缩小城乡差距，这也是中国共产党领导分配制度变革的人民至上价值的深刻展现。

精准扶贫是缩小城乡收入差距的重要举措，也是中国坚持以人民至上价值理念的深刻反映。改革开放以来，我国经济快速发展，但是由于地理位置、资源环境等因素的影响，各个地区发展呈现出不平衡的特点，中西部地区以及城乡地区之间的发展存在较大差距，尤其是贫困地区人民在教育、医疗、养老等方面与经济发达地区差距悬殊。党的十八大以来，党中央根据我国贫困地区经济社会发展的特点和存在的问题，深刻分析贫困产生的复杂性特点，提出了精准扶贫的方针，并将其纳入"五位一体"总体布局和"四个全面"战略布局，高度重视精准扶贫对缩小人民收入差距、改善人民生活水平的重要作用。从 2013 年中国共产党首次提出精准扶贫的思想，到 2015 年开始部署精准扶贫工作，先后召开七个专题会议，通过明确"扶持谁""谁来扶""怎么扶""如何退"等问题提出六个精准定位的思想，即对扶贫对象、项目安排、资金使用、具体措施、因村派人、具体成效的精准定位，着力解决"两不愁""三保障"问题。

中国为提高贫困地区人民群众的收入水平，以精准扶贫为着力点，进行了改善我国分配结构的分配变革实践。具体来看，首先，"精准扶贫"直接精准定位贫困产生的地区和人群，并根据当地的具体实际，提供切实可行的帮扶政策和帮扶措施，提高贫困地区人民的生活水平，贫困人口从2012年开始大幅缩减，到2019年这7年间，"贫困发生率由10.2%降至0.6%，连续7年每年减贫1000万人以上"①。到2020年，我国如期完成党中央制定的脱贫攻坚的任务目标，2021年2月，习近平总书记曾指出，经过近几年广大干部群众的努力，我国"现行标准下9899万农村贫困人口全部脱贫，832个贫困县全部摘帽，12.8万个贫困村全部出列"②，我国脱贫攻坚任务艰巨，但是，中国共产党在短短几年时间之内，通过精准扶贫，制定实事求是的具体政策，实行乡村振兴有效衔接，发挥特色产业、教育、文化等在"扶志"和"扶智"方面的功能，完成了消除贫困的艰巨任务，解决了整体贫困问题，创造了脱贫攻坚的伟大奇迹。从具体效果来看，精准扶贫能有效消除贫困产生的现实基础，从根本上增强贫困地区脱贫的内生动力，从2013年至2019年，贫困地区中有"832个贫困县农民人均可支配收入由6079元增加到11567元，年均增长9.7%"，这对贫困地区的人民摆脱贫困意义重大，"全国建档立卡贫困户人均纯收入由2015年的3416元增加到2019年的9808元，年均增幅30.2%"③。从全国增速来看，贫困地区人民的收入水平也明显高于全国平均增速，国家统计局资料显示，2020年，"农村低收入组人均可支配收入增长9.8%"④。

从精准扶贫的效果来看，在提高贫困地区人民收入以及在精准扶贫的基础上有效缩小收入差距方面取得了巨大成就，彰显了中国特色社会主义制度在保障和改善民生方面的独特优势。联合国秘书长古特雷斯称，"精准扶贫方略是帮助贫困人口、实现2030年可持

---

① 习近平：《在决战决胜脱贫攻坚座谈会上的讲话》，人民出版社2020年版，第3页。
② 习近平：《在决战决胜脱贫攻坚座谈会上的讲话》，人民出版社2020年版，第1页。
③ 习近平：《在决战决胜脱贫攻坚座谈会上的讲话》，人民出版社2020年版，第4页。
④ 国家统计局：《国家统计局局长就2020年全面国民经济运行情况答记者问》，https://www.stats.gov.cn/sj/sjjd/202302/t20230202_1896437.html，2021年1月18日。

续发展议程设定的宏伟目标的唯一途径，中国的经验可以为其他发展中国家提供有益借鉴"①。新时代，中国共产党领导中国人民开展精准扶贫实践是中国共产党致力于提高贫困地区人民群众收入水平、缩小城乡差距的分配实践创举，对推进实现全体人民共同富裕具有重要意义。

---

① 习近平：《在决战决胜脱贫攻坚座谈会上的讲话》，人民出版社2020年版，第6页。

第 六 章

中国分配制度变革的人民性优势与不断完善

中国分配制度变革的百年历史，是构建推动生产力发展的分配制度满足人民利益需求的历史，从根本上看，中国推动生产力发展满足人民利益要求的分配制度变革，为全体人民实现共同富裕进而实现社会主义现代化提供了制度保障，充分彰显我国分配制度变革的人民性优势。同时，为了更好地推动生产力发展满足人民利益要求，中国分配制度随着社会的发展在进步，也在不断发展完善中。

第一节 破坏旧分配制度消灭剥削与现实反思

不合理的分配制度使人民遭受沉重剥削，严重阻碍生产力发展和人民生活水平的提高，中国共产党始终重视分配制度变革，通过分析"构成现代阶级斗争和民族斗争的物质基础的经济关系"[①]，从所有制和生产关系角度，科学分析和解决分配中存在的问题。中国分配制度变革的根本目的是消灭剥削与被剥削的分配关系，充分保

---

① 《马克思恩格斯文集》第 1 卷，人民出版社 2009 年版，第 711 页。

障人民群众的根本利益，推动生产力发展和社会进步。由于各方面的原因，在具体分配制度调整的过程中出现了一些与当时生产力发展水平不相适应的分配政策，对革命运动产生了一些消极影响，但是中国及时总结经验，调整分配政策，保障广大人民群众的利益，推动革命运动的发展。

一　废除生产资料私有制为基础的分配制度消除了剥削的基础

诺思认为，"制度变迁决定了社会演进的方式，因此，它是理解历史变迁的关键"[①]。近代中国人民遭受的经济剥削和掠夺主要来自外国列强、本国封建主义和官僚资本主义在分配中的剥削和掠夺，不合理的分配制度（即剥削的分配制度）是阻碍生产力发展的障碍，是人民日益贫困的根源，这也是中国始终致力于推翻剥削制度，进行分配制度变革的逻辑起点。

中国共产党从成立开始就一直致力于建立为人民消灭剥削的分配制度，并为此进行了一系列的理论探索和革命实践活动。1948年，毛泽东在《中国的社会经济形态、阶级关系和人民民主革命》中指出，官僚资产阶级"他们所占有的生产资料，极为巨大，以致垄断了全国的经济命脉。仅就蒋、宋、孔、陈四大家族占有的财富而论，其价值即达一百万万至二百万万美元之多"[②]。到中华人民共和国成立前夕，全国银行总数3489家，其中由官僚资本控制的为2448家，占全国银行总数的70%。官僚资本控制了全国纺锭的40%，织布机的60%。"资源委员会"控制了100%的石油和有色金属，以及全国90%的钢铁产量，67%的电力，33%的煤炭。在交通运输业方面，官僚资本控制全部铁路、公路、航空运输和43%以上的轮船吨位[③]。

---

① [美]道格拉斯·C.诺思：《制度、制度变迁与经济绩效》，刘守英译，上海三联书店1994年版，第3页。
② 《毛泽东文集》第5卷，人民出版社1996年版，第61页。
③ 沙健孙：《中国共产党和资本主义、资产阶级》，山东人民出版社2005年版，第551、392页。

消灭官僚资本，消灭官僚资本主义的经济基础，使社会财富回归社会，从而改变人民被剥削的地位，真正造福人民。"据统计，到1949年国家没收的工业企业共有2858个。这些工业中的无产阶级力量，为解放战争的顺利进行和人民民主制度的各种改革，提供了物质的和政治的基础。同时在这些企业中建立起适合国营经济的新的生产关系，也为社会主义革命和社会主义建设提供了有力的保障。"① 根据统计资料显示，"1949年，国营企业占全国生铁产量的92%，钢产量的97%，原煤产量的68%，棉纱产量的49%，水泥产量的68%，电力产量的58%。国营经济掌握了全国的铁路和现代交通运输事业，控制着银行和国内外贸易。"② 1949年后没收四大家族的垄断资本和企业，这也为发展社会主义国营经济提供了资金和物质基础，使国家掌握了国民经济命脉，有利于推动社会主义工业化建设。

中华人民共和国成立后，我国农村人口60%—70%的农民都分得了土地。根据统计资料显示，全国经土地改革被没收和征收的土地共有7亿亩，占全国耕地总面积的46.5%。约3亿农民得益，他们单是免交地租一项，每年即可节省700亿斤粮食。各阶层的土地占有情况发生了显著变化。这样，就彻底粉碎了封建的土地所有制。③

表6-1　　　　　　　　1950年中国各阶级占有耕地情况

	户数（万户）		人口（万人）		耕地			
	合计	百分比（%）	合计	百分比（%）	合计（万亩）	百分比（%）	每户平均（市亩）	每人平均（市亩）
合计	10554	100.00	46057	100.00	150534	100.00	14.26	3.27
贫雇农	6092	57.44	24123	52.37	21503	14.28	3.55	0.89

---

① 于素云、张俊华：《中国近代经济史》，辽宁人民出版社1983年版，第487页。
② 于素云、张俊华：《中国近代经济史》，辽宁人民出版社1983年版，第487页。
③ 柳随年、吴群敢主编：《中华人民共和国经济史简明教程（1949—1985）》，高等教育出版社1988年版，第21—22页。

续表

	户数（万户）		人口（万人）		耕地			
	合计	百分比（%）	合计	百分比（%）	合计（万亩）	百分比（%）	每户平均（市亩）	每人平均（市亩）
中农	3081	29.26	15260	33.13	46577	30.94	15.12	3.05
富农	325	3.02	2144	4.66	20566	13.66	63.24	9.59
地主	400	3.79	2186	4.75	57588	38.26	144.11	26.32
其他	686	6.49	2344	5.09	4300	2.86	6.27	1.83

注：资料来源于国家统计局编《中国农村统计年鉴1988》。

二 破坏旧分配制度有效推动了生产力发展、提高了人民生活水平

"以往知来，以见知隐。"中国破坏旧分配制度的历史，是一部以消灭剥削、致力于实现公平分配的历史。分配制度变革维护和保障了广大人民群众的根本利益，有效推动了生产力发展，提高了人民生活水平。

从没收官僚资本，重新调整分配关系推动生产力发展角度分析。在国民经济构成中，中国官僚资本主义"垄断了全国的经济命脉"，"没收这些资本归无产阶级领导的人民共和国所有，就使人民共和国握有国家的经济命脉，成为整个国民经济的领导成分"[1]，官僚资本主义占据当时国民经济的重要比例，"在抗日战争期间和日本投降以后，达到了最高峰，它替新民主主义革命准备了充分的物质条件"[2]。没收官僚资本是新民主主义革命时期中国共产党领导人民进行分配制度变革的重要内容，具有重要的意义，一方面，从经济基础的角度来看，官僚资本是官僚资本主义控制国家经济命脉的基础，没收官僚资本就消灭了官僚资本主义的根基；另一方面，官僚资本

---

[1] 《中共中央文件选集（1949年10月—1966年5月）》第14册，人民出版社2013年版，第497—498页。

[2] 《建党以来重要文献选编（1921—1949）》第24册，中央文献出版社2011年版，第533页。

是对人民沉重剥削的积累,没收官僚资本是对国家财产的重新分配,有利于新中国发展经济,最终使广大人民群众受益。

农村重新分配土地,推动生产力发展,为提高人民生活水平提供物质基础。土地革命时期,中国共产党领导分配制度变革,实行"耕者有其田"的土地制度,从"没收地主土地"到区别对待的土地政策,使农民分得了土地。抗日战争时期,中国共产党领导分配制度变革,实行地主"减租减息",农民"交租交息",一方面调动了地主参与抗日以及发展生产的积极性,另一方面减轻了农民的经济负担。解放战争时期,中国共产党领导分配制度变革,实行农民土地所有制,平均分配土地和生产资料,极大地调动了农民的生产积极性,推动了生产力发展。以最先解放的东北为例,1947年,粮食产量为六百万吨,到1949年,则增长为一千四百万吨,棉花、麻、柞蚕、烟草等经济作物的产量与1949年之前相比也得到大幅增长[1]。从农业产出量的对比来看,也能反映土地改革前后农业生产率水平,1947年每公顷农业产量为1500斤,土地改革后的第一年(1948年)产量就增加到1920斤。1952年全国的粮食产量是16392吨,比1949年增长了44.8%。[2] 破坏旧分配制度,一方面,广大农民分得了土地,农民的生产积极性空前高涨,极大地促进了农业生产率的提高,推动了农业生产的发展,另一方面,土地革命消灭了地主的剥削,农民分得土地和生产资料后依靠自身的辛勤劳动,获得合理的土地收益,生活水平得到大幅提高。

三 脱离中国国情与生产力发展水平的分配实践损害了人民利益

在土地革命时期,由于受错误思想的影响,中国在分配政策制定和落实的过程中脱离了当时生产力发展水平,出现了损害人民利

---

[1] 于素云、张俊华:《中国近代经济史》,辽宁人民出版社1983年版,第483—484页。

[2] 董辅礽:《中华人民共和国经济史》上卷,经济科学出版社1999年版,第95—96页。

益的问题。面对问题，中国能及时分析和总结产生脱离中国国情与生产力发展水平的分配实践的具体原因，不断调整分配政策，改进分配制度，这是中国共产党不断自我革命的显著优势。

在错误思想影响下，部分领导人错误地认为，中国革命的发展，要尽快废除私有制，"现在已经到了一个全部没收土地，土地归国有的时期"①，1927年11月，中共中央临时中央政治局扩大会议决定公布《中国共产党土地问题党纲草案》（以下简称《草案》），《草案》提出"一切地主的土地无代价地没收"②。临时中央政治局扩大会议指出的"无偿没收地主土地"，这严重脱离了当时社会发展的实际，超越了新民主主义革命时期的任务和所处的阶段，当时认为的革命"无间断的性质"的判断，一方面，严重影响了革命的发展，另一方面，脱离实际的土地分配政策也不利于人民的长远利益。1928年，中共中央发布的《中央通告第三十七号——关于没收土地和建立苏维埃》中明确规定，土地"实行共有"③，不能买卖，7月召开的党的六大指出，土地国有应在"苏维埃政权巩固后"才能实行，在条件还未成熟时期纠正没收一切土地的做法，但是这一规定没有纠正。1927年11月，临时中央政治局扩大会议的决定④，仍然继续采用错误的分配政策。1930年5月，全国苏维埃区域代表大会通过的《土地暂行法》主张"组织集体农场"⑤，急于实现社会主义革命任务，实行土地公有，禁止买卖典押，并认为这"一点都不成问题"。从当时的生产力发展水平、革命任务和革命所处的阶段来

---

① 《建党以来重要文献选编（1921—1949）》第4册，中央文献出版社2011年版，第540页。

② 《建党以来重要文献选编（1921—1949）》第4册，中央文献出版社2011年版，第664页。

③ 《建党以来重要文献选编（1921—1949）》第5册，中央文献出版社2011年版，第139—140页。

④ 郭德宏：《民主革命时期我党对土地所有权的政策》，《近代史研究》1983年第1期。

⑤ 郭德宏：《中国近现代农民土地问题研究》，青岛出版社1993年版，第344页。

看,当时的分配政策和实践严重脱离了实际,不可避免地出现了一些损害人民利益的问题。1931年,党的六届四中全会后,党内提出"地主不分田"以及"富农分坏田"的土地政策,尤其是"查田运动"后,这些激进的土地政策,不仅过度打击了地主、富农,而且在某些方面也严重侵犯了中农的利益,从生产力发展的角度来看,这些激进的分配政策破坏了农业生产,损伤了农民的生产积极性①,严重影响了革命运动的发展。

中国土地革命的出发点和落脚点始终是为了人民,但是由于受到错误思想的影响,在分配政策制定和执行过程中,出现了一些损害人民利益的问题,影响了革命运动的发展。但是,勇于自我革命是中国共产党最鲜明的品格,也是中国共产党最大的优势。中国共产党正确认识在分配制度变革中出现的问题,实事求是,总结经验,在以后的分配制度变革实践中,根据中国革命实际,逐步探索适合中国国情,有利于保障人民利益的分配制度。

第二节 计划经济体制下按劳分配制度实现平等分配与现实反思

生产资料公有制为基础的按劳分配是当前人类社会最公平、最正义的分配方式,按劳分配原则的确立为实现共同富裕的目标提供了根本遵循。计划经济体制下分配制度消除了生产资料私有制下剥削的根源,保障人人平等地共享分配发展成果,有力推动社会主义建设,但是,由于主客观条件的局限,我们党在分配中出现了平均主义"大锅饭"的曲折实践,对人民的生产生活产生了消极影响。

---

① 刘正山:《当代中国土地制度史》,东北财经大学出版社2015年版,第56页。

一 按劳分配制度保障人人平等地共享分配发展成果

生产资料所有制的性质决定着产品分配的性质和方式。按劳分配是建立在生产资料公有制的基础之上的，是社会主义的基本分配方式。在生产资料公有制下，社会成员除了劳动没有其他生产资料，只能通过提供劳动获取个人消费品，按劳分配的数量与劳动者提供的劳动量大小成正比，即"在做了各项扣除以后，从社会领回的，正好是他给予社会的"[1]。从分配方式的本质来看，生产资料公有制下的按劳分配把劳动作为衡量人获得消费资料的依据和标准，从而消除了通过掌握生产资料所有权而对除了出卖劳动力、一无所有的无产阶级剥削的可能性，是对资本主义生产方式下人剥削人的分配制度的根本否定，体现了社会主义公有制分配制度的进步意义[2]。在社会主义制度下，生产资料归全体人民所有，社会财富属于全体人民，决定社会财富和社会发展成果分配过程中人人平等。

按劳分配制度是当前人类社会最公平、最正义的分配方式，按劳分配原则的确立为实现共同富裕的目标提供了根本遵循。按劳分配作为社会主义分配的基本原则，也是实现公平分配的重要体现。在百年分配制度变革中，中国消灭剥削存在的根基，建立生产资料公有制为基础的按劳分配，从而消灭剥削，充分保障人民享有公平公正地参与分配的权利。以生产资料公有制为基础的按劳分配坚持"商品等价物的交换中通行的同一原则"[3]，按"提供的劳动成比例的"[4] 进行分配，实现了劳动者地位的平等，根据劳动者提供的质量和数量进行分配劳动产品，这就消除了任何人通过占有生产资料

---

[1] 《马克思恩格斯文集》第 3 卷，人民出版社 2009 年版，第 434 页。
[2] 韩喜平、何况：《中国共产党构建共同富裕现代化分配制度：理论基础、基本导向、重要保障》，《改革与战略》2021 年第 8 期。
[3] 《马克思恩格斯文集》第 3 卷，人民出版社 2009 年版，第 434 页。
[4] 《马克思恩格斯文集》第 3 卷，人民出版社 2009 年版，第 435 页。

的优势剥削他人劳动成果的可能性和现实基础，即按劳分配是在没有任何剥削和压迫的物质基础和生产关系的情况下，以劳动者提供的劳动为尺度进行社会财富的分配。按劳分配既消除了剥削的根源，又实现了社会的公平公正。

坚持按劳分配制度，确立平等的分配关系，使人民公平地参与劳动成果的分配。在生产资料的占有方面，按劳分配以生产资料公有制为前提条件，这就排除了通过占有生产资料的先在优势，并以此剥削他人劳动成果的可能性，马克思指出，"它不承认任何阶级差别，因为每个人都像其他人一样只是劳动者"[1]。社会主义公有制下按劳分配制度的确立决定了社会成员按个人劳动量分配劳动产品，多劳多得，既能体现公平性，又能有效满足劳动者的个人需求。"城镇居民人均可支配收入由1949年的99.5元增加到1957年的254元，年均实际增长9.1%；农村居民人均可支配收入由1949年的44元增加到1957年的73元，年均实际增长3.5%。"[2] 在按劳分配制度中，劳动者地位平等，分配劳动产品的机会平等，因此，劳动者真正成为社会的主人，这在激发广大人民群众积极性的同时，也有力地促进了人民群众生活水平的提高。

从1949年到1952年，我国农业生产迅速发展，达到并超过了历史最高水平，统计资料显示，我国粮食总产量年均增长13.14%，棉花总产量年均增长43.15%[3]。1952—1956年，人均国内生产总值年均实际增长速度为8%，1956年工业总产值实际值是1949年的4倍，是1952年的2倍[4]。到"一五"时期结束时，人民生活水平有

---

[1] 《马克思恩格斯文集》第3卷，人民出版社2009年版，第435页。
[2] 国家统计局：《人民生活实现历史性跨越 阔步迈向全面小康——新中国成立70周年经济社会发展成就系列报告之十四》，https://www.gov.cn/xinwen/2019-08/09/content_5420006.html，2019年8月9日。
[3] 王景新：《中国农村土地制度的世纪变革》，中国经济出版社2001年版，第7—8页。
[4] 刘灿、李萍等：《中国收入分配体制改革》，经济科学出版社2019年版，第54页。

了很大提高。农村居民人均可支配收入由 1949 年的 44 元增加到 1957 年的 73 元。尽管受到特殊时期的干扰,但是人民生活水平仍在缓慢提升。

二 计划经济体制下的分配制度实践有力地推动社会主义建设

工业化是实现强国的必由之路,社会主义制度作为目前人类最理想的社会制度,也需要通过生产力的水平来体现。分配制度对经济发展具有能动的反作用,适应生产力发展水平的、公平的分配方式有利于推动生产、交换、消费三个环节的顺利进行,从而调动劳动者生产的积极性,推动生产力发展。反之,不适应生产力发展的、剥削的分配方式则会阻碍经济的正常运行,使广大劳动人民日益贫困,最终阻碍生产力发展。社会主义按劳分配制度建立在生产资料公有制的基础上,消除了剥削的生产关系,具有推动生产力发展和提高人民生活水平的独特优势。社会主义三大改造完成后,我国建立的社会主义分配制度是按照计划体制的要求而决定的。具体来说,是"服从加速工业化赶超战略的需要"[1],它具有"剩余高度集中功能""结构偏差拉动功能""制度复制与再生功能"等显著优势,有力地推动了社会主义生产力的发展。1949 年后,我国大力恢复和发展经济,到 1952 年,我国工农业总产值 810 亿元,其中工业产值 349 亿元,占工农业总产值的 43.1%,而重工业产值 124 亿元,仅占工农业总产值的 15.3%[2]。在一穷二白、几乎没有重工业基础的落后农业国实现强国目标,只有充分发挥分配制度的功能和优势,才能激发人民参与社会主义建设的积极性,并充分利用社会资源,推动生产力发展。总体来看,社会主义工业化建设是在发挥社会主义分配制度的集中优势,走出的"一条不同于西欧的自力更生的积累道路"[3]。

---

[1] 张道根:《中国收入分配制度变迁》,江苏人民出版社 1990 年版,第 68 页。
[2] 《中国统计年鉴(1984)》,中国统计出版社 1984 年版,第 20—21 页。
[3] 孙乐强:《农民土地问题与中国道路选择的历史逻辑——透视中国共产党百年奋斗历程的一个重要维度》,《中国社会科学》2021 年第 6 期。

计划经济体制下的按劳分配实践过程中，农村实行生产队统一分配的工分制，城市实行统一的等级工资制，计划经济体制下统一的收入分配制度为政府运用计划方式配置资源提供了可行性基础，有力推动了社会主义工业化建设。计划经济体制下，政府可以充分运用计划方式配置资源，尤其是以"高积累，低收入"与"高投资，低消费"为重要特征的分配政策推动我国的工业化建设和现代化建设。具体言之，计划经济体制时期中国工业化建设的主要资金来源于生产队对国家的"奉献"。这种"奉献"是与计划经济体制下的工业化赶超战略联系在一起的。国家通过计划手段重新分配社会资源，将社会财富集中起来支持国家重工业发展，在分配中统筹国家、集体、个人利益，"使我国在人均国民产值100多美元的水平上，形成了同国际上一般国家在1000多美元时相近的制造业占工业的比重"[1]。人民公社期间，我国农业为工业化建设累积提供了约5400亿元的资金，年均高达210多亿元。如果我们将考察的范围扩大到中华人民共和国成立前40年，那么农业累积为工业化提供了近1万亿元的建设资金，占同期国民收入全部累积额的22.4%，平均每年高达近250亿元。若按每个农业劳动力平均计算，人民公社时期每位劳动力年均向国家提供的资金多达80余元。[2] 人民公社分配制度与新中国工业化初步实现之间的联系，充分说明其对国家工业化的奉献。

计划经济体制下的分配制度为社会主义工业化建设提供了重要基础。尤其是农业承担着为社会主义工业化提供原始资金积累的重要使命。统计资料显示，"从1953年，在按劳分配制度下，我国实行农产品的统购统销的三十年间，农民为工业化的贡献大约为6000—8000亿元"[3]。每年农业为工业化提供资金积累的总量如表6-2所示：

---

[1] 张道根：《中国收入分配制度变迁》，江苏人民出版社1990年版，第70页。
[2] 冯海发、李溦：《我国农业为工业化提供资金积累的数量研究》，《经济研究》1993年第9期。
[3] 冯海发、李溦：《我国农业为工业化提供资金积累的数量研究》，《经济研究》1993年第9期。

表 6-2　　　　1958—1982 年农业为工业化提供资金积累情况

年份	农业提供积累数量（亿元）	占国民收入积累额（%）	农业资金净流出量（亿元）	农业劳动者人均提供积累量（元）
1958	133.56	35.2	124.22	86.17
1959	155.31	27.8	133.26	95.28
1960	158.13	31.6	124.40	102.02
1961	105.29	54.0	74.28	53.45
1962	121.02	122.2	101.73	56.82
1963	121.41	66.3	99.22	55.19
1964	150.96	57.4	130.04	65.92
1965	157.61	43.2	140.32	67.35
1966	194.64	41.4	175.53	80.10
1967	171.75	56.5	155.63	68.15
1968	141.30	47.4	128.41	54.14
1969	160.58	45.0	145.71	59.25
1970	103.92	33.0	188.01	37.12
1971	219.18	32.0	199.53	77.18
1972	220.31	34.0	195.21	77.85
1973	254.02	34.3	218.53	87.90
1974	245.35	31.1	207.12	84.02
1975	264.52	31.9	221.99	89.67
1976	244.67	32.7	198.66	83.22
1977	270.95	32.6	220.27	92.47
1978	297.06	27.3	220.11	101.04
1979	322.22	27.8	232.11	109.60
1980	360.74	31.0	278.62	119.45
1981	362.94	32.8	289.26	116.33
1982	366.41	29.6	286.53	114.50

注：资料来源于冯海发、李溦著《我国农业为工业化提供资金积累的数量研究》与国家统计局著《中国统计年鉴（1984）》。

如表 6-2 所示，1958—1982 年在我国农业为社会主义工业化建设提供资金积累的总量（表 6-2 中农业资金净流出量）达到了

4488.7亿元。25年来，农业为社会主义工业化建设提供资金积累的总量占国民收入积累额平均比重达到41.5%，占农业提供积累总量的84.6%。从上述数据可知，我国在计划经济体制下的分配制度所显示的发展型积累为推动社会主义工业化建设发挥着重要作用。

三 平均主义"大锅饭"对人民生产生活的消极影响

平均主义分配方式严重违背了社会主义原则，对人民的生产生活产生了消极影响。美籍中国农村问题专家黄宗智教授将人民公社时期的农业和农民收入问题定义为"没有发展的增长"，他认为"绝对产量上升了，政府的税收和征购也上升了，而农业劳动生产率和农民收入是停滞的"[1]。人民公社时期的分配方式导致了经济的长期停滞，此外，集体和国家的分配比例也存在一些问题，国家通过征收农业税、农副产品的征购以及其他方式从生产队征取了生产队的部分收入，虽然支持了国家建设，但是，不可否认也影响了公社的长期发展，农村的生产发展和人民的生活水平受到影响。

1956年三大改造完成后，我国建立了以公有制为基础的社会主义基本经济制度，实行以公有制为基础的按劳分配。在农村开展以互助组、初级农业生产合作社、高级农业生产合作社等形式的农业合作化运动，实行供给制与工资制相结合的分配制度。一方面，由于对生产力发展水平认识不清，社会中普遍存在着"跑步进入更高社会阶段"的狂热心态，盲目追求公有化与平均化的程度，导致"按劳分配"成为变了味的平均主义分配；另一方面，对按劳分配的形式认识不清，采取按劳动时间确定劳动任务量，如此便不能评定真实的劳动量，这种"干多干少一个样，干好干坏一个样"的考评方式，使得"按劳分配"成为一种带有空想色彩的绝对平均主义分配。在按劳分配探索过程中出现了"大跃进"、人民公社化运动，以

---

[1] [美]黄宗智：《长江三角洲小农家庭与乡村发展》，中华书局1992年版，第248页。

及"文化大革命"运动,按劳分配逐步成为绝对平均主义分配,这严重影响了生产力的发展以及人民生活水平的提高。

绝对平均主义分配方式使工农业生产遭受严重的影响。20世纪50年代后期因为一些错误思想,以及脱离实际的大运动的影响给我党在社会主义建设初期尝试建立的按劳分配制度造成了严重的冲击,按劳分配被当作产生资本主义以及"资产阶级法权"的经济基础,而被全盘否定[1],进而导致了平均主义"大锅饭"的盛行,对工农业生产造成了影响。在工业方面,每百元资金实现的利润税金,由1966年的34.5元,降到1976年的19.3元。[2] 在农业方面,以山东东明县为例。山东东明县有562个生产大队,4156个生产队,两级大队所有的固定资产总值为2781万元,从1958年到1978年共欠国家贷款3400万元,减免1200万元,还剩下2200万元,约为固定资产的80%。如果再扣掉国家给生产队的预付定金22万元、入社员向集体投资的9万元、公积金赤字98万元、农业账户历年下拖的992万元,多数生产队就会破产。东明县农民全年人均收入只有26元。[3] 安徽省凤阳县小岗村,在1956年以后,连续23年吃国家返销粮。人民公社成立10周年时,小岗村粮食总产仅是1955年的12%,人民公社成立20周年时,粮食产量仅是1955年的20%。[4]

绝对平均主义分配方式使得人民收入和生活水平停滞不前,甚至出现下降。总体来看,从1957年到1978年,我国城乡居民生活水平维持在较低的水平,统计资料显示,"到1978年,城镇居民人均可支配收入343元,比1957年名义增长35.4%,年均实际增长

---

[1] 陈慧女:《中国共产党领导社会主义建设过程中收入分配改革领域的实践与基本经验》,《经济纵横》2012年第9期。
[2] 苏星:《新中国经济史(修订本)》,中共中央党校出版社2007年版,第474页。
[3] 李锦:《大转折的瞬间——目击中国农村改革》,湖南人民出版社2000年版,第111页。
[4] 李锦:《大转折的瞬间——目击中国农村改革》,湖南人民出版社2000年版,第58页。

0.8%；农村居民人均可支配收入 134 元，比 1957 年名义增长 83.1%，年均实际增长 2.3%。1978 年城镇居民人均消费支出 311 元，比 1957 年名义增长 40.2%，年均实际增长 1.0%；农村居民人均消费支出 116 元，比 1957 年名义增长 63.7%，年均实际增长 1.7%"[1]。尤其是 1966 至 1976 年这段时期，绝对平均主义的分配严重影响了生产力发展，统计资料显示，"从 1966 年到 1976 年，平均工资不但没有增加，反而降低了 4.9%"[2]。按照 2010 年农村贫困标准，1978 年末我国农村贫困人口 7.7 亿，贫困发生率高达 97.5%。由于当时面临的各种原因，尤其是分配中存在的许多问题严重影响了生产力的发展和人民收入的增长，这也是推动中国共产党重新求解公平与效率矛盾冲突，解决平均主义"大锅饭"的重要原因。

第三节　社会主义市场经济条件下分配制度的激发优势与不断完善

分配制度是对人与人之间利益关系的调整，具有鲜明的价值取向，改革开放以来，中国分配制度变革致力于重新求解公平与效率的矛盾冲突，维护和保障最广大人民群众的根本利益，但是由于市场经济不完善，出现了贫富差距扩大的问题，中国共产党始终坚持人民立场，不断完善分配制度，调整分配主体的利益关系，推动全体人民实现共同富裕。

---

[1] 国家统计局：《人民生活实现历史性跨越　阔步迈向全面小康——新中国成立 70 周年经济社会发展成就系列报告之十四》，http://www.gov.cn/xinwen/2019-08/09/content_5420006.htm.，2019 年 8 月 9 日。

[2] 柳随年、吴群敢：《中国社会主义简史（1949—1983）》，黑龙江出版社 1985 年版，第 420 页。

一 在重新求解公平与效率矛盾冲突中推动生产力发展

在分配中如何处理公平与效率的关系是分配制度改革的核心问题。从西方经济学角度来看，公平与效率的选择是"鱼"和"熊掌"两难兼得的问题。改革开放以来，中国共产党在对待这个两难选择中，突破了以往非此即彼的思维定式，根据中国的发展实际做出了最适合中国国情、最能激发社会活力的科学的制度选择。尤其是在改革开放之后，中国在分配制度变革的实践中既遵循社会主义按劳分配的基本原则，又根据中国的实际坚持最有利于满足广大人民群众利益的"按劳分配为主体，多种分配方式并存"的分配制度，充分激发社会活力，推动生产力发展。由于社会主义市场经济体制不完善，在分配实践中出现收入差距扩大的问题。中国共产党在实践中坚持不断完善分配制度，这充分彰显出党始终以人民为中心，坚持人民至上的价值导向。充分发挥中国特色社会主义分配制度对推进实现全体人民共同富裕具有重要作用。

对于如何解决公平与效率的矛盾冲突问题，中国共产党在具体的分配制度实践中给出了明确的答案，即满足最广大人民群众根本利益的生产力发展是改革成败的根本标准。从党的十三大提出的"在促进效率提高的前提下体现社会公平"[1]，到党的十四大提出的"兼顾效率与公平"[2]，到中共十四届三中全会提出的"效率优先、兼顾公平"[3]，到党的十六大提出的"初次分配注重效率，再分配注重公平"[4]，到党的十七大提出的"初次分配和再分配都要处理好效

---

[1] 中共中央文献研究室：《十三大以来重要文献选编》上，人民出版社1991年版，第32页。

[2] 中共中央文献研究室：《十四大以来重要文献选编》上，人民出版社1996年版，第19页。

[3] 中共中央文献研究室：《十四大以来重要文献选编》上，人民出版社1996年版，第534页。

[4] 中共中央文献研究室：《十六大以来重要文献选编》上，中央文献出版社2005年版，第21页。

率和公平的关系,再分配更加注重公平"①,到党的十八大提出的"初次分配和再分配都要兼顾效率和公平,再分配更加注重公平"②,再到 2013 年国务院文件提出的"初次分配和再分配都要兼顾效率和公平,初次分配要注重效率,再分配要更加注重公平"③,这些都是中国共产党为科学处理公平与效率关系问题做出的理论探索和实践努力。中国共产党始终坚持在满足广大人民根本利益的基础上,不断探索能够有效推动生产力发展的分配制度,并在积极实践中对其加以总结和优化。

党的十一届三中全会后,我国开启了分配制度改革的历史进程,在分配制度方面的重要体现就是克服了绝对平均主义的分配方式。分配制度改革是从人民群众看得见、摸得着的物质利益着手,在坚持社会主义基本原则的基础上,打破绝对平均主义分配下的低收入分配均衡状态,改革开放后,在"先富"带"后富"的示范效应、辐射效应和联动效应作用下,我国在收入分配中致力于兼顾经济效率和社会公平,推动经济发展和人民收入增长。在改革开放之初,邓小平就指出:"过去搞平均主义,吃'大锅饭',实际上是共同落后……改革首先要打破平均主义,打破'大锅饭'。"④关于如何发挥先富示范和激励作用,邓小平在中共中央工作会议闭幕式的讲话中强调:"要允许一部分地区、一部分企业、一部分工人农民,由于辛勤努力成绩大而收入先多一些,生活先好起来。"⑤ 这样就会在社会中产生积极、有力的示范效应和示范力量,引导社会成员积极劳动,通过聪明才智先富起来,再通过先富带动后富,使

---

① 中共中央文献研究室:《十七大以来重要文献选编》上,中央文献出版社 2009 年版,第 30 页。
② 中共中央文献研究室:《十八大以来重要文献选编》上,中央文献出版社 2014 年版,第 28 页。
③ 中共中央文献研究室:《十八大以来重要文献选编》上,中央文献出版社 2014 年版,第 140 页。
④ 《邓小平文选》第 3 卷,人民出版社 1993 年版,第 155 页。
⑤ 《邓小平文选》第 2 卷,人民出版社 1994 年版,第 152 页。

全体人民实现共富。

农村家庭联产承包责任制在解决公平与效率矛盾的实践中发挥着激励作用，起到了"先富"带"后富"的示范效应，有力地推动生产力发展。在改革开放之前，农村实行按工分计酬，但是，在"干多干少一个样，干好干坏一个样"的绝对平均主义的分配方式下无法通过物质激励来有效调动人民的生产积极性。从总体效果上来看，农村内部呈现出普遍贫穷的状态。为了解决普遍存在的平均主义"大锅饭"造成的低效率问题，我国农村开始逐步推进"大包干"以及后来的家庭联产承包责任制，家庭联产承包责任制作为适应社会主义初级阶段生产力基本要求的农村土地制度，既克服了绝对平均主义分配方式的弊端，又避免了走土地私有化道路，有利于调动农民的生产积极性，能有效推动农村生产力发展。一方面，家庭联产承包责任制改变"大呼隆"集体劳动的生产方式，改变了之前实行的平均主义分配方式，能有效激发农民参与自主劳动的生产积极性；另一方面，在分配中实行按劳分配激励着人们通过自身的聪明才智，朝着共同富裕的目标迈进。统计资料显示，1978年至1984年，我国在推行农村家庭联产承包责任制的6年间，按照不变价格计算，是中华人民共和国成立以来我国农业增长最快的时期。农业总增长率和年均增长率分别达到了42.23%和6.05%。林毅夫通过计量分析发现，1978年至1984年，在我国农业增长中，与提高农产品收购价格以及降低农用生产要素价格等因素相比，家庭联产承包责任制所做的贡献达到了46.89%[1]。

在解决公平与效率矛盾的实践中改革分配制度，通过"先富"带"后富"的示范效应激励人们参与劳动和经营活动，推动生产力发展。首先，通过一部分人先富起来，在"先富"带"后富"的示范效应、辐射效应和联动效应作用下，打破绝对平均主义分配下的

---

[1] 林毅夫：《中国的奇迹：发展战略与经济改革》，上海三联书店、上海人民出版社1994年版，第124页。

低收入分配均衡状态，既能极大推动生产力发展，又致力于最大程度的效率公平。其次，通过各种形式，增强激励的作用和效果，发挥"先富"带"后富"的示范效应。据统计，1978年全国职工工资总额中奖金和计件超额工资的比重仅为2%。到1987年已上升为16.8%。某些省、市奖金、补贴占工资总额比重高达1/2及以上[①]。最后，"先富"带"后富"的示范效应激励城镇个体经济如雨后春笋般兴起。中国私营企业发展报告显示，1981—1983年，我国城镇个体经济劳动者年均增加51.35万人，从1981年的105.9万人，到1983年的208.6万人，增长了近一倍，户均注册资金增长了92.1%，营业额增长了2.3倍，从1981年的1298.7元增加到4225.1元。1978—1983年，从事商业和服务业的人数大幅增加[②]。城镇私营个体经济的发展为社会主义市场经济的发展注入了活力，极大地调动了人民的积极性，有效推动了社会生产力的发展。

分配制度与经济发展有着密切联系，人民至上的分配制度不仅能充分调动广大人民的积极性，而且能发挥分配制度的激励作用，推动生产力发展。在形成科学合理的分配格局中，推动经济健康、可持续发展。改革开放以来，农村和城市分配制度改革在重新求解公平与效率的矛盾冲突中推动生产力发展。从1978—2012年经济增长绩效中（如表6-3所示），可以看出我国经济平均增长速度达到了9.8%，比同期世界经济平均增长率高6.5个百分点，创造了经济增长的奇迹。"从政策调整与经济增长两者之间的简单统计关系来看，政策越是往'公平'或'效率'目标调整，经济增长则相对越快。"[③] 可见，人民至上的分配制度通过公平与效率的调整，极大地

[①] 符钢战：《中国：劳动市场发育的经济分析》，上海人民出版社1992年版，第164页。

[②] 张厚义、明立志：《中国私营企业发展报告（1978—1998）》，社会科学文献出版社1999年版，第16页。

[③] 李子联：《收入分配与增长质量——中国经济模式的解读与重塑》，经济科学出版社2016年版，第23页。

推动了社会主义生产力的发展。

表 6-3 1978—2012 年经济增长绩效

年份	国内生产总值 (亿元)	增长率(%) (当年价格)	增长率(%) (不变价格)
1978	3645.2	11.7	13.2
1979	4062.6	7.6	11.4
1980	4545.6	7.8	11.9
1981	4891.6	5.2	7.6
1982	5323.4	9.1	8.8
1983	5962.7	10.9	12.0
1984	7208.1	15.2	20.9
1985	9016.0	13.5	25.1
1986	10275.2	8.8	14.0
1987	12058.6	11.6	17.4
1988	15042.8	11.3	24.7
1989	16992.3	4.1	13.0
1990	18667.8	3.8	9.9
1991	21781.5	9.2	16.7
1992	26923.5	14.2	23.6
1993	35333.9	14.0	31.2
1994	48197.9	13.1	36.4
1995	60793.7	10.9	26.1
1996	71176.6	10.0	17.1
1997	78973.0	9.3	11.0
1998	84402.3	7.8	6.9
1999	89677.1	7.6	6.2
2000	99214.6	8.4	10.6
2001	109655.2	8.3	10.5
2002	120332.7	9.1	9.7
2003	135822.8	10.0	12.9
2004	159878.3	10.1	17.7
2005	183217.4	10.4	14.6
2006	211923.5	11.6	15.7
2007	257305.6	13.0	21.4

续表

年份	国内生产总值（亿元）	增长率（%）（当年价格）	增长率（%）（不变价格）
2008	300670.0	9.0	16.9
2009	331972.7	9.2	10.4
2010	390995.0	10.4	17.8
2011	460710.9	9.3	17.8
2012	505348.2	7.7	9.7
均值		9.8	15.7

注：资料来源于国家统计局国民经济综合统计司著《新中国60年统计资料汇编》与李子联著《收入分配与增长质量——中国经济模式的解读与重塑》。

二 重新求解公平与效率矛盾冲突，真正实现社会公平

分配制度必然涉及与人们息息相关的公平与效率的关系问题，正如诺贝尔经济学奖得主斯蒂格利茨所说，分配与效率问题不可分割。"在一些不公平程度很高的情况下，它降低了经济效率……然而在其他情况下，不公平却可以加强经济效率。"[1] 效率与公平是经济学研究的重要内容，西方学者普遍认为二者是对立的，只能从二者选其一，"或者是以效率为代价的稍微多一点的平等，或者是以平等为代价的稍微多一点的效率"[2]，在平等与效率之间，"我们无法在保留市场效率这块蛋糕的同时又平等地分享它"[3]，为了效率必然要牺牲某些公平，反之亦然。[4] 公平与效率之间具有不可避免的矛盾，在资本主义制度之下，生产资料私有制决定了一切分

---

[1] [美] 约瑟夫·E. 斯蒂格利茨：《社会主义向何处去》，周立群等译，吉林人民出版社1998年版，第54页。
[2] [美] 阿瑟·奥肯：《平等与效率》，王奔洲、叶南奇译，华夏出版社1987年版，第2页。
[3] [美] 阿瑟·奥肯：《平等与效率》，王奔洲、叶南奇译，华夏出版社1987年版，第1页。
[4] [美] 阿瑟·奥肯：《平等与效率》，王奔洲、叶南奇译，华夏出版社1987年版，第80页。

配都由资本控制，经济越发展，资本致使公平与效率之间的矛盾越突出，社会贫富差距也就越大。虽然西方学者为解决上述问题也进行了大量的研究和探讨，但是由于阶级和制度的局限性，不论生产方式如何调整都不可能真正彻底解决效率与公平的矛盾问题。

改革开放以来，中国在分配制度变革中也尤其关注公平与效率的关系问题，并在分配制度变革实践中重新审视二者之间的矛盾与冲突，致力于在推动生产力发展的前提下，建立能让广大人民公平、平等地参与分配的分配制度。历史和现实证明，中国共产党在改革开放以来的分配制度变革实践中建立的"以按劳分配为主体，多种分配方式并存"的分配制度，能有力地保证广大人民公平地参与分配，真正实现人民根本利益。马克思认为，要"从社会生产力和生产关系之间的现存冲突中去解释"[1]，从物质生产方式和生产关系变革的角度出发才能真正把握效率与公平的矛盾关系，实现二者的统一。在坚持按劳分配原则的基础上，利用社会主义市场经济体制下的多种分配方式激发分配制度活力，充分发挥中国特色社会主义分配制度在实现共同富裕中的显著优势，解决了人民公社时期长期存在的否定效率和质量，干多干少都同样分配的问题，打破绝对平均主义分配下的低收入分配均衡状态，在示范效应、辐射效应和联动效应的作用下，推动生产力发展，同时，通过"先富"带"后富"的社会效应，最大限度地实现社会公平正义。发挥按劳分配为主体，多种分配方式并存分配制度的积极作用，"有利于优化资源配置，促进经济发展，保持社会稳定"[2]，在"部分人、部分地区先富"的基础上，发挥示范效应和羊群效应，调动了人民的积极性，激发了社会活力，推动了生产力发展，在"先富带后富"的三次分配中逐步推动实现社会公平，实现"一部分人先富带动共同富裕"的最终目的。

---

[1] 《马克思恩格斯文集》第2卷，人民出版社2009年版，第592页。
[2] 《改革开放三十年重要文献选编》下，人民出版社2008年版，第902页。

分配制度公平性的最大表现是广大人民群众在分配制度变革中共享到改革发展成果,即在分配制度变革中广大人民群众收入大幅增加,生活水平不断提高。人民在分配制度变革中获得了实实在在的好处。在社会主义市场经济体制下,随着市场体系的逐步完善,中国共产党在分配制度变革中重新求解公平与效率矛盾冲突,逐步建立了中国特色社会主义分配制度体系,逐步构建了初次分配、再分配、三次分配协调配套的分配制度体系。实践表明,通过贯彻落实中国特色社会主义分配制度体系,人民的收入不断增长,生活水平不断提高。如表6-4所示,从1978—1995年我国农民年人均收入及其增长情况来看,人均纯收入从1978年的134元逐年提高。18年来,人均纯收入平均年增长85.42%,扣除商品零售价格指数后的年均纯收入增长率达到7.01%,扣除物价因素后的农村社会总产值平均增长率为15.65%,扣除物价因素后的农业产值平均增长率为10.28%,创造了经济快速发展与人民收入不断增加的同步统一。此外,经过四十多年的改革开放,我国城乡居民的收入持续增加,生活水平逐步提高。1978年到2020年,全国居民人均年可支配收入从171元增加到32189元(如图6-1所示),增长了180余倍,城市居民恩格尔系数从1978年的57.5%下降到2020年的29.2%,农村居民恩格尔系数从67.7%下降到32.7%(如图6-2所示)。

表6-4　　1978—1995年我国农民年人均收入及其增长情况一览表

年份	人均纯收入（元）	现价年增长率（%）	商品零售价格总指数（%）	扣除商品零售价格指数后的年均纯收入增长率（%）	扣除物价因素后的农村社会总产值增长率（%）	扣除物价因素后的农业产值增长率（%）
1978	134.00	8.06	0.7	7.36	—	—
1979	160.17	19.53	2.0	17.53	18.9	19.5
1980	191.33	19.45	6.0	13.45	7.3	7.2
1981	223.44	16.78	2.4	14.38	12.3	5.85
1982	270.11	20.89	1.9	18.99	12.9	17.45

续表

年份	人均纯收入（元）	现价年增长率（%）	商品零售价格总指数（%）	扣除商品零售价格指数后的年均纯收入增长率（%）	扣除物价因素后的农村社会总产值增长率（%）	扣除物价因素后的农业产值增长率（%）
1983	309.77	14.68	1.5	13.18	10.6	9.24
1984	355.33	14.71	2.8	11.91	20.0	14.08
1985	397.60	11.90	8.8	3.10	16.3	3.81
1986	423.76	6.58	6.0	0.58	13.2	10.51
1987	462.55	9.15	7.3	1.85	17.5	18.14
1988	544.94	17.81	18.5	−0.69	14.2	6.9
1989	601.51	10.38	17.8	−7.42	−2.3	−6.39
1990	686.31	14.10	2.1	12.00	12.7	15.15
1991	708.55	3.30	2.9	0.4	11.5	3.6
1992	784.00	10.65	5.4	5.25	28.1	6.0
1993	921.62	17.55	13.2	4.35	28.5	7.83
1994	1221.00	32.48	21.7	5.0	26.2	21.54
1995	1577.74	29.22	14.8	5.0	18.3	14.34
平均增长（%）	85.42	15.39	7.55	7.01	15.65	10.28

注：资料来源于国家统计局著《中国统计摘要2008》。

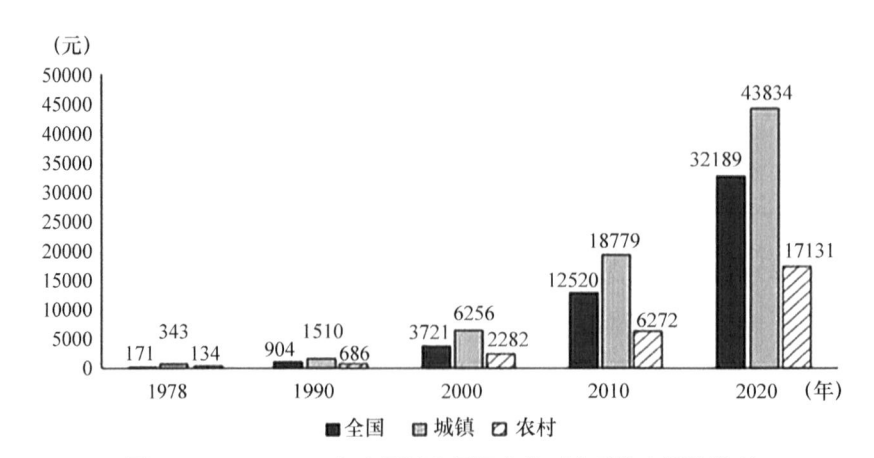

图 6-1　1978—2020 年全国城乡居民人均可支配收入增长情况

注：资料来源于中华人民共和国国务院新闻办公室著《中国的全面小康》，人民出版社 2021 年版，第 26 页。

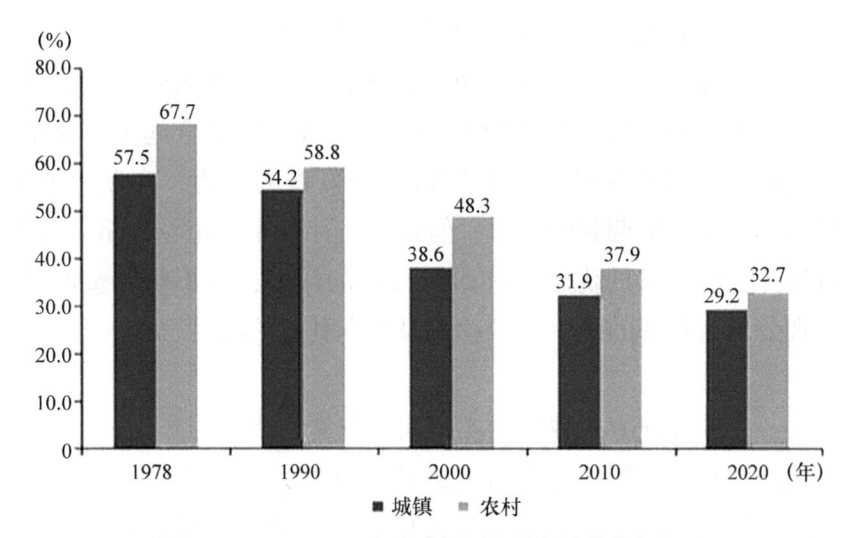

第六章 中国分配制度变革的人民性优势与不断完善　179

图 6-2　1978—2020 年城乡居民恩格尔系数变化情况

(数据：城镇/农村)
- 1978：57.5 / 67.7
- 1990：54.2 / 58.8
- 2000：38.6 / 48.3
- 2010：31.9 / 37.9
- 2020：29.2 / 32.7

注：资料来源于中华人民共和国国务院新闻办公室著《中国的全面小康》，人民出版社 2021 年版，第 26 页。

表 6-5　1978—1992 年我国农民人均纯收入、名义（实际）收入增长情况一览表

年份	农民人均纯收入（元）	名义增长率（%）	实际增长率（%）
1978	134	—	—
1984	355	17.9	16.5
1985	398	11.9	5.0
1988	545	11.0	4.6
1989	602	10.4	-1.6
1990	686	14.1	1.8
1991	709	3.2	2.0
1992	784	10.6	5.9

注：资料来源于陈吉元等著《21 世纪中国农业与农村经济》，河南人民出版社。

改革开放以来，从中国共产党领导分配制度变革的经验来看，中国特色社会主义分配制度对"公平"与"效率"的调节不仅政策稳定，而且效果明显。重新求解公平与效率矛盾冲突的分配制度不仅推动了生产力的发展，更重要的是促进了公平，使广大人民群众公平地参与分配。在社会主义市场经济体制下，既能充分发挥社会主义制度的优势，将人民的根本利益与经济发展结合起来，又能充分调动各方面的积极性，充分保障社会发展的活力。在私有制下，公平与效率是不可调和的矛盾，但是，在社会主义市场经济体制下，通过发挥社会主义的优越性和市场经济的活力，在不断调整的基础上实现公平与效率的统一，推动人民根本利益的满足。

三 多种分配方式并存的实践问题与贫富差距的产生

生产资料所有制决定了分配方式，分配方式对生产力发展具有能动的反作用，同时也决定了分配中人们的收入水平。党的十一届三中全会后，我国逐步改变了人民公社时期平均主义的分配方式，逐步建立了"按劳分配为主体，多种分配方式并存"的分配制度，社会主义市场经济体制下由于资源和生产要素的差异性决定了多种分配方式并存，不可避免地出现收入差距问题。

分配中出现贫富差距拉大的问题，总体来说，不仅有历史原因，而且也有现实原因。我国正处于社会主义初级阶段，主要任务是解放和发展生产力，不断提高人民的生活水平，所以，为了更好地实现上述任务，需要充分发挥分配制度的重要作用，既要通过分配制度变革调整分配关系，激发社会成员创造财富的积极性，又要充分体现社会主义制度的优越性，更好地保障社会全体成员公平参与分配，共享改革发展成果。但是，由于社会主义市场经济体制不完善，在分配中不可避免地出现一些不公平的问题，这也为中国共产党领导分配制度变革，完善分配制度体系，实现全体人民共同富裕，提供了明确的方向和要求。此外，由于社会成员拥有的生产要素的数量和质量的差异，这也决定了其在生产中发挥的效能也不尽相同，这就决定了劳动者个人收入之间差距的存在。[1]

---

[1] 杨强：《中国个人收入的公平分配》，社会科学文献出版社2007年版，第311页。

具体来看,在社会主义市场经济体制下,我国的分配制度体系不健全是导致我国贫富差距产生的直接原因。一是正常的劳动报酬增长机制是保障劳动人民收入水平、缩小收入差距的重要因素,缺乏合理的劳动报酬增长机制是导致社会收入问题和差距产生的重要原因。理顺国家、企业、居民三者之间的分配比例关系,要保证居民的基本收入稳步增长,不断提高居民的收入水平。由于初次分配制度体系仍然不健全,寻租、设租等腐败问题以及非法收入现象存在,这也导致了贫富差距的产生。二是再分配中,各级财政的社会保障和转移支付等仍缺乏制度化的有效保障,这也是再分配调节弱化的重要因素,不利于发挥再分配的收入调节作用。三是三次分配的慈善捐赠机制不健全,慈善捐赠机制规模较小,这也影响了收入差距的调节功能。

世界银行统计资料显示,我国从20世纪70年代末到80年代初,收入差距的基尼系数大致是0.3左右,到90年代末超过了0.4。根据国家统计局发布的资料显示,2008年,全国的基尼系数接近0.5。[①] 不可否认,我国的收入差距呈现出扩大的趋势,这也反映了我国分配制度体系出现了一些问题,亟待调整。中国共产党充分重视我国收入分配差距扩大的问题,不断完善收入分配制度体系,缩小收入差距。

研究分配中存在的收入差距问题是为了更好地完善中国特色社会主义分配制度。从1978—1995年城乡居民人均收入和储蓄情况可以透视出城乡居民的收入差距的问题,如表6-6、表6-7所示,从

---

① 基尼系数是反映居民之间贫富差异程度的常用统计指标,较全面客观地反映居民之间的贫富差距,能预报、预警居民之间出现贫富两极分化。国际上并没有一个组织或教科书给出最适合的基尼系数标准。但有不少人认为基尼系数小于0.2时,居民收入过于平均,0.2—0.3之间时较为平均,0.3—0.4之间时比较合理,0.4—0.5时差距过大,大于0.5时差距悬殊。通常而言,与面积或人口较小的国家相比,地域辽阔、人口众多和自然环境差异较大的国家的基尼系数会高一些;经济处于起步阶段或工业化前期的国家,基尼系数要大一些;而发达经济体特别是实施高福利政策的国家的基尼系数要小一些。

量上看，1978年至1995年，城乡居民人均收入、城乡居民人均储蓄存款以及城乡居民人均消费水平呈现逐年增长的趋势。1995年，农村居民人均收入年增长5.1%，是1978年的11.8倍，农村居民人均储蓄存款年增长26.1%，是1978年的101.5倍，农村居民人均消费年增长5.1%，是1978年的10.7倍；城镇居民人均收入年增长6.8%，是1978年的12.3倍，城镇居民人均储蓄存款年增长38.7%，是1978年的74倍，城镇居民人均消费年增长8.06%，是1978年的12.5倍。可以看出，城镇居民的人均收入、人均储蓄存款、人均消费水平年增长率远高于农村居民的年增长率。从每项具体统计数值来看，城乡居民人均收入倍差总体呈逐渐连年拉大趋势，从1984年最低的1.71倍，到1994年达到了最高的2.60倍；城乡储蓄存款倍差同样呈现出逐渐拉大趋势，从1984年最低的1.77倍，到1995年则达到了最高的3.79倍；城乡居民人均储蓄存款倍差同样呈现出逐渐拉大趋势，从1987年最低的2.36倍，到1995年则达到了最高的9.25倍；城乡居民人均消费水平倍差也呈现出逐渐拉大趋势，从1984年最低的2.34倍，到1993年达到了最高的3.54倍。根据表6-6、表6-7统计资料显示，从1978年到1995年，历年城乡居民人均收入、人均储蓄存款、人均消费水平的倍差逐步增大，由于城镇居民的人均收入、储蓄存款基数与年增长率都明显高于农村居民，这也决定着在相当一段时间内，城乡居民的收入差距仍会呈现拉大的趋势。基尼系数是衡量居民间收入差距的综合指标[1]，经济学普遍认为基尼系数小于0.2时，居民收入过于平均，处于0.2—0.3之间时较为平均，处于0.3—0.4之间时比较合理，处于0.4—0.5时差距过大，当大于0.5时则意味着收入差距悬殊。基尼系数的变化反映

---

[1] 基尼系数是衡量居民间收入差距的综合指标。该指标由意大利经济学家基尼在20世纪初提出。社会中每个人的收入都一样、收入分配绝对平均时，基尼系数是0。全社会的收入都集中于1个人、收入分配绝对不平均时，基尼系数是1。现实生活中，两种情况都不可能发生。每个人的收入有多有少，差距大时，基尼系数就高，差距小时，基尼系数就低。基尼系数是根据洛伦茨曲线，即收入分布曲线计算的。

出我国收入差距存在一定的问题，如图 6-3 所示，我国基尼系数基本在 0.4 上下浮动，整体来看，基尼系数相对较高。2004 年至 2008 年我国的基尼系数整体处于上升阶段，2009 年达到 0.491，这也反映出我国居民收入分配中仍然存在一些问题，需要不断完善。

表 6-6　　　1978—1995 年城乡居民收入差距（以农村居民为 1）

年份	城乡居民人均收入			城乡储蓄存款			城乡居民人均储蓄存款		
	农村居民（元/人）	城镇居民（元/人）	城乡差（倍）	农户储蓄（亿元）	城镇储蓄（亿元）	城乡差（倍）	农村居民人均存款（元/人）	城镇居民人均存款（元/人）	城乡人均存款差（倍）
1978	133.6	316.0	2.37	55.7	154.9	2.78	7.1	90.1	12.69
1980	191.3	439.4	2.30	117.0	282.5	2.41	14.7	147.9	10.06
1984	355.3	607.6	1.71	438.1	776.6	1.77	62.0	234.6	3.78
1985	397.6	685.3	1.72	564.8	1057.8	1.87	84.4	275.5	3.25
1986	423.8	827.9	1.95	766.1	1471.5	1.92	122.8	333.9	2.72
1987	462.6	916.0	1.98	1005.7	2067.6	2.06	174.3	411.8	2.36
1988	544.9	1119.4	2.05	1142.3	2659.2	2.33	206.9	492.6	2.38
1989	601.5	1260.7	2.09	1412.1	3734.8	2.64	253.5	681.9	2.69
1990	686.3	1387.3	2.02	1841.6	5192.6	2.82	322.5	922.6	2.86
1991	708.6	1544.3	2.18	2319.4	6790.9	2.93	271.6	2270.5	8.36
1992	784.0	1826.1	2.33	2867.3	8678.1	3.03	338.1	2744.5	8.12
1993	921.6	2336.5	2.54	3576.2	11627.3	3.25	419.7	3481.2	8.29
1994	1221.0	3179.2	2.60	4816.0	16702.8	3.47	562.6	4869.6	8.65
1995	1577.7	3892.9	2.47	6195.6	23466.7	3.79	720.6	6671.6	9.25
1995 年是 1978 年的（倍）	11.8	12.3		111.2	151.5		101.5	74.0	
年均增长率（%）	5.1	6.8		32.0	48.0		26.1	38.7	

注：资料来源于国家统计局历年国民经济和社会发展统计公报。

表 6-7　　　　　　　1978—1995 年城乡居民消费水平差距

年份	城乡居民人均消费		
	农村居民人均消费（元/人）	城镇居民人均消费（元/人）	城乡人均消费水平差（倍）
1978	138	405	2.93
1980	178	496	2.80
1984	283	662	2.34
1985	347	802	2.34
1986	376	920	2.45
1987	417	1089	2.61
1988	508	1431	29.2
1989	553	1568	2.84
1990	571	1686	2.95
1991	621	1925	3.10
1992	718	2356	32.8
1993	855	3027	3.54
1994	1138	3979	3.50
1995	1479	5044	3.41
1995 年是 1978 年的（倍）	10.7	12.5	
年均增长率（%）	5.1	8.06	

注：资料来源于国家统计局历年国民经济和社会发展统计公报。

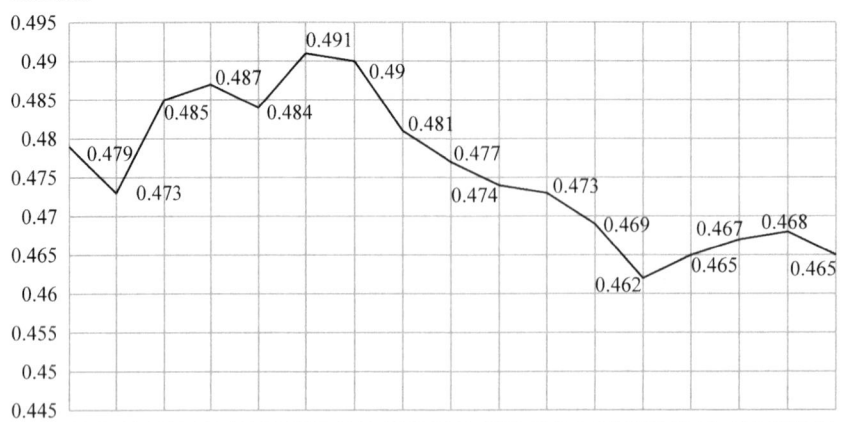

图 6-3　2003—2019 年我国基尼系数

从上述的分析可以看出，我国在多种分配方式并存的分配制度实践中，由于存在多方面的原因，尤其是社会主义初级阶段的分配制度还有待于进一步完善，导致了现实分配中贫富差距的产生。这是社会主义初级阶段社会发展中存在的客观事实，我们要以正确的态度对待分配中出现的贫富差距问题，通过不断完善分配制度，并采取多种举措，将收入差距控制在合理的范围之内，既要充分激发社会活力，又要使社会成员公平地参与分配，共享改革发展成果。对待收入差距问题，要注意处理好以下两个方面，一方面要将收入差距控制在合理限度之内，贫富差距不能超出社会成员的物质承受能力，必须满足社会成员的基本生活需要；另一方面，要充分发挥分配制度的调节作用，激发社会活力，调动全体社会成员的积极性、主动性、创造性，形成"两头小，中间大"的分配格局，保持合理的收入差距，保障经济健康发展和人民收入增长同步。总之，对于收入分配中出现的贫富差距，既要让大多数人能接受，否则将会破坏社会稳定，又要有利于效率的提高，否则将妨碍社会发展[1]。

第四节　新时代构建推动共同富裕实现的分配制度体系与未来展望

分配制度作为与人民利益息息相关的制度，直接关系着共同富裕目标的实现[2]。习近平总书记高度重视构建实现共同富裕的分配制度体系，他在主持召开中央财经委员会第十次会议中指出："构建初次分配、再分配、三次分配协调配套的基础性制度安排……形成中

---

[1] 杨强：《中国个人收入的公平分配》，社会科学文献出版社2007年版，第311页。
[2] 韩喜平、何况：《中国共产党构建共同富裕现代化分配制度：理论基础、基本导向、重要保障》，《改革与战略》2021年第8期。

间大、两头小的橄榄型分配结构，促进社会公平正义，促进人的全面发展，使全体人民朝着共同富裕目标扎实迈进。"[1] 历史和现实证明，为构建推动共同富裕实现的分配制度体系，必须协调配套政策体系，构建基础性制度安排，一是兼顾效率与公平，完善初次分配制度，二是以共同富裕为导向，强化再分配制度，三是借助"社会之手"，发展第三次分配制度，致力于推动全体人民实现共同富裕。

一　兼顾效率与公平，完善初次分配制度

在分配中，如何处理公平与效率的关系是分配制度改革的重要主题，离开效率谈公平，或者离开公平谈效率最终都会走向人民的反面。恩格斯指出，分配中注重可提供的产品问题，随着社会发展进步，"分配方式也应当改变"[2]。在社会主义初级阶段解决分配问题，必然要坚持社会主义公有制，充分发挥社会主义制度的优越性，在做大"蛋糕"与分好"蛋糕"的基础上，保障广大人民共享改革发展成果。在迈向第二个百年奋斗目标的新征程上，充分发挥分配制度在推动实现共同富裕上的积极作用，必须高度重视初次分配的作用，兼顾效率与公平，完善初次分配制度。

完善初次分配制度，兼顾效率与公平，要抓住分配中的根本问题，即按劳分配在兼顾效率与公平中的积极作用。从理论原则分析和现实情况考察来看，按劳分配具有重大优势，它不仅能与社会主义初级阶段生产力发展水平相适应，而且能充分调动人民生产的积极性、推动生产力发展，可见，按劳分配制度是具有实现共同富裕独特优势的分配制度。因此，兼顾效率与公平最核心的就是坚持和利用公有制下的按劳分配制度，发挥其在实现公平与效率方面的无与伦比的制度优势。按劳分配是人类社会目前为止最公平的分配制

---

[1] 《在高质量发展中促进共同富裕　统筹做好重大金融风险防范化解工作》，《人民日报》2021年8月18日第1版。

[2] 《马克思恩格斯文集》第10卷，人民出版社2009年版，第586页。

度，也是与生产力发展相适应、最有利于推动生产力发展的分配制度，更是最能满足人民利益要求、推动实现共同富裕的分配制度。根据马克思主义分配理论，完善按劳分配制度，要坚持生产资料公有制，以劳动者提供的劳动为尺度进行社会财富的分配。按劳分配既消除了剥削的根源，又实现了社会的公平公正。实现劳动者的地位平等以及报酬平等是实现共同富裕的重要保障。在市场经济条件下，真正的公平实际上是机会的公平公正，具体来看，在分配的过程中，生产要素按贡献参与分配，在社会主义市场经济条件下，不仅有利于推动财富创造和社会生产力发展的力量充分涌流，而且还有利于提高人民生产的积极性，进而提高劳动者收入。构建实现全体人民共同富裕的分配制度必须始终坚持按劳分配为主体的中国特色社会主义基本分配制度不动摇。①

完善初次分配制度，兼顾效率与公平，既要发挥公有制按劳分配的优势，充分提高劳动报酬在初次分配中的比重，也要发挥市场的作用。建立公平竞争、公开透明、有序运行的要素市场对发挥市场在资源配置中的决定性作用，提高初次分配的效率具有重要意义。"健全劳动、资本、土地、知识、技术、管理、数据等生产要素由市场评价贡献、按贡献决定报酬的机制"②。在完善劳动要素按贡献参与分配政策中，要深化城乡分割的户籍制度改革，"实施全国统一的居住证制度以消除劳动市场中的城乡身份藩篱，减少对低工资就业者的就业歧视、工资歧视和社会保障方面的歧视，建立和完善公平、有效的劳动力市场秩序和环境"③。推进同工同酬，解决部分事业单位和国企根据有无正式编制来决定报酬分配的问题。在完善资本要

---

① 韩喜平、何况：《分配制度变革何以推动共同富裕现代化》，《广西师范大学学报》（哲学社会科学版）2021年第6期。

② 《中共中央关于坚持和完善中国特色社会主义制度 推进国家治理体系和治理能力现代化若干重大问题的决定》，《人民日报》2019年11月6日第4版。

③ 李实、万海远：《中国收入分配演变40年》，格致出版社、上海人民出版社2018年版，第217页。

素按贡献参与分配政策中,要发展多层次资本市场,建立和完善公平的资本市场秩序,保证投资者的合法权益。在完善土地要素按贡献参与分配政策中,完善土地市场制度改革,根据实际情况,建立科学合理的城乡土地建设用地市场。在完善知识和技术要素、管理要素、数据要素按贡献参与分配政策中,建立健全以实际贡献为评价标准的科学评价体系,激发社会活力,实现公平和效率的统一。

二 以共同富裕为导向,强化再分配制度

在收入分配制度体系中,以市场为主体的初次分配没有特殊的机能寻求"为谁分配"的问题。也就是说,初次分配主要是针对实现生产要素的有序、高效率问题,这就决定了初次分配不可能兼顾所有社会成员的利益诉求。因此,需要发挥政府的再分配调节作用,弥补初次分配在分配中不能兼顾的问题,这也是在社会主义初级阶段实现社会公平最有效、最直接的方式。强化再分配功能,要以共同富裕为导向,更好地发挥政府以税收、社会保障、转移支付为主要手段的体制机制,通过打好"组合拳",实现公平分配。

强化再分配制度,要以共同富裕为导向,坚持以人民至上价值理念为引领,充分发挥政府作用,针对初次分配中的失衡问题,提供基本公共服务,促进平衡发展,使分配更加公平。在社会主义市场经济条件下,我国实行按劳分配为主体多种分配方式并存的分配制度,在此基础上,人民的收入水平大幅提高,但是,同时也出现了收入分配差距扩大的问题,产生这些问题的原因,既有社会历史、自然地理条件的影响,导致各个地区的发展程度以及经济结构存在差异,又有分配体制不完善的原因。[①] 基于共同富裕现代化分配制度的要求,针对我国收入分配差距扩大的问题,要充分发挥政府再分配调节机制,通过"健全以税收、社会保障、转移支付等为主要手

---

① 韩喜平、何况:《中国共产党百年分配制度变革及其人民立场》,《经济纵横》2021年第5期。

段的再分配调节机制,强化税收调节,完善直接税制度并逐步提高其比重"①,调节高收入群体的收入,取缔非法收入,增加低收入群体收入,从而规范我国分配制度,最终形成中间大、两头小的橄榄型分配结构。党的十八大以来,中国共产党针对我国基本国情,实事求是地对贫困群众对症下药、精准滴灌、靶向治疗,这些精准扶贫政策,不仅推动了社会生产力的发展,而且也提高了广大人民群众的收入水平,在此基础上,贫困地区发展的内生动力得到了强化。在初次分配基础上,政府对国民收入进行再分配为实现全体人民共同富裕提供了重要保障。②

以共同富裕为导向,完善社会保障制度。一是健全和完善城乡基本养老制度,实施全民参保计划。养老问题是社会保障的重要内容,国家要加强国家和地方性养老政策法规的设计和制定,根据现实需求,实现养老政策的制定与执行更精准到位;不断完善养老服务标准及政策规范,加大财政、税收以及补助等相关政策的支持力度,积极扶持养老PPP机构,创新养老模式和养老服务的方式,实现社会养老服务规范化、标准化运行,尤其要确立营利性养老机构的服务设立和运行标准,明确服务规范等行业准则,推动养老事业进行规范化发展。二是健全和完善全民医保政策,保障城乡居民的医疗健康需求。按照习近平总书记对全国医疗卫生制度建设的指示,要加快健全和完善"分级诊疗制度、现代医院管理制度、全民医保制度、药品供应保障制度、综合监管制度"③,通过制度化建设,保障城乡居民的医疗健康需求。三是统筹城乡社会救助政策,健全和完善最低生活保障制度。改革开放以来,我国探索和构建了较为完

---

① 《中共中央关于坚持和完善中国特色社会主义制度 推进国家治理体系和治理能力现代化若干重大问题的决定》,《人民日报》2019年11月6日第4版。
② 韩喜平、何况:《分配制度变革何以推动共同富裕现代化》,《广西师范大学学报》(哲学社会科学版)2021年第6期。
③ 习近平:《在教育文化卫生体育领域专家代表座谈会上的讲话》,人民出版社2020年版,第11页。

善的社会救助清单制度、救助项目、资金管理以及相应的考核与监督体制机制，加大困难群体的帮扶，提高城乡低收入群体的基本生活标准，但是从制度构建的角度来说，仍需加大力度，做好制度化、体系化建设；另外，还需要积极引入社会力量和市场力量，构建完善的社会救助体系。

以共同富裕为导向，完善转移支付的政策体系。一是健全和完善公共财政体制和政策，从而发挥再分配的积极作用，通过增加转移支付的比重，逐步缩小各地区的经济发展差距。二是健全和完善基本公共服务制度和政策，推动各个地区基本公共服务均等化。其中要以保障和改善民生为目标，以补齐民生短板、扩大基本公共服务的覆盖范围为重点，根据实际情况，在可同时推进的地区制定基本公共服务保障的国家基础标准，推进标准化，逐步提高贫困地区的基本公共服务的质量和水平，缩小城乡基本公共服务的差距。三是健全和完善横向转移制度和政策，其主要目的是加强东部发达地区对中西部落后地区的帮扶和支持，推动中西部地区的经济发展，以达到缩小地区发展差距、实现区域协调发展的目的。在既定的财政政策体制下，以纵向转移模式为主的同时，可根据实际发展需求，创新和发展"对口支援""生态补偿"等横向转移支付模式[①]。

三 借助"社会之手"，发展第三次分配制度

与初次分配强调发挥社会主义市场作用和再分配发挥政府作用不同，第三次分配是"在道德、文化、习惯等影响下，社会力量自愿通过民间捐赠、慈善事业、志愿行动等方式济困扶弱的行为，是对再分配的有益补充"[②]。第三次分配体现了社会成员的更高精神追求。发展第三次分配制度，要借助"社会之手"，在自愿的基础上，

[①] 谭永生等：《建设体现效率促进公平的收入分配体系研究》，中国计划出版社 2021 年版，第 42—43 页。

[②] 刘鹤：《坚持和完善社会主义基本经济制度》，《人民日报》2019 年 11 月 22 日第 6 版。

依靠"道德原则""精神力量"的作用，充分发挥以募集、自愿捐赠和资助等慈善公益方式对社会资源和社会财富进行分配，形成积极、主动、和谐的互助式再分配格局。借助"社会之手"，可以通过发展慈善等社会公益事业，不断调节我国贫富差距，促进全体人民实现共同富裕。尤其是面对新冠疫情等公共卫生事件以及河南暴雨等抗洪突发灾难性事件，全国的企事业单位以及个人都自发捐献物资，为战胜困难、保障人民群众的生命财产安全发挥着不可替代的作用。[1]

借助"社会之手"，发展第三次分配制度，要加强政策引导，营造积极、宽松的社会环境。第三次分配是以自愿为核心，政府要激发个人和社会组织积极参与第三次分配的积极性、主动性，一方面要从立法角度加强对第三次分配的支持，另一方面要从政策角度对第三次分配的参与主体给予精神鼓励和政策支持，不断提高第三次分配参与主体自我价值实现的满足感。为进一步支持引导规范慈善事业，从2016年《中华人民共和国慈善法》实施以来，相关部门出台了21项具体慈善政策文件，对推动慈善政策的落地做出了具体的制度性安排，不断推动慈善事业的规范化发展，对促进社会捐赠的积极性具有重要作用。完善慈善捐赠税收优惠政策，具体来说，针对企业的捐款，可以提高税前扣除标准，为企业慈善捐款提供便利和政策鼓励，从而提高企业慈善捐款的积极性，"对个人和社会团体的捐款不设置扣除比例，推广全额扣除方式"[2]。

借助"社会之手"，发展第三次分配制度，要积极培育慈善组织。慈善组织是有序开展慈善事业的重要主体，一方面，政府要加大力度鼓励和支持社会力量成立社会慈善组织，积极培育社会工作者和志愿者服务队伍，完善和规范注册流程，保证社会慈善组织的

---

[1] 韩喜平、何况：《分配制度变革何以推动共同富裕现代化》，《广西师范大学学报》（哲学社会科学版）2021年第6期。

[2] 谭永生等：《建设体现效率促进公平的收入分配体系研究》，中国计划出版社2021年版，第43页。

正常运行；另一方面，加强慈善组织的管理，确保慈善组织规范化运行，完善慈善组织的善款公开流程和使用机制。不仅使善款发挥最大价值和效用，还要"让捐款者完全了解自己捐款的使用情况，做到对公众全透明，接受社会全面全程监督"[1]。

借助"社会之手"，发展第三次分配制度，要鼓励高收入人群和企业更多地回报社会。2020年7月，习近平总书记《在企业家座谈会上的讲话》中指出，"企业既有经济责任、法律责任，也有社会责任、道德责任"[2]，企业家只有切实履行社会责任，回报社会，才能真正得到社会的认可，企业家如果逃避社会责任，狂热追逐资本利益，则必然走向人民的对立面，被时代所抛弃。2021年8月17日，习近平总书记在中央财经委员会第十次会议上强调要在高质量发展中促进共同富裕，社会各界对企业承担的社会责任问题进行了广泛深入的讨论。在此背景下，阿里巴巴集团提出将在2025年前累计投资1000亿元人民币，启动"阿里巴巴助力共同富裕十大行动"项目助力共同富裕，连同腾讯公司启动的"共同富裕专项计划"，都表明企业在履行社会责任的同时，会助力第三次分配，从而为改善贫富差距发挥积极力量。我国充分发挥第三次分配的作用，对促进社会公平正义，使全体人民朝着共同富裕目标扎实迈进具有重要意义。[3]

---

[1] 谭永生等：《建设体现效率促进公平的收入分配体系研究》，中国计划出版社2021年版，第43页。

[2] 习近平：《在企业家座谈会上的讲话》，《人民日报》2020年7月22日第2版。

[3] 韩喜平、何况：《分配制度变革何以推动共同富裕现代化》，《广西师范大学学报》（哲学社会科学版）2021年第6期。

第 七 章

中国分配制度变革的人民性价值底色

　　分配关系本质上是与生产关系相适应的人与人之间的利益关系，分配制度变革也表现为经济制度层面人与人利益关系的调整。百年来，中国分配制度变革始终以马克思主义分配理论为指导，与中国在分配中出现的具体实际相结合，以消灭剥削这一主题为逻辑起点，遵循"生产力—生产关系—上层建筑"交互作用的理论逻辑，在此引领下，以"破坏—建构—完善"为实践进路，进行渐进式、探索式分配制度变革。中国百年分配制度变革，不仅充分发挥了中国特色社会主义分配制度的优势，保障和改善了最广大人民群众的根本利益，构建和完善了推动全体人民实现共同富裕的制度基础，而且也不断深化了中国共产党对社会主义建设和发展规律的认识，丰富和发展了中国特色社会主义政治经济学理论体系，开辟了马克思主义政治经济学新境界。当前，我国正处于新发展阶段，从制度建设的角度来说，中国的重要任务是在迈向第二个百年奋斗目标建设社会主义现代化的进程中着力构建以人民至上为价值引领、实现全体人民共同富裕的分配制度，让人民共享社会发展的成果，充分彰显了鲜明的人民性底色。

第一节　中国分配制度变革体现合目的性与合规律性的统一

分配制度作为人类经济社会中的一种重要制度，它所涉及的原则立场及结果导向反映了制度的本质和要求，也最能反映统治阶级的根本利益。因此，无论从阶级立场来看，还是从制度属性及制度变革的原则、规律来看，中国百年分配制度变革其根本出发点始终是为了满足和保障人民的利益。百年来，从探索消灭生产资料私有制下的分配制度，到推动生产力发展从而满足人民利益要求的分配制度变革，再到以实现共同富裕为目标的分配制度改革，其中蕴含着深刻的历史逻辑、理论逻辑、实践逻辑，体现合目的性与合规律性的统一。

一　通过变革所有制保障人民在分配中的根本利益

历史和现实证明，中国分配制度变革的百年历史是不断保障和满足人民利益，进而实现全体人民共同富裕的历史。习近平总书记《在庆祝中国共产党成立100周年大会上的讲话》中指出："我们实现了第一个百年奋斗目标，在中华大地上全面建成了小康社会，历史性地解决了绝对贫困问题，正在意气风发向着全面建成社会主义现代化强国的第二个百年奋斗目标迈进。"[1] 无论是已经实现的第一个百年奋斗目标，还是在向第二个百年奋斗目标迈进的过程中，进行分配制度变革，更好地维护和实现最广大人民的根本利益始终是重中之重。

从分配方式的本质来看，"社会主义财富属于人民，社会主义的

---

[1] 习近平：《在庆祝中国共产党成立100周年大会上的讲话》，《求是》2021年第14期。

致富是全民共同致富"①，生产资料公有制下的按劳分配把劳动作为衡量人获得消费资料的依据和标准，从而消除了通过掌握生产资料所有权而控制分配的情况，从而消除了对通过出卖劳动力、一无所有的无产阶级剥削的可能性。从这个角度看，这是对资本主义分配方式中不合理分配下出现剥削的根本否定，体现了社会主义公有制及与其相适应的分配制度的进步意义。以生产资料公有制为基础的社会主义分配制度本质上以实现共同富裕为目的。马克思在《哥达纲领批判》中阐明了作为共产主义社会的第一阶段即社会主义社会的分配方式是按劳分配，按劳分配消除了生产资料私有制下的剥削与被剥削的根源，是当前人类社会最公平、最正义的分配方式，按劳分配原则的确立为实现共同富裕的目标提供根本遵循。我国在社会主义三大改造完成后，建立了生产资料公有制，确立了按劳分配的社会主义分配制度，尽管期间经历错误曲折，导致平均主义"大锅饭"的长期盛行，但分配制度变革始终没有偏离社会主义分配公平的基本原则和方向。党的十一届三中全会之后，我国确立了"生产资料的社会主义公有制，即全民所有制和劳动群众集体所有制"②为基础的经济制度，"在社会主义初级阶段，坚持公有制为主体、多种所有制经济共同发展的基本经济制度"③，这决定了我国实行按劳分配为主体，多种分配方式并存的分配制度，为我国实现共同富裕提供了坚实的制度保障。

二 "顶层设计"与"摸石头过河"遵循制度建设的整体逻辑

立足分配制度变革的历史，从其发展的基本规律来看，分配制度不断完善是社会发展的重要表现，制度经济学认为制度变迁分为"强制性制度变迁"和"诱致性制度变迁"。中国百年分配制度变革

---

① 《邓小平文选》第 3 卷，人民出版社 1993 年版，第 172 页。
② 《三中全会以来重要文献选编》下，人民出版社 1982 年版，第 1266 页。
③ 《改革开放三十年重要文献选编》上，中央文献出版社 2008 年版，第 301 页。

始终坚持"顶层设计"与"摸石头过河"相结合,致力于构建与社会生产力相适应的分配制度,保障人民的根本利益,实现共同富裕。

中国共产党自成立之日起就开始进行分配制度变革的革命实践,从而改变人民受剥削压迫的处境。如中共一大通过的《中国共产党纲领》提出的消灭阶级差别、消灭剥削,重建公平的分配关系,实现社会产品的公平分配;土地革命时期,"打土豪、分田地",重新分配土地,对生产资料重新调整;解放战争时期,为"消灭地主阶级和旧式富农的封建的和半封建的剥削制度",1949年后进行的社会主义三大改造,逐步确立社会主义分配制度,以及人民公社时期"平均主义"分配方式,具体来看,都遵循制度建设"顶层设计"与"摸石头过河"的整体逻辑。改革开放之后,我国进行了相应的分配制度调整,并针对收入分配扩大的问题,不断完善收入分配制度。具体来看,改革开放之初,为改变"吃大锅饭""平均主义"分配的局面,安徽凤阳县小岗村率先自发实行"包干到户","交足国家的""留够集体的""剩下都是自己的",极大地调动了农民生产的积极性,在此基础上,党中央适时将家庭联产承包责任制在农村全面推广,推动了农村生产力的解放和发展,农民收入水平大幅增长。在家庭联产承包责任制激励效应的影响下,国企也进行了改革,"扩权让利""利改税"等增强了国企活力,此外,乡镇企业、个体私营、外资企业等三资企业迅猛发展,在此基础上形成了新的分配形式,也遵循了制度建设"顶层设计"与"摸石头过河"的整体逻辑。随后,政府"跟进",通过以点带面的试点推广,推动了产权制度和分配制度的改革,形成了按劳分配为主,多种分配方式并存的分配制度,不仅符合分配制度变革的基本规律,也保障了最广大人民群众的根本利益,做到了分配制度变革合规律性与合目的性的有机统一。

三 以问题为导向不断完善保障人民利益的分配制度

分配制度变革是围绕分配中存在的问题而展开的,并在解决分配问题中不断完善分配制度,以此充分彰显分配制度的价值导向。恩格斯在分析社会制度变革的原因时指出,"一切社会变迁和政治变革的终极原因,不应当到人们的头脑中,到人们对永恒的真理和正义的日益增进的认识中去寻找,而应当到生产方式和交换方式的变更中去寻找"①,分配制度变革的根本动因是现有的分配关系已经成为生产力发展的桎梏,而分配制度变革的直接诱因则是已有的分配关系不能最广泛地代表和满足广大人民群众的利益诉求。

在新民主主义革命时期,一方面,旧分配制度是农业生产效率低下的根本原因,严重阻碍生产力发展,另一方面,极不合理的分配制度,使广大人民饱受旧分配制度的剥削,消灭剥削的分配制度成为中国共产党在新民主主义革命时期分配制度变革的主要任务。马克思主义认为生产资料私有制下不合理的分配制度是人民遭受剥削、压迫的直接原因和重要表现,因此,废除不公平的分配制度是消灭剥削的重要内容。中国共产党作为马克思主义政党,自成立之日起就以消灭剥削、实现人的自由全面发展为根本使命。在马克思主义指导下,中国共产党为消灭剥削,提出废除以生产资料私有制为基础的分配制度的基本主张。

在社会主义革命和建设时期,中国通过社会主义改造建立生产资料公有制为基础的按劳分配制度,实行供给制和工资制,消灭了剥削压迫的分配关系,从根本上保障了广大人民群众从经济上翻身得以解放。列宁曾指出:"人类从资本主义只能直接过渡到社会主义,即过渡到生产资料公有和按每个人的劳动量分配产品。"② 生产资料公有制下的按劳分配把劳动作为衡量人获得消费资料的依据和标准,从而消除了通过掌握生产资料所有制而对除了出卖劳动力、一无所有的无产阶级剥削的可能性,是对资本主义生产方式下人剥

---

① 《马克思恩格斯文集》第9卷,人民出版社2009年版,第284页。
② 《列宁选集》第3卷,人民出版社2012年版,第64页。

削人的分配制度的根本否定，体现了社会主义公有制分配制度的进步意义。以毛泽东为代表的中国共产党人领导中国人民进行社会主义革命，完成社会主义三大改造，实现了生产资料私有制向社会主义公有制的转变，在分配制度上开始了按劳分配的初步探索。随着1956年至1966年这一时期各项运动的深入开展，受错误路线影响，我国的分配政策逐渐背离按劳分配的科学社会主义原则，严重挫伤了人民从事生产劳动与投身社会主义建设的积极性，给经济社会发展带来了严重损害，中国共产党重新探索公平与效率矛盾冲突，在改革开放新时期构建既能保障社会主义分配公平，又能充分调动广大人民群众辛勤劳动创造财富积极性的中国特色社会主义分配制度，实现了效率与公平的统一。

党的十一届三中全会之后，我国进入改革开放和社会主义现代化建设的新时期。为了解决计划经济时期长期存续的平均主义问题，中国共产党进行了社会主义市场经济体制下的分配制度改革，这也是经济体制改革的核心和根本内容。邓小平同志强调"社会主义的本质，是解放生产力，发展生产力，消灭剥削，消除两极分化，最终达到共同富裕"[①]。"社会主义最大的优越性就是共同富裕"，实现共同富裕的优越性最终需要通过中国特色社会主义分配制度来保障和实现。

中国特色社会主义进入新时代，为满足人民日益增长的美好生活需要，中国共产党以共享发展理念为引领，不断完善中国特色社会主义收入分配理论，并将分配制度上升为基本经济制度，致力于构建初次分配、再分配、三次分配协调配套的基础性制度安排，为实现共同富裕提供坚实的制度保障，充分保障人民共享改革发展成果。

---

① 《邓小平文选》第3卷，人民出版社1993年版，第373页。

第二节　中国分配制度变革实现生产力与生产关系的互动耦合

恩格斯在分析社会制度变革的原因时指出："一切社会变迁和政治变革的终极原因，不应当到人们的头脑中，到人们对永恒的真理和正义的日益增进的认识中去寻找，而应当到生产方式和交换方式的变更中去寻找。"[①] 社会制度变革是从生产关系由生产力的发展形式变成了生产力的桎梏开始的，中国百年来进行的分配制度变革具有深刻的社会历史原因和现实原因，从根本上看是当时的分配制度阻碍了生产力发展和人民生活水平的提高。中国分配制度变革的百年实践始终坚持马克思主义立场、观点和方法，对分配制度始终保持科学、理性的认识，通过分配制度改革，调整分配关系，有效维护和保障了广大人民群众的根本利益，推动了生产力的发展，实现了生产力与生产关系的互动耦合。

一　分配制度变革建立公平的社会主义分配关系

变革是关于生产关系的调整，分配制度变革作为经济体制改革的重要方面，是关涉每一个人经济利益的重大改革。分配制度反映与生产关系相适应的人与人之间的利益关系，直接关系着共同富裕目标实现与否。

分配关系与生产关系紧密联系，分配制度的变革反映了生产关系的调整，中国分配制度变革致力于消灭封建地主土地所有制和资本主义生产方式下人民饱受剥削的分配制度，建立公平的社会主义分配关系。社会主义分配关系是建立在生产资料公有制基础之上的，这种"生产资料共同占有"基础上的所有制决定每个劳动者都具有

---

① 《马克思恩格斯文集》第 3 卷，人民出版社 2009 年版，第 547 页。

"按等量劳动取得等量产品"的公平分配的权利。只有"在一个集体的、以共同占有生产资料为基础的社会里"即在生产资料公有的条件下，才能彻底消除阶级之间、脑力劳动和体力劳动之间的对立和差别，劳动者才能"以一种形式给予社会的劳动量，又以另一种形式领回来"，此时，"他们共同的、社会的生产能力成为从属于他们的社会财富"，在这种分配关系中，所有人都以自己提供的劳动为尺度平等地参与分配，没有任何剥削和压迫的物质基础与生产关系，人们在分配中真正地平等分配。按劳分配是社会主义分配的基本原则，也是实现公平分配的重要体现，中国通过分配制度变革，建立以生产资料公有制为基础的按劳分配，从而消灭剥削，充分保障人民享有公平公正地分配生产资料和消费资料的权利。在分配制度变革中，从确立"各尽所能，按劳取酬"，到提出"按劳分配，承认差别"，到"按劳分配为主体，其他分配方式为补充"，再到"按劳分配为主体，多种分配方式并存"，始终坚持和贯彻社会主义按劳分配的基本原则，致力于建立公平公正的社会主义分配关系。

二 分配制度变革在先富带后富中实现共同富裕

"治国之道，富民为始。"构建实现共同富裕的分配制度要处理好"先富"与"后富"的关系，鼓励"先富"，同时加大力度建立和健全"先富"带"后富"的体制机制，让人民在享受公平发展机会的基础上，充分享受社会主义公平分配的权利。在党的十九届五中全会上，习近平总书记提出："人民生活更加美好，人的全面发展、全体人民共同富裕取得更为明显的实质性进展。"[①] 实现共同富裕是人类的理想，作为一项复杂的系统工程，其中分配制度是其关键。

中国百年分配制度变革的历史是一部以重建公平分配为主要任务、不断为人民消灭剥削、逐步实现共同富裕的历史。百年来，中

---

① 《中共中央关于制定国民经济和社会发展第十四个五年规划和二〇三五年远景目标的建议》，《人民日报》2020年11月4日第4版。

国在不断深化对经济规律的认识、遵循经济规律推动发展的基础上，提出"先富起来的地区多交点利税，支持贫困地区的发展"，"通过多交利税和技术转让等方式大力支持不发达地区。不发达地区又大都是拥有丰富资源的地区，发展潜力是很大的。总之，就全国范围来说，我们一定能够逐步顺利解决沿海同内地贫富差距的问题"①，即"先富后富"理论。

改革开放以来，中国在建立社会主义市场经济体制的基础上推动分配制度变革，在坚持按劳分配原则的基础上，利用社会主义市场经济体制下的多种分配方式激发分配制度活力，充分发挥中国特色社会主义分配制度在实现共同富裕上的显著优势。从人民群众看得见、摸得着的物质利益着手，在解决公平与效率矛盾的实践中改革分配制度，打破绝对平均主义分配下的低收入分配均衡状态，在"先富"带"后富"的示范效应、辐射效应和联动效应作用下，充分实现兼顾经济效率和社会公平的有机统一。改革开放过程中出现的"先富"与"共富"的思想争鸣，不断推动我国在分配制度中关于按劳分配与按要素分配相结合的理论突破，在此基础上，形成了适应我国生产力发展的中国特色社会主义收入分配理论框架。因此，致力于在先富带后富中实现共同富裕的分配制度变革，使我国在分配理念和分配政策上有了牵一发而动全身的突破。"部分人、部分地区先富"，发挥"先富"示范效应，引导社会成员积极劳动，通过聪明才智先富起来，是发挥按劳分配为主体，多种分配方式并存分配制度的积极作用，有利于推动社会主义生产力发展，进而在"部分人、部分地区先富"的基础上，在"先富带后富"的三次分配中逐步推动实现社会公平。在社会主义条件下，部分人、部分地区先富起来意味着，一方面，通过传授技术、提供资金等方式，为后富的人和地区创造致富的渠道和条件；另一方面，在社会中产生示范效应和羊群效应，激发全社会形成勤劳致富的风尚，从而实现"一

---

① 《邓小平文选》第 3 卷，人民出版社 1993 年版，第 374 页。

部分人先富带动共同富裕"的最终目的。

共同富裕不是一蹴而就的,"先富"与"后富"都是实现共同富裕的一个阶段和过程,共同富裕是在"先富"与"后富"的相辅相成的基础上,最终实现全体人民的共同富裕。因此,构建实现全体人民共同富裕的分配制度,必须始终坚持"先富后富"理论,发挥先富带后富的制度优势,将经济发展与人民收入水平统一起来,为实现全体人民共同富裕的最终目的持续发力。

三 分配制度变革推动经济发展与公平分配同频共振

经济发展与收入分配密切相关,在社会主义初级阶段,要推动公平分配与坚持经济发展同频共振。经济发展与公平分配是人类一直追求的目标,实现二者的同步则是人类不断追求的理想。无论从阶级立场,还是从制度属性以及制度变革的原则、规律来看,中国共产党的根本出发点始终是为了人民,从探索消灭生产资料私有制下的分配制度,到促进生产力发展从而满足人民利益要求的分配制度变革,再到实现共同富裕的分配制度,反映了分配制度变革具有深刻的理论逻辑支撑,中国百年分配制度变革的一个重要任务就是推动经济发展与公平分配同频共振。

中国百年分配制度变革中历经破坏剥削的旧分配制度,到建立社会主义按劳分配制度,再到建立完善中国特色社会主义分配制度,始终围绕一个主题,即:如何在"做大蛋糕"的同时"分好蛋糕"。从改革一开始面临的破除计划经济时代平均主义"大锅饭",到社会主义初级阶段"公平"与"效率"探讨下的"效率优先,兼顾公平",到完善社会主义市场经济体制下的"效率与公平兼顾",再到分配制度改革中的构建合理有序、实现共同富裕的分配制度体系,中国共产党始终围绕发展生产力与实现公平分配这条主线,这是中国共产党百年来领导分配制度变革,不断完善分配制度、保障人民共享改革发展成果的重要经验。党的十八大以来,中国共产党提出经济增长与提高居民收入的时序同步问题,党的十九大着重强调经济增长与居民收入、劳动生产率与劳动报酬的"同时"与"同步"增长,即深刻把握在分配制度改革中不断提高人民收入与经济发展的内在联系,在经济发展中实现人民生活水平逐步提高,在人民生活水平逐步提高的过程中展现我国经济发展的质量和水平,并实现二者的内在统一。中国与时俱进地把马克思主义分配理论应用于我国分配制度改革的实践,不仅在理论上开辟了马克思主义政治经济学的新境界,而且也为推动实现全体人民共同富裕筑牢坚实的制度基础。

第三节　中国分配制度变革致力于构建人民至上价值引领的分配制度

国家制度是"人民的自我规定",是人民在社会生活的外在化表现,马克思指出:"国家制度不仅自在地,不仅就其本质来说,而且就其存在、就其现实性来说,也在不断地被引回到自己的现实的基础、现实的人、现实的人民,并被设定为人民自己的作品。"[①] 所以,"现实的人""现实的人民"是制度本身所关注,且为其设定的。分配制度作为人类经济社会中与人民利益密切联系的一种重要制度,在分配制度变革与完善的过程中,它所涉及的分配原则、变革的立场以及最终的结果最能体现制度的本质和要求,也最能反映代表哪个阶级的根本利益。从分配制度变革的原则、规律来看,中国百年分配制度变革从根本上看就是坚持构建人民至上价值引领的分配制度,这也充分彰显了人民性底色。

一　构建人民至上价值引领的初次分配制度

完善初次分配制度,致力于实现效率与公平的统一。以人民至上价值理念引领,既要发挥公有制按劳分配的优势,充分提高劳动

---

① 《马克思恩格斯全集》第 3 卷,人民出版社 2002 年版,第 39—40 页。

报酬在初次分配中的比重,也要发挥市场的作用,"健全劳动、资本、土地、知识、技术、管理、数据等生产要素由市场评价贡献、按贡献决定报酬的机制"①。无论从理论原则分析还是现实情况考察来看,按劳分配不仅是与社会主义初级阶段生产力发展水平相适应的理想分配制度,而且是能充分调动人民生产积极性、推动生产力发展,具有实现共同富裕独特优势的分配制度。因此,构建实现全体人民共同富裕分配制度是从根本上要始终坚持以公有制为基础的按劳分配制度。按劳分配制度是人类社会目前为止最公平、最有利于推动生产力发展、最能满足人民利益要求,从而实现共同富裕的分配制度。马克思认为,生产资料公有制下的按劳分配,是在扣除"三项基金"即:"一般管理费用""满足公共需要的部分""为丧失劳动能力的人设立的基金"外,剩余的劳动产品的分配原则以每个人的劳动量为标准进行分配。按劳分配是"以一种形式给予社会的劳动量,又以另一种形式领回来","每一个生产者,在做了各项扣除以后,从社会领回的,正好是他给予社会的"②,可以说,按劳分配既消除了剥削的现实基础,即在没有任何剥削和压迫的物质基础和生产关系的情况下,以劳动者提供的劳动为尺度进行社会财富的分配,消除了剥削的根源,又实现了社会的公平公正,即劳动者的地位平等以及报酬平等,这是实现共同富裕的重要保障。市场经济条件下真正的公平是机会的公平公正,生产要素按贡献参与分配,推动财富创造和社会生产力发展的力量充分涌流,有利于提高人民生产的积极性,进而提高劳动者收入。构建实现全体人民共同富裕的分配制度,始终坚持按劳分配为主体的中国特色社会主义基本分配制度不动摇,是保障人民利益的充分彰显。

---

① 《中共中央关于坚持和完善中国特色社会主义制度 推进国家治理体系和治理能力现代化若干重大问题的决定》,《人民日报》2019年11月6日第4版。

② 《马克思恩格斯文集》第3卷,人民出版社2009年版,第434页。

二 构建人民至上价值引领的再分配制度

完善再分配制度,充分发挥政府作用,针对初次分配中的失衡问题,提供基本公共服务,促进平衡发展,使分配更加公平,充分彰显分配制度变革的人民性底色。在社会主义市场经济条件下,随着社会生产力的不断发展,人民收入水平大幅提高,我国收入分配差距也有所扩大,其中主要原因,既有社会历史、自然地理条件的原因,各个地区的发展程度以及经济结构存在差异,又有分配体制不完善的原因[①]。因此,根据社会中存在的收入分配差距扩大的问题,需要充分发挥政府再分配调节机制,通过"健全以税收、社会保障、转移支付等为主要手段的再分配调节机制,强化税收调节,完善直接税制度并逐步提高其比重"[②],合理调节高收入群体的收入,取缔非法收入,增加低收入群体收入,从而实现扩大中等收入群体的比重,构建城乡、区域、不同群体之间和谐、公平的分配格局,形成中间大、两头小的橄榄型分配结构。党的十八大以来,中国共产党根据分配中存在的问题,加大税收、社保、转移支付等调节力度并提高精准性,针对贫困群众实施精准扶贫,实现对症下药、精准滴灌、靶向治疗,不仅提高了贫困群众的收入水平,而且还从根本上增强了贫困地区发展的内生动力。在初次分配基础上,政府对国民收入的再分配为实现全体人民共同富裕提供重要保障。

三 构建人民至上价值引领的第三次分配制度

完善第三次分配制度体系,要依靠"道德原则""精神力量"的作用,在自愿的基础上,"以募集、自愿捐赠和资助等慈善公益方式对社会资源和社会财富进行分配",形成积极、主动、和谐的互助

[①] 韩喜平、何况:《中国共产党百年分配制度变革及其人民立场》,《经济纵横》2021年第5期。
[②] 《中共中央关于坚持和完善中国特色社会主义制度 推进国家治理体系和治理能力现代化若干重大问题的决定》,《人民日报》2019年11月6日第4版。

式再分配格局，充分彰显分配制度变革的人民性底色。第三次分配是对初次分配和再分配的有益补充，通过发展慈善等社会公益事业，对调节贫富差距，促进全体人民实现共同富裕具有重要作用。构建人民至上价值引领的第三次分配制度，一是支持有意愿有能力的企业、社会组织和个人积极参与公益慈善事业。企业是我国慈善捐赠的主体，目前企业捐赠占款物捐赠总量的60%以上。要鼓励企业更好履行社会责任，持续增加慈善捐赠。个人是参与第三次分配的源头活水。目前我国个人捐赠占捐赠总量比重较低，要增强个人公益慈善意识，采取财物捐赠、志愿服务、互助互济等多种方式参与公益慈善活动。二是探索公益慈善活动有效实现形式。通过完善适合中国国情的慈善组织模式，包括完善慈善组织模式、探索新型捐赠模式、拓展慈善捐赠和志愿服务领域、完善政策法规体系以及创造有利的社会环境等，推动慈善公益持续发展。加大扶贫济困、教育、医疗卫生等领域的慈善投入，关注弱势群体，解决他们的实际问题，提升社会整体福祉。三是完善公益慈善事业政策法规体系和社会文化环境。通过强化法律基础、明确政府责任、完善优惠政策、优化慈善组织认定程序、加强监督管理以及弘扬慈善文化、提升公众慈善意识、鼓励社会力量参与和加强国际交流与合作等措施的实施，为中国慈善事业的持续发展提供有力保障。通过媒体宣传、教育引导等方式，提升公众的慈善意识，让更多人了解、参与慈善事业，展示慈善事业在救助、教育、医疗、环境可持续发展等领域取得的成就，增强公众对慈善事业的认同感和支持度。构建人民至上价值引领的第三次分配制度，对促进社会公平正义，使全体人民朝着共同富裕目标扎实迈进具有重要意义。

参考文献

一 经典著作

《马克思恩格斯文集》第1—10卷，人民出版社2009年版。
《列宁专题文集》第1—5卷，人民出版社2010年版。
《毛泽东选集》第1—4卷，人民出版社1991年版。
《邓小平文选》第1—2卷，人民出版社1994年版。
《邓小平文选》第3卷，人民出版社1993年版。
《邓小平文集1949—1974年》上、下卷，人民出版社2014年版。
《江泽民文选》第1—3卷，人民出版社2006年版。
《胡锦涛文选》第1—3卷，人民出版社2016年版。
《习近平谈治国理政》第一卷，外文出版社2018年版。
《习近平谈治国理政》第二卷，外文出版社2017年版。
《习近平谈治国理政》第三卷，外文出版社2020年版。
《习近平谈治国理政》第四卷，外文出版社2022年版。

二 中文著作

白暴力：《让城乡居民收入稳步增长——为什么要深化收入分配制度改革》，人民出版社2008年版。
陈宗胜：《改革、发展与收入分配》，复旦大学出版社1999年版。
陈宗胜：《经济发展中的收入分配（修订版）》，格致出版社、上海三联书店、上海人民出版社 2014 年版。

程恩富、樊建新、周肇光：《劳动·价值·分配》，安徽大学出版社 2003 年版。

樊明、喻一文：《收入分配行为与政策》，社会科学文献出版社 2013 年版。

冯文荣、赖德胜、李由：《中国个人收入分配论纲》，北京师范大学出版社 1996 年版。

高志仁：《新中国个人收入分配制度变迁研究》，湖南师范大学出版社 2009 年版。

顾海良等：《中国共产党经济思想史（1921—2021）》（1—4 卷），经济科学出版社 2021 年版。

顾钰民：《马克思主义制度经济学》，复旦大学出版社 2005 年版。

何建华：《分配正义论》，人民出版社 2007 年版。

黄泰岩：《初次收入分配理论与经验的国际研究》，经济科学出版社 2011 年版。

江建平：《我国经济转型中的分配思想演进》，中国财政经济出版社 2006 年版。

李斌：《社会主义分配通论》，人民出版社 1992 年版。

李萍等：《转型期分配制度的变迁：基于中国经验的理论阐释》，经济科学出版社 2006 年版。

李清彬：《迈向共同富裕的分配行动探究》，人民出版社 2021 年版。

李实、万海远：《中国收入分配演变 40 年》，格致出版社、上海人民出版社 2018 年版。

刘灿、李萍等：《中国收入分配体制改革》，经济科学出版社 2019 年版。

刘灿、王朝明、李萍等：《中国特色社会主义收入分配制度研究》，经济科学出版社 2017 年版。

刘正山：《当代中国土地制度史（上、下）》，东北财政经济大学出版社 2015 年版。

卢嘉瑞等:《中国现阶段收入分配差距问题研究》,人民出版社 2003 年版。

牛先锋、杨磊:《人民至上:从〈共产党宣言〉到〈为人民服务〉》,广西人民出版社 2021 年版。

裴长洪、王震、孙婧芳:《中国基本分配制度》,中国社会科学出版社 2016 年版。

彭必源:《社会主义分配理论比较研究》,武汉出版社 2001 年版。

青连斌:《分配制度改革与共同富裕》,江苏人民出版社 2004 年版。

权衡:《收入分配经济学》,上海人民出版社 2017 年版。

权衡:《收入分配与社会公平》,上海人民出版社 2014 年版。

吴正俊、伍林生:《社会主义市场经济中的分配问题研究》,中国社会出版社 2007 年版。

武力:《中国共产党与当代中国经济发展研究(1949—2006)》,中共党史出版社 2008 年版。

杨宜勇:《收入分配体制改革攻坚》,水利水电出版社 2005 年版。

杨宜勇等:《公平与效率——当代中国的收入分配问题》,今日中国出版社 1997 年版。

张道根:《中国收入分配制度变迁》,江苏人民出版社 1999 年版。

赵人伟、李实、卡尔·李思勤主编:《中国居民收入分配再研究》,中国财政经济出版社 1999 年版。

赵效民:《中国土地改革史(1921—1949)》,人民出版社 1990 年版。

朱春晖:《马克思分配正义理论的承传与创新研究》,人民出版社 2016 年版。

三 中文译著

[美] 康芒斯:《制度经济学(下册)》,于树生译,商务印书馆 2012 年版。

[美] 塞缪尔·弗莱施哈克尔:《分配正义简史》,吴万伟译,译林出版社 2010 年版。

[英] 威廉·汤普逊:《最能促进人类幸福的财富分配原理的研究》,

何慕李译，商务印书馆1986年版。

［美］约翰·贝茨·克拉克：《财富的分配》，陈福生等译，商务印书馆1983年版。

［美］约瑟夫·熊彼特：《经济分析史》第二卷，杨敬年译，商务印书馆1996年版。

四 学位论文

陈婷：《我国收入分配制度改革中的利益关系研究》，博士学位论文，华东师范大学，2016年。

赫名超：《新中国成立以来收入分配制度的演变及创新研究》，博士学位论文，吉林大学，2020年。

张娜娜：《中国社会主义分配思想发展研究》，博士学位论文，兰州大学，2017年。

赵万江：《社会主义收入分配理论与社会主义初级阶段收入分配制度》，博士学位论文，中国社会科学院研究生院，2002年。

五 中文期刊

白永秀、周博杨、王泽润：《中国共产党百年分配思想演进的历史逻辑、理论逻辑与实践逻辑》，《中国经济问题》2021年第3期。

郭军：《"先富共富论"与非均衡发展的理论和实践》，《毛泽东邓小平理论研究》2011年第4期。

韩喜平、何况：《中国共产党百年分配制度变革及其人民立场》，《经济纵横》2021年第5期。

贺汉魂：《马克思增进人民幸福的财富分配正义思想》，《伦理学研究》2019年第3期。

洪银兴：《兼顾公平与效率的收入分配制度改革40年》，《经济学动态》2018年第4期。

李子联：《中国收入分配制度的演变及其绩效（1949—2013）》，《南京大学学报》（哲学·人文科学·社会科学）2015年第1期。

厉以宁：《收入分配制度改革应以初次分配改革为重点》，《经济研究》2013 年第 3 期。

刘伟：《中国特色社会主义收入分配问题的政治经济学探索——改革开放以来的收入分配理论与实践进展》，《北京大学学报》（哲学社会科学版）2018 年第 2 期。

孟桢：《百年来中国共产党领导分配制度改革的理论基础、历程全景及其基本经验》，《湖南社会科学》2022 年第 1 期。

逄锦聚：《中国共产党带领人民为共同富裕百年奋斗的理论与实践》，《经济学动态》2021 年第 5 期。

权衡：《中国收入分配改革 40 年：实践创新、发展经验与理论贡献》，《中共中央党校学报》2018 年第 5 期。

邵红伟、靳涛：《收入分配的库兹涅茨倒 U 曲线——跨国横截面和面板数据的再实证》，《中国工业经济》2016 年第 4 期。

王艺明：《经济增长与马克思主义视角下的收入和财富分配》，《经济研究》2017 年第 11 期。

魏众、王琼：《按劳分配原则中国化的探索历程——经济思想史视角的分析》，《经济研究》2016 年第 11 期。

武力、温锐：《新中国收入分配制度的演变及绩效分析》，《当代中国史研究》2006 年第 4 期。

向玉乔：《社会制度实现分配正义的基本原则及价值维度》，《中国社会科学》2013 年第 3 期。

谢地：《以共同富裕为原则设计新时代中国特色社会主义分配制度》，《政治经济学评论》2018 年第 6 期。

谢地、武晓岚：《以实现共同富裕为目标探索合理的收入分配制度——建党百年收入分配理论演进与实践轨迹》，《学习与探索》2021 年第 10 期。

杨承训：《"深化收入分配制度改革"的经济学解析——兼论以初次分配为重点架构中国特色社会主义分配理论》，《经济学动态》2008 年第 1 期。

张国清:《分配正义与社会应得》,《中国社会科学》2015年第5期。

张雷声:《马克思分配理论及其中国化的创新成果》,《政治经济学评论》2022年第1期。

周为民、陆宁:《按劳分配与按要素分配——从马克思的逻辑来看》,《中国社会科学》2002年第4期。

周新城:《论毛泽东分配思想的现实意义—学习〈毛泽东读社会主义政治经济学批注和谈话〉》,《马克思主义研究》2013年第11期。

朱方明、贾卓强:《共担、共建、共享:中国共产党百年分配思想演进与制度变迁》,《经济体制改革》2021年第5期。

六 外文期刊

Ashok Mishra and Hisham El-Osta and Jeffrey M. Gillespie, "Effect of Agricultural Policy on Regional Income Inequality among Farm Households", *Journal of Policy Modeling*, Vol. 31, No. 3, 2008.

Koen Caminada and Kees Goudswaard, "International Trends in Income Inequality and Social Policy", *International Tax and Public Finance*, Vol. 8, No. 4, 2001.

索　引

B

按劳分配　4,5,7,17—19,21,27,29,
　37,42—44,46,49,50,52—54,56—
　63,71—84,88,99—112,117,118,
　127—140,146,147,150,161—165,
　167,168,170,172,176,180,186—
　188,195—198,200—204

按生产要素分配　29,77,82—84,
　109,110

剥削制度　44,46,63,70,93,100,
　156,196

C

城乡差距　91,152,154

初次分配制度　28,116,117,146,
　147,181,186,187,203

慈善事业　116,149,151,190,191,
　206

D

低收入群体　4,40,61,63,116,118,
　151,189,190,205

第三次分配制度　191,192,205,206

F

分配格局　17,29,30,81,83,114—
　116,118,173,185,191,205,206

分配正义　21,23,36—38,40

分配正义理论　37,38

分配政策　6,19,23,30,36,40—43,
　45,46,55,57—59,62,81,85,92,
　99—117,120—123,125,126,140,
　147,156,159—161,165,187,188,
　198,201

分配制度变革　1—12,14—18,20—
　28,30—32,34,36,38,40—206

G

改革开放新时期　5,198

高收入群体　116,189,205

工人运动　59,93—96

工资制度改革　57,131,133,134

公平分配　3,6,7,19,38,42,45,49,
　55,56,58—62,64,83,87,88,90,

93,99,100,106,114—117,152,
158,162,180,185,188,196,200,
202

公平竞争　29,187

公平与效率　7,22,25—27,35,36,
42,44,46,169—173,175—177,
179,180,186,198,201

共同富裕　1,5—7,12,15,16,18,
20—23,41—43,45,46,50,55,57,
61—64,82,84—87,89—91,108—
110,112,113,115—119,129,146,
148—151,154,155,161,162,169,
170,172,176,180,185—196,198,
200—206

共同富裕目标　23,30,118,146,185,
186,192,199,206

共享发展理念　7,21,29,115—117,
198

管理要素　188

国有企业分配制度　142

国有企业改革　36

J

基尼系数　181—184

计划经济体制　17,27,36,81,104,
105,127,143,161,164,165,167

技术要素　84,188

家庭联产承包责任制　60,90,142,
172,196

价值定位　41,45—47,49—51,53,
55,57,59,61,63

兼顾公平　17,25,27,29,60,110—
112,170,202

经济增长　11,22,23,25,34,38,39,
86—88,113—115,150,151,173,
174,202,203

精准扶贫　152—154,189,205

K

跨学科研究方法　43

L

"两个同步"　113—115

劳动报酬　29,30,63,76,78—80,
101,103,110,113,114,116,117,
128,129,133,141,181,187,203,
204

劳动要素　111,187

劳动政策　59,95—97

理论创新　16,18,28,43,115

理论基础　17,31,43,44,46,50,118,
162,185

理论探讨　7,21,22,36,41,42,44,
60,71,73,77,78,80,83

历史分析方法　42,43

历史演进　6,18,48

M

马克思主义分配理论　5—7,16—18,
22,27,37,41,43,44,50,51,119,
187,193,203

N

农村分配制度　140,141

P

平均主义　4,7,19,20,29,57,60,63,77,80,81,88,101—111,122,131,133,135,137—141,143,161,167—169,171,172,176,180,195,196,198,201,202

Q

区域协调发展　91,148,190

R

人民利益　5—7,17,23,42,56,58,92,107,109,119,143,155,159—161,185,187,194,196,202—204

人民性　2,4,6,8,10,12,14,16,18,20,22,24,26,28,30—32,34,36,38,40—42,44,46—206

人民至上　4—6,8,9,12,14—16,18,21,22,31,32,34,41—46,50,55,57,58,108,110,112—115,119,152,170,173,188,193,203,205,206

弱势群体　116,206

S

三次分配制度　4,114,146,148,150,186,190

上层建筑　11,22,41,95,119,193

社会保障制度　39,116,189

社会发展　3,4,10—14,21,23,26,31,37,40,42,49,50,52,56,58,67,85,87,90,92,100,106,111,135,138,150,152,160,162,163,169,180,183—186,193,195,198,200

社会公平　4,23,25,26,36,60,100,108,109,115,116,148,170,171,175,176,188,201

社会公平正义　23,89,102,105,176,186,192,206

社会力量　13,90,190,191,206

社会生产力　26,32,45,55,66,71,72,90,101,111,117,118,137,138,143,173,176,187,189,196,204,205

社会稳定　89,176,185

社会主要矛盾　16,63,85

社会主义初级阶段　22,26,37,57,58,81,83,108—111,117,118,136,140,172,180,185,186,188,195,202,204

社会主义改造　80,104,130,133,135,197

社会主义革命和建设时期　5,17,42—44,63,71,197

社会主义市场经济体制　4,17,31,32,60,63,86,110,111,116,118,170,176,177,180,181,198,201,202

生产关系　1,3,5,9—12,16,22,41,46—52,58,60,62,64,69—73,83,86,87,100,115,118,119,136,140,155,157,163,164,176,193,199,200,204

生产力发展　4,12,19,48,52,54,55,57—62,65,66,69,87,90,98,100,103,105,108—112,117,118,131,135,150,155,156,158—161,164,167,169—173,176,180,186,187,194,197,199,201,202,204

实践经验　104

市场机制　28,34,146,151

收入差距　4,20,21,24,25,27,29,30,37—40,61,80,81,85,86,88,101,108—110,113,116,118,147,149,152,153,170,180—183,185

收入分配结构　30,147

数据要素　188

税收政策　97

T

土地分配关系　5,59,119,120

土地革命　62,97,121—124,159,161,196

土地政策　120,122,124,126,141,159,161

X

系统分析方法　43

先富与共富　77,80

效率优先　17,25—27,36,60,110—112,170,202

新民主主义革命时期　17,42—44,57,59,67,92,93,95,96,120,158,160,197

Y

要素市场　30,90,151

Z

再分配制度　186,188,205

浙江共同富裕示范区　150

政策调整　59,87,98,108—113,115,123,173

政府作用　188,190,205

制度变迁　9—11,17,23,81,89,138,146,156,164,165,195

制度建设　189,193,195,196

制度探索　41,44,92,119,121,123,125,127,129,131,133,135,137,139,141,143,145,147,149,151,153

中等收入群体　61,146,150,205

中国共产党　2,3,5—7,9,12—15,17,18,21—23,34,35,42—44,50,56,58,59,61,62,64,69—71,81,85,86,88—90,92—95,97—99,106—108,112—118,120—123,125—128,132,138,140,145,148,149,152—156,158—162,164,168—171,176,177,179—181,185,

188,189,193,194,196—198,202,205

中国特色社会主义 2,4,5,7,16—18,20—23,27,28,30—36,42,45,57,60,61,63,85—88,91,109,114,115,117,118,146,152,153,170,176,177,179,181,187,189,193,198,201,202,204,205

资本要素 84,188

后 记

研究历史是为了更好地服务现实，总结经验才能科学地推动制度的完善。中国分配制度变革是重要的理论与实践问题，全方位、全过程、多角度地梳理和展现中国百年分配制度变革的实践过程，科学认识中国分配理论的历史演进与分配制度变革的实践轨迹，是理论工作者的重要任务。为了更好地推动分配理论创新和分配制度完善，要从本质出发，深刻揭示中国分配制度变革蕴含的深刻的人民性价值底色。

中国分配制度变革是一个不断发展的历史过程，要把握我国分配制度变革的人民至上价值，不仅需要将分配制度变革的具体内容还原到其产生的历史语境中，而且还要对分配制度变革的历程进行分析。本研究坚持马克思主义分配理论与中国具体实际相结合，运用历史分析方法，以史为纵轴，理想与现实相对照、理论与实践相呼应、批判与建构相结合的合理张力中，致力于呈现每个历史时期分配制度变革的具体任务和特点，从分配制度变革的历史轨迹中确证内涵于其中并充分彰显的人民至上的价值指向，这是本研究想要达到的学术目的。

分配制度变革内容丰富，涉及诸多领域，是一个复杂的系统工程，需要运用到经济学、政治学、哲学、社会学、历史学等多学科的知识进行综合研究。由于本人知识背景的原因，对于如何从理论和实践的层面把握经济发展和收入分配的关系、如何通过优化分配制度变革更好地维护和保障最广大人民群众的根本利益等问题，还需要进行更深入的研究。我深知研究这个选题就像挖掘一个宝藏，需要持续地探索和钻研，这也是我未来需要持续深耕研究的重要内容。

非常荣幸本书能够得到国家社科基金优秀博士论文出版项目的资助出版，本书是在我的博士学位论文《中国共产党领导分配制度变革的人民性研究》的基础上修改完成的，我的导师韩喜平教授在我的博士学位论文写作以及本书的修改出版过程中给我巨大的指导和帮助。韩老师不仅是我学术的导师，更是我人生的导师，在我迷茫的时候，给我指引前进的方向。韩老师时刻关注我的成长发展，尤其是本书出版过程中问题的解决离不开韩老师的指点迷津。师恩似海，学生铭记在心。

本书的顺利出版，要感谢中国社会科学出版社杨晓芳老师的统筹与指导，在修改出版的过程中，杨老师给我提出专业的、具体的修改意见，帮助我修改完善。由于我在北京借调工作，修改进程缓慢。非常感谢杨老师不厌其烦地催我修改交稿，让本书能在最后期限得以出版，感谢杨老师的帮助和支持。

在此，还要感谢我的父母和女朋友对我学业、工作的支持，谨以此书献给他们！

何况
于北京
2024 年 10 月